探索山区真实情境下的
项目式课堂教学研究

主　编　李志彬　陈　炜　冯军发

华南理工大学出版社
SOUTH CHINA UNIVERSITY OF TECHNOLOGY PRESS
·广州·

图书在版编目（CIP）数据

探索山区真实情境下的项目式课堂教学研究/李志彬，陈炜，冯军发主编. --广州：华南理工大学出版社，2024. 12. --ISBN 978-7-5623-7696-5

Ⅰ. G632. 421

中国国家版本馆 CIP 数据核字第 2024NE2951 号

探索山区真实情境下的项目式课堂教学研究

李志彬　陈　炜　冯军发　主编

出 版 人：房俊东

出版发行：华南理工大学出版社

（广州五山华南理工大学 17 号楼，邮编 510640）

http：//hg.cb.scut.edu.cn　E-mail：scutc13@ scut. edu. cn

营销部电话：020-87113487　87111048（传真）

策划编辑：范亚玲

责任编辑：曹思婷　骆　婷

责任校对：盛美珍

印 刷 者：广州小明数码印刷有限公司

开　　本：787mm×1092mm　1/16　**印张**：15　**字数**：374 千

版　　次：2024 年 12 月第 1 版　**印次**：2024 年 12 月第 1 次印刷

定　　价：48. 00 元

编 委 会

目 录

案例集

论文集

案例集

探寻植物奥秘，感知生命之美

河源高级中学　蔡美娜

学科：信息技术　　**学段**：高中　　**年级**：一年级
主要教材：信息技术必修一《数据与计算》，广东教育出版社 2019 年 7 月第 1 版
项目时间：6 个课时
所需资源：PPT、Xmind、手电筒、打印机、打印纸、相片过塑膜等
作品类型：PPT、思维导图、二维码
项目式学习方案范式类型：科学探究类

一、学习目标

1. 学生能够描述数据与信息、知识与智慧的定义及基本特征；
2. 学生了解数据编码的基本方式；
3. 学生掌握数字化学习的方法，能根据需要选择合适的数字化工具开展学习；
4. 学生能够利用软件工具或平台对数据进行整理、组织、计算与呈现。

二、驱动问题及分解

驱动问题：校园里有各种各样的植物，为了让大家更好地欣赏和了解各种植物，请大家一起开启校园植物探索之旅吧！

驱动问题分解：

1. 学生观察植物，选择一种感兴趣的植物，利用网络查找资料，对其展开详细探究；
2. 学生制作 PPT，和大家分享自己感兴趣的植物；
3. 学生思考如何给校园里的植物进行编号？
4. 学生思考如何给校园里的每棵树设计二维码，从而方便大家了解各种植物知识？

三、课时分布

第一阶段 确定问题阶段（第一、二课时）

教学内容：

1. 教师提出项目情境：我们校园里有各种各样的植物，为了让大家更好地欣赏和了解各种植物，请大家一起开启校园植物探索之旅吧！

2. 问题情境：教师提问学生刚刚在小组介绍的 PPT 中，大家获得了什么？

教师总结学生的讨论情况：通过同学的展示，我们获得了某种植物的相关知识，而我们这几个小组的同学在完成这个 PPT 的过程中，上网查找了不少资料，对所获得的信息进行提炼、研究、分析，形成了关于某种植物的相关知识。有些同学在这些知识的基础上产生了新的想法，比如是否能够从某一种植物中萃取成分，治疗某一种疾病或解决现实问题。整个过程中，其实就涉及了我们今天所要学习的几个概念——数据、信息、知识、智慧。

3. 新知讲解：教师描述数据与信息、知识与智慧的基本概念、基本特征，以及四者之间的递进关系 。

学生活动：

1. 参观欣赏校园植物，分组后选择某一种植物，小组成员在网上查找相关资料并制作一份演示文稿用以展示。

2. 小组展示、讨论交流、理解知识。

第二阶段 方案确定阶段（第三、四课时）

教学内容：

1. 情境设疑：在探索校园植物时，听到有同学抱怨：我们校园那么大，植物那么多，想要快速定位到哪一棵树，真有难度呢。那么我们能不能给每棵树编码，从而方便我们快速定位呢？请大家分组讨论如何科学合理地给校园的植物进行编码，并且说明编码的规则。

2. 知识链接：编码的定义和基本原理，模拟信号和数字信号，文字编码、图像编码、声音编码。

3. 实践探究：学生小组讨论，根据编码的基本原理，讨论如何给校园的植物进行编码。理清编码规则，通过小组投票，选择最佳方案，给校园植物进行编码。

学生活动：

1. 讨论给植物编码的方法，了解相关知识点。

2. 小组讨论、展示、投票选择。

第三阶段 问题解决阶段（第五课时）

教学内容：

1. 认识二维码：①学生以小组为单位，查找资料，了解二维码的组成结构、编码方式、功能、特点及应用等。②学生对收集到的资料进行分析、选择、梳理和提炼，用思维导图呈现小组的学习成果。③各小组派代表展示本组制作的思维导图，并借助思维导图讲解对二维码的认识。④师生对各小组提交的思维导图及展示交流表现进行评价。

2. 制作二维码：①小组成员共同设计二维码，确定设计目标及需要通过二维码承载的信息，制定设计方案。②小组成员查找资料，了解二维码的制作工具，学习二维码的制作方法，了解二维码的类型。③小组成员根据规划，收集素材，选择合适的工具和方法制作二维码。

学生活动：
分工合作、讨论交流、上机操作。

第四阶段 展示、评价、反思阶段（第六课时）

教学内容：

1. 各小组派代表介绍本组二维码的设计思路和方案，展示本组制作的一系列二维码。
2. 师生对各组的设计思路及提交的二维码作品进行评价。
3. 各小组打印二维码，粘贴到本组所负责区域的植物上。

学生活动：
展示、交流、评价。

四、课程评价

（一）评价目标与内容

学生的计算思维、数字化学习与创新的能力。

（二）评价方式

①同伴互评（小组成员之间进行互相评价）
②小组互评（小组之间进行互相评价）
③教师评价（教师对学生进行评价）
④成果评价（通过收集学生在探究活动过程中的PPT、思维导图、二维码作品等进行评价）

（三）评价工具

项目学习记录表、小组评价表。

数学统计方法在生物种群密度调查中的应用

河源高级中学　何国清

学科：生物　　**学段：**高中　　**年级：**二年级
主要教材：高中数学人教 A 版必修二第九章；高中生物人教版选择性必修二第一章
项目时间：5 个课时
所需资源：教材、剪刀、渔网等。
作品类型：调查报告
项目式学习方案范式类型：设计开发类

一、学习目标

1. 学生掌握抽样调查法在生物种群密度调查中的应用方法和技巧。
2. 学生结合实例，了解利用统计学解决实际问题的过程。
3. 学生了解背景知识、数据来源和要解决的问题，设计解决问题的思路。
4. 学生理解统计分析结果，并能对结果作出合理解释。
5. 培养学生团队合作、沟通协调和解决问题的能力。

二、驱动问题及分解

驱动问题：学校怡龙湖中罗非鱼的种群密度及其变化趋势。
驱动问题分解：
1. 湖中罗非鱼与其他观赏鱼的关系，以及罗非鱼防治的紧迫性和密度调查的意义；
2. 种群密度的调查方法有哪些，学生应该如何选择和运用；
3. 如何采集和记录有效数据；
4. 如何减少误差；
5. 统计分析结果并对结果作出解释；
6. 下一步想探究的课题。

三、课时分布

第一阶段 确定问题阶段（第 1 课时）

教学内容：
1. 教师提问：大家每天走过怡龙湖，里面的鱼有什么变化？
2. 教师引导学生思考罗非鱼和湖中的观赏鱼是什么种间关系？

3. 教师引导学生思考为什么说罗非鱼是一种危害很大的入侵鱼类？
4. 教师带领学生学习种群的概念和数量特征。
5. 教师教授研究种群数量的基本方法。
学生活动：
1. 思考、回答：罗非鱼变多、种间竞争关系等问题。
2. 听讲、思考、交流、回答并抽样检测（样方法、标记重捕法、取样器取样法等），学习生物教材中关于种群的知识。

第二阶段 方案设计阶段（第 2 课时）

教学内容：
1. 教授调查种群密度方法。
2. 教授设计调查方案方法（引导学生分小组讨论，确定实施方案）。
学生活动：
1. 学习数学教材中关于抽样调查和数据分析的实例。
2. 设计调查方案（用网捕捞罗非鱼，用剪刀剪臀鳍标记），设计制作用于记录的表格，确定统计分析的数学方法。

第三阶段 问题解决阶段 1 实地调查获取数据（第 3 课时）及问题解决阶段 2 报告生成（第 4 课时）

教学内容：
教师提供器材、咨询服务，了解学生调查过程。

问题 1：怎么利用数据写分析报告？
【设计目标】通过调查及数据分析，让学生了解过程。
问题 2：统计分析报告的主要组成部分有哪些？
【设计目标】本部分关键是利用数据分析，结合频率分布直方图求平均数、众数、中位数等数据，结合数据的方差等进行分析。老师给予必要的指导。

学生活动：
1. 按照方案，分小组采集数据。
2. 讨论调查中遇到的实际问题，提出改进方案，继续调查。

答案 1：（1）选择合适的图表展示数据；
（2）比较罗非鱼不同发育时期（繁殖期、繁殖前期、繁殖后期）的数据差异；
（3）分析种群数据，构建罗非鱼增长模型；
（4）提出控制罗非鱼增长的建议。
答案 2：（1）标题。
（2）前言。简单交代调查的目的、方法、范围等，使读者了解调查的基本情况。
（3）主体。展示数据分析的全过程：首先，要明确所关心的问题是什么，说明数据包含的信息；其次，根据数据分析的需要，说明如何选择合适的图表来描述和表达数据；第三，从样本数据中提取能刻画其特征的量，如均值、方差等，用于比较罗非鱼不同发育时期的数量差异；最后，通过样本估计总体的统计规律，分析罗非鱼增长的整体情况。

（4）结尾。对主体部分的内容进行概括，结合控制罗非鱼数量的一般方法（可以查阅有关文献），提出控制罗非鱼种群数量的建议。

第四阶段 展示、评价、反思阶段（第 5 课时）

教学内容：

教师安排学生进行小组展示：数据、结论、过程和反思。

学生活动：

1. 展示数据：将实地调查收集到的数据整理成表格或图表形式，用以展示学校怡龙湖中罗非鱼的种群密度和分布情况；

2. 展示结论：根据数据分析结果，得出怡龙湖中罗非鱼的种群密度和分布情况，并给出相关建议；

3. 展示过程：展示整个调查研究的过程和所用到的技术方法；

4. 展示反思：展示对整个调查研究过程的总结和反思，并提出改进措施。

四、课程评价

（一）评价目标与内容

方案目标与学习目标的一致性；问题解决能力；团队协作能力；创新思维与创造力；时间管理能力；成果质量与实用性；报告撰写能力；学习收获与反思能力。

（二）评价方式

①自我评价（学生进行自我评价）

②同伴互评（学生之间进行互相评价）

③教师评价（教师对学生进行评价）

④成果评价（通过收集学生在主题活动过程中的记录单、PPT、模型等进行评价）

（三）评价工具（见附表）

附表一：评价量表

序号	评价维度	评价标准	分值范围
1	方案目标与学习目标的一致性	方案目标是否与学习目标紧密相关，是否有助于达成学习目标？	1～15 分
2	问题解决能力	遇到问题是否能够提出可行的解决方案并成功解决？	1～10 分
3	团队协作能力	个人是否能够积极参与团队讨论和合作，与他人共同解决问题？	1～10 分

续上表

序号	评价维度	评价标准	分值范围
4	创新思维与创造力	是否能够提出新颖、有创意的解决方案，展示创新思维和创造力？	1～10分
5	时间管理能力	是否能够合理安排时间，按时完成任务？	1～10分
6	成果质量与实用性	所提出的解决方案是否具有高质量和实用性，是否能够解决实际问题？	1～15分
7	报告撰写能力	是否能够清晰、准确地撰写报告，表达解决方案和结论？	1～15分
8	学习收获与反思能力	是否能够从PBL方案中（基于项目的学习方案）获得预期的学习收获，并进行反思和总结？	1～15分

附表二：小组分工表

组别	组长	组员	任务分配	完成情况	备注
A组	张三		设计调查方案、制作调查表	已完成	
B组	李四		进行实地调查、记录数据	进行中	
C组	王五		数据整理和分析、得出结论	未开始	
……					

附表三：调查数据记录表格（参考）

序号	观察时间	观察地点	罗非鱼数量/条			备注
1	2023－05－01	怡龙湖A区	20			
2	2023－05－01	怡龙湖B区	15			
3	2023－05－02	怡龙湖C区	30			
4	2023－05－02	怡龙湖D区	25			
……	……	……	……	……	……	……

五、跨学科项目化学习拓展阅读材料

（一）罗非鱼种群密度调查的背景和意义

罗非鱼是一种常见的淡水鱼类，在我国南方地区分布广泛。近年来，随着水域生态环境的改变和人类活动的影响，罗非鱼种群数量不断增加，对当地的生态系统产生了不同程度的影响。因此，对罗非鱼种群密度的调查对于生态保护、渔业管理、水域生态修复以及科学研究等方面都具有重要的意义。

首先，对罗非鱼种群密度的调查是生态保护的重要手段之一。罗非鱼数量的增加会对生态环境造成影响，如与其他生物竞争食物资源、破坏水生植物等。因此，通过对罗非鱼种群密度的调查，可以了解其对生态系统的影响程度，为生态保护提供科学依据。

其次，对罗非鱼种群密度的调查对于渔业管理具有重要意义。罗非鱼是淡水渔业的主要品种之一，其种群密度的调查可以为渔业管理提供基础数据，帮助管理部门制定合理的捕捞计划和管理措施，以保持水域生态平衡和实现渔业的可持续发展。

此外，对罗非鱼种群密度的调查对于水域生态修复具有积极意义。针对过度捕捞、污染等问题导致的生态系统受损情况，通过调查罗非鱼等关键物种的种群密度，可以评估生态系统修复的效果，为水域生态修复工程提供参考。

最后，对罗非鱼种群密度的调查还可以为科学研究提供基础数据。对于科研人员来说，罗非鱼是一种重要的实验材料和研究对象。通过对不同地区、不同生态环境下的罗非鱼种群密度进行调查，可以揭示其生态学和生物学特征，为相关学科的研究提供有力支持。

总之，对罗非鱼种群密度的调查在生态保护、渔业管理、水域生态修复以及科学研究等方面具有重要的意义。通过科学合理的调查方法和技术手段，可以获取准确可靠的调查数据，为相关领域的发展提供有力支撑。

（二）罗非鱼种群密度调查对生态系统的影响

罗非鱼种群密度调查对生态系统的影响主要体现在以下几个方面：

1. 保护生态平衡：通过对罗非鱼种群密度的调查，可以了解其种群数量和分布情况，为制定合理的生态保护措施提供科学依据。当发现罗非鱼种群数量过多时，可以采取相应的措施，如控制捕捞、增加生态位等，以保护其他生物种群和维护整个生态系统的平衡。

2. 防止生物入侵：罗非鱼作为一种外来物种，在引进新的生态环境时可能会对当地生物造成威胁，甚至导致某些物种的灭绝。通过对罗非鱼种群密度的调查，可以监测其繁殖和扩散情况，以便及时采取防范措施，避免生物入侵对生态系统造成不可逆的影响。

3. 评估生态系统健康状况：通过对罗非鱼种群密度的调查，可以评估生态系统的健康状况。当生态系统受到污染、过度捕捞等因素影响时，罗非鱼的种群密度和分布可能会发生变化。通过对罗非鱼种群密度的调查，可以了解生态系统的健康状况，为采取相应的生态修复措施提供依据。

4. 促进可持续发展：通过对罗非鱼种群密度的调查，可以了解其生长、繁殖和分布等情况，为制定合理的渔业管理措施提供依据。在保证生态系统平衡和稳定的前提下，合理控制捕捞、放流等行为，可以实现渔业生产和生态保护的可持续发展。

总之，罗非鱼种群密度调查对于维护生态系统平衡、保护生态多样性、防止生物入侵、评估生态系统健康状况以及促进可持续发展都具有重要的意义。通过对调查数据的分析和应用，可以为相关领域的研究和实践提供有力支持。

（三）罗非鱼种群密度调查方法

罗非鱼种群密度调查可以采用以下几种方法：

1. 标记重捕法：在被调查种群的活动范围内，捕获一部分个体，做上标记后再放回原环境，经过一段时间后再进行重捕，根据重捕到的动物中标记个体数占总个体数的比例，来估计种群密度。计算公式为：种群数量 = 标记个体数 × 重捕个体数/重捕标记数。

2. 样方法：在被调查种群的分布范围内，随机选取若干个样方，通过计数每个样方内的个体数，求得每个样方的种群密度，以所有样方种群密度平均值作为该种群的种群密度估计值。

3. 利用渔网捕捞调查法：可以通过不同的渔网设计和使用方法，对鱼类种群进行调查。此方法可以配合其他方法同时进行。

4. 遥感技术调查法：是一种利用遥感技术进行鱼类种群调查的方法。该方法通过获取水域的遥感数据，包括可见光、红外线、微波等不同波段的电磁波信息，来反映水域中的生物量和分布情况。遥感技术调查法的具体步骤如下：

①数据采集：利用遥感卫星或飞机等遥感平台，获取水域的遥感数据。这些数据包括可见光图像、红外线图像、微波图像等不同波段的电磁波信息。

②数据处理：对获取的遥感数据进行处理，包括辐射定标、大气校正、图像增强等步骤，以消除误差和干扰，从而提高图像的质量和精度。

③生物量估算：通过对遥感数据的分析，可以估算水域中的生物量。常用的方法包括光谱特征分析、植被指数计算等。例如，通过计算水域中叶绿素的含量，可以估算水域中的浮游植物密度；通过分析水域中的反射率，可以估算水域中的悬浮物浓度等。

④分布情况分析：通过对遥感数据的分析，还可以了解水域中生物的分布情况。例如，通过分析水域中的温度分布，可以了解水域中的水温分层情况；通过分析水域中的流速分布，可以了解水域中的水流情况等。

遥感技术调查法的优点在于其非破坏性和大面积覆盖性。该方法不会对水域中的生物造成伤害，同时可以获取大范围的水域信息。此外，遥感技术还可以提供多时相、多角度的观测数据，有助于了解鱼类种群的变化趋势和动态分布情况。但是，遥感技术也存在一定的局限性，如数据精度和分辨率受到遥感平台的限制，同时还需要考虑到天气、光照等因素的影响。

5. 水下摄像技术调查法：是一种利用水下摄像机对水域中的生物和环境进行观察和记录的调查方法。该方法是在水下安装相机或录像机等设备，对水域中的生物和环境进行直观的观察和记录，适用于海洋、湖泊、河流等水域的调查。水下摄像技术调查法的具体步骤如下：

①设备安装：选择合适的安装位置，将水下相机或录像机安装到固定位置，如船只、浮标、水下机器人等。

②参数设置：根据需要调整设备的参数，如焦距、光圈、快门速度等，以确保拍摄效果清晰、准确。

③拍摄操作：操作设备进行拍摄，记录水域中的生物和环境情况。可以根据需要选择不同的拍摄模式，如静态拍摄、动态拍摄等。

④数据处理：将拍摄到的视频或图片数据进行处理和分析，提取有用的信息。例如，可以通过计数或测量生物的大小、数量等参数，评估水域中的生物量。

水下摄像技术调查法的优点在于其直观性和实时性。该方法可以实时记录水域中的生物和环境情况，同时可以获取大范围的水域信息。此外，水下摄像技术还可以提供高质量的图片和视频数据，有助于了解水域中的生物分布、活动习性以及环境变化等情况。但是，该方法也存在一定的局限性，如设备安装和操作需要专业人员和技术支持，同时设备的耐用性和稳定性也受到水下环境的影响。

这些非破坏性的调查方法不仅可以保护鱼类种群，还可以提供更加准确和可靠的数据，为渔业管理和生态保护提供科学依据。

正午太阳高度的变化与我们的生活

河源高级中学　陈璐

学科：地理　　**学段：**高中　　**年级：**二年级
主要教材：人教版高中地理选择性必修1《自然地理基础》，人民教育出版社2020年6月第1版
项目时间：3个课时
所需资源：标志杆、直尺、笔、笔记本、电脑、计算器、地球仪、图钉、手电筒、硬纸皮、彩纸、软尺、地球公转运动模型、摄像机、学案资料（含任务清单、评价量表）等。
作品类型：方案、地理模型
项目式学习方案范式类型：综合应用类

一、学习目标

1. 学生能够通过模拟地球运动的实验，观察正午太阳高度变化的规律；在解决问题的过程中，能整合学科知识，深入理解正午太阳高度的变化对人类活动产生的影响；

2. 学生能够认识到人类可以运用正午太阳高度变化的相关知识，提出能改善生活的行动方案；

3. 学生通过项目式学习，培养学生的资料搜集能力、问题解决能力，以及团结合作精神。

二、驱动问题及分解

驱动问题：正午太阳高度的变化规律是什么？这种变化对我们的生活产生了怎样的影响？

驱动问题分解：

1. 什么是正午太阳高度角？它具有怎样的特点？如何通过正午时物体的影长计算正午太阳高度角？

2. 当地球公转到二分二至日时，正午时分标志杆的影长是多少？当地球从春分日到夏至日、从夏至日到秋分日、从秋分日到冬至日、从冬至日到次年春分日时，正午时分标志杆的影长是如何变化的？标志杆的影长在一年中的变化反映了标志杆所在地正午太阳高度的变化规律是怎样的？

3. 一年中什么日期的正午太阳光对教室投影仪观看效果影响最大（以夏至日、冬至日、春秋分日为主要时间节点分析）？为了起到更好的遮阳效果，应如何确定最适合的遮阳棚宽度（以全年正午时分都能有良好的遮阳效果为例分析）？北京大学附属中学（40°N，116°20′E）的教学楼要效仿使用遮阳棚，应该做怎样的调整？

三、课时分布

（一）第一阶段 实地考察，任务驱动阶段

教师活动：

1. 引导学生观察生活中与正午太阳高度相关的现象，组织学生交流讨论。
2. 引导学生把生活中的相关问题转化成地理学科问题。
3. 引导学生凝练项目式问题，以任务驱动项目式学习活动的开展。

学生活动：

1. 观察生活中与正午太阳高度相关的现象，正午前后太阳光线从教学楼南面的窗户照射到室内，影响教室投影仪的观看效果（如图1、图2所示）。

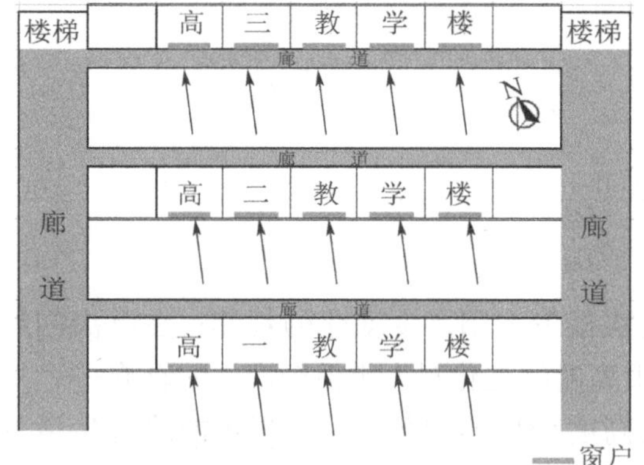

图1　河源高级中学高中教学楼布局示意图

投影仪观看效果

图2　学生可在教室内观察正午太阳高度的变化对投影仪观看效果的影响

2. 小组同学交流，提出“什么时候太阳光对教室投影仪观看效果影响最大”的问题，并进一步转化成地理学科问题——正午太阳高度的时空变化规律。

3. 发现问题，任务驱动——运用地理学科知识和思维，制定合理的方案，减少太阳光线对教室投影仪观看效果的影响。

（二）第二阶段 实验探究规律阶段

教师活动：

1. 引导学生计算出学校（23°43′N，114°43′E）所在地正午时的北京时间。

2. 指导学生观察正午太阳高度，绘制正午太阳高度示意图，理解正午太阳高度的概念。

3. 指导学生测量正午太阳高度角，通过三角尺的长度和影长关系，计算出正午太阳高度。

4. 指导学生制作地球运动模型。

5. 指导学生通过实验模拟地球运动，引导学生总结标志杆所在地正午太阳高度年变化规律。

学生活动：

1. 运用前面所学知识，计算出学校（23°43′N，114°43′E）所在地正午时的北京时间是12∶23。

2. 选择有阳光照射的正午，观察正午时太阳高度，拍摄有阳光、物体影子的实景图，画出正午太阳高度示意图。

图3　测量正午太阳高度角

3. 在教学楼之间的空地摆放一张桌子，正午时分，把三角尺立在桌子上，测量出三角尺影子的长度，并画出竖直三角尺与桌面之间的线面角，量出正午太阳高度角。通过三角尺的长度和影长关系，计算出正午太阳高度，并将两者进行对比（图3）。

4. 根据前面所学地球运动的特点相关知识，小组合作，制作地球运动模型（图4）。

5. 实验模拟地球运动，准确记录标志杆在二分二至日的正午时的影长，并记录从春分日到夏至日、从夏至日到秋分日、从秋分日到冬至日、从冬至日到次年春分日时，正午时分标志杆影长的变化（图5）。

6. 通过影长变化总结标志杆所在地正午太阳高度年变化规律，并绘制示意图表示（图6）。

图4　制作地球运动模型

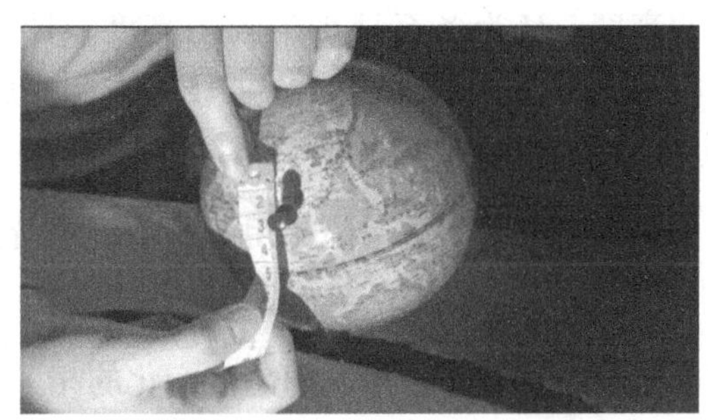

图5　实验模拟地球运动－学生测量二分二至日正午时标志杆的影长

一年中，标志杆的影长在夏至日时最短，冬至日时最长，可以反映出河源地区正午太阳高度在夏至日达到一年中最大值，冬至日达到最小值。从夏至日到冬至日，标志杆的影长变长，从冬至日到夏至日，标志杆的影长变短，可以反映出从冬至日到夏至日期间正午太阳高度是变大的，从夏至日到冬至日期间正午太阳高度是变小的。一年中，正午时分标志杆的影子方向均朝北，反映出一年中，河源地区

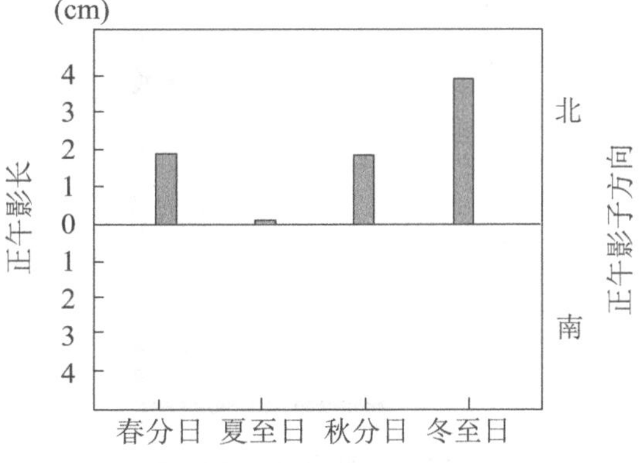

图6　河源地区正午标志杆年变化规律示意图

正午时太阳的方位均在南方。

（三）第三阶段 问题解决阶段

教师活动：

指导学生分解第一阶段提出的问题，分析问题，并引导学生运用知识解决问题。分解第一阶段问题：（1）一年中什么日期的正午太阳光对教室投影仪观看效果影响最大（以夏至日、冬至日、春秋分日为主要时间节点分析）？（2）为了起到更好的遮阳效果，应如何确定最适合的遮阳棚宽度（以全年正午都能有良好的遮阳效果为例分析）？（3）北京大学附属中学（40°N，116°20′E）的教学楼要效仿使用遮阳棚，应该做怎样的调整？

学生活动：

分析问题：（1）河源高级中学在一年中的冬至日正午太阳高度角最小，太阳光照射进教室的面积大，对投影观看效果影响较大。（2）在冬至日时，遮阳棚的宽度能够遮挡太阳光，全年都可以实现遮挡阳光的目的。（3）北京大学附属中学的教学楼定制合适的遮阳棚，要保证冬至日时能够遮挡太阳光。

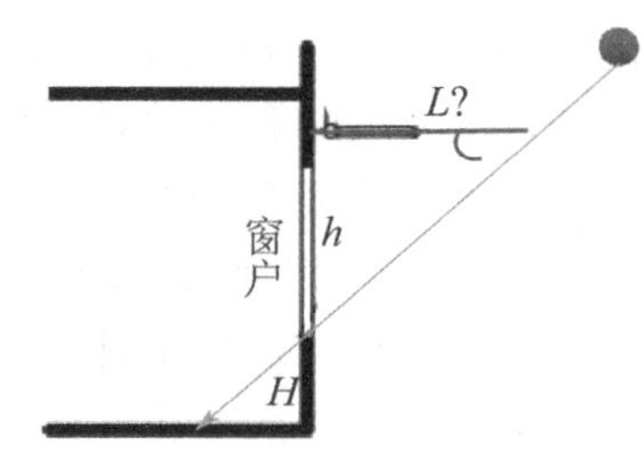

图7 河源高级中学冬至日正午太阳光照进教室示意图

遮阳棚的宽度等于窗户高度比冬至日正午太阳高度的正切值，计算式为 $L = h/\tan H$，L 为遮阳棚的宽度，h 为窗户高度，H 为冬至日正午太阳高度，计算出的结果为 1.84 米（图7）。北京冬至日的正午太阳高度角比河源冬至日的正午太阳高度角小，遮阳棚应该要比河源地区的要宽。

（四）第四阶段 实践应用、展示评价阶段

教师活动：

指导学生运用正午太阳高度变化的相关知识提出能改善生活的行动方案。生活中同学们遇到在宿舍洗了的衣服难晾干、难晒到阳光的问题，向学校提出安装可升降晾衣杆的方案。学生需要考虑如何制定夏季和冬季晾衣杆的高度方案，使衣服最大限度被太阳光照射。

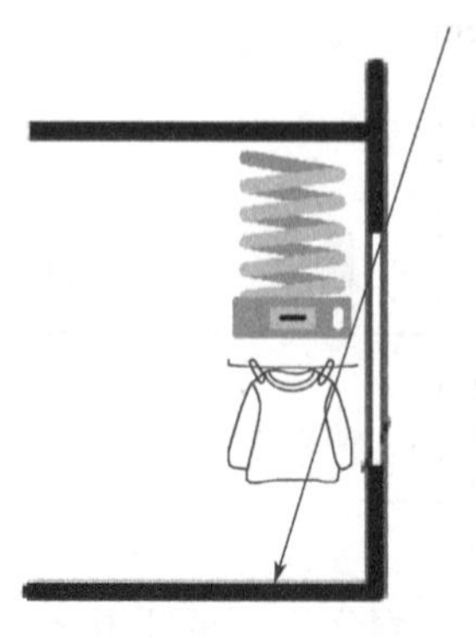

图8 夏季晾衣杆高度示意图

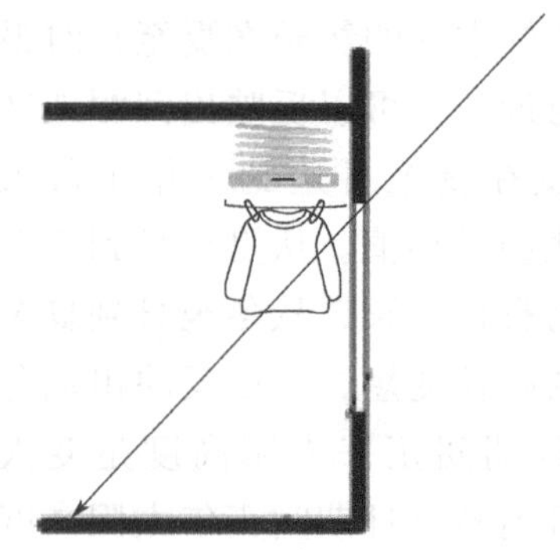

图9 冬季晾衣杆高度示意图

学生活动：

运用所学知识思考如何制定夏季和冬季晾衣杆的高度方案。夏季，河源高级中学正午太阳高度达较大值，室内照射面积较小，晾衣杆可向下伸长（图8）。冬季，河源高级中学正午太阳高度较小，室内照射面积较大，晾衣杆可以向上缩（图9）。

四、课程评价

本项目以观察实验为基础，突出与现实生活的结合，按照“发现问题—分析问题—实验探究—总结规律—实践应用”的思路展开项目式学习，引导学生运用所学知识解决生活中遇到的与正午太阳高度变化相关的问题。本次项目式学习基本达成既定的学习目标，学生较好地掌握了相关知识、规律，提升了分析问题、解决问题的能力，为培育核心素养奠定了基础。学生能够通过模拟地球运动的实验，观察正午太阳高度的变化规律；在解决问题的过程中，能整合学科知识，深入理解正午太阳高度的变化对人类活动产生的影响；能够认识到人类可以运用正午太阳高度变化的相关知识，提出能改善生活的行动方案。通过项目式学习，培养了学生资料搜集能力、问题解决能力以及团队合作精神。

评价方式分为自我评价（学生进行自我评价）、同伴互评（学生之间进行互相评价）、教师评价（教师对学生进行评价）、成果评价（收集学生在项目式学习过程中的任务清单和相关作品进行评价），评价工具有过程评价量表和作品评价量表。

立足乡土资源，提高高中生地理实践力

河源高级中学　陈璐　朱善智　王小琴　陈少敏

学科：地理　　**学段：**高中　　**年级：**一年级
主要教材：人教版高中地理必修第一册，人民教育出版社 2020 年 6 月第 1 版
项目时间：6 个课时
所需资源：相关的乡土资源（河源恐龙博物馆、黄龙岩畲族风景区、校园）、电脑、投影仪、手机、摄像机、学案资料（含任务清单、评价量表）、地理模型制作工具等。
作品类型：地理模型作品、规划图
项目式学习方案范式类型：学科主题探究类

一、学习目标

1. 学生参观河源恐龙博物馆，运用地质年代表和博物馆资料，描绘“地球的演化历程”，总结地球环境的变化特点和生命演化规律；

2. 通过对黄龙岩喀斯特地貌的参观，学生能识别喀斯特地貌的类型，描述喀斯特地貌发育过程；

3. 根据河源地区的环境条件，结合校园树木生长所需要的环境条件，学生把树木按照当地树种和引进树种进行分类，并举例说明校园树木与当地环境的关系，对校园绿化提出合理化建议；

4. 学生掌握观察化石、地层等的方法，提高运用地理工具的能力；掌握地貌观察的一般方法和基本内容，提高地理实践力。

二、驱动问题及分解

驱动问题：立足河源地区的自然和社会资源，教师引导学生运用体验、观察、野外考察等方式，开展项目式地理实践活动，提高学生地理实践力核心素养。

驱动问题分解：

1. 学生“寻宝”恐龙博物馆，了解化石的形成；“探秘”恐龙化石，说明地层、化石、生物与地理环境的关系；运用资料，归纳地球的演化历程；描绘地球的演化，寻找“最初的家园”。

2. 学生分析黄龙岩喀斯特地貌的形成与当地自然环境的关系；以黄龙岩喀斯特地貌为例，描述喀斯特地貌主要特点及演变过程；举例说明喀斯特地貌对黄龙岩地区畲族乡人类活动的影响。

3. 学生观察河源高级中学校园树木，描述它们的形态特征，并对它们进行分类与统计；通过调查数据与查阅的相关资料，划分本地树种和引进树种；通过对比同种树木在不同栽种地点生长状况的区别，探究环境与植被的关系。

三、课时分布

（一）第一阶段 实地参观阶段（任务驱动）

教师活动：

1. 组织学生前往河源恐龙博物馆。设计项目式学习任务单，做好参观前的学习培训；带领学生参观河源恐龙博物馆，介绍馆藏情况，讲解化石如何形成，引导学生观察恐龙蛋化石。

2. 组织学生前往黄龙岩畲族风景区。设计项目式学习任务单，做好参观前的学习培训；带领学生实地参观黄龙岩畲族风景区的喀斯特地貌，引导学生观察喀斯特地貌，介绍黄龙岩喀斯特地貌的形成、地貌特点及其与地理环境之间的关系。

3. 组织学生在校园开展植被调查。设计项目式学习任务单，做好调查前的学习培训；引导学生认识校园植被，借助识别植物的 App（如形色），认识植物的种类，观察植物的特征（树形、叶片、花、果实等），引导学生思考植物与地理环境的关系。

学生活动：

1. 参观河源恐龙博物馆。①了解河源恐龙博物馆的馆藏情况；②在馆内寻找至少 2 种化石，如晶体恐龙蛋化石、河源棱柱形恐龙蛋、白垩纪黄氏河源龙骨骼化石、菊石化石等，观察化石的特征并拍照记录，了解这些化石是怎样形成的；③了解恐龙蛋挖掘的情况，记录恐龙蛋化石存在的岩层类型和岩层特征；④观察馆藏恐龙、恐龙足迹化石，拍照记录，了解不同时期恐龙的类型、形态特征，推断恐龙演化过程中的地理环境的变化，并说明地层、化石、生物与地理环境的关系，填写在记录表中。

2. 参观黄龙岩畲族风景区。①利用手机地图，对研学地点黄龙岩进行定位，描述黄龙岩的地理位置；②了解黄龙岩及周边地区地形，简要描述其地形类型及特点。查阅资料，简要描述黄龙岩地区气候类型及特点，把相关信息填在记录表中；③观察地表喀斯特地貌，识别溶沟、洼地、峰丛、峰林、孤峰、残丘等地表喀斯特地貌，拍照并把地貌的形态、特征记录下来；④观察地下喀斯特地貌，识别溶洞、石钟乳、石笋、石柱、地下暗河等地下喀斯特地貌，拍照并记录地貌的形态、特征；⑤结合黄龙岩地区的地理环境特征，描述黄龙岩地区喀斯特地貌景观的特点。观察黄龙岩地区人们利用喀斯特地貌开展的产业活动，列举产业类型。⑥在溶洞出口观景台观看并描述当地耕地布局特点，简要说明人类活动与喀斯特地貌的关系。

3. 调查校园植被。①观察河源高级中学校园里的树木，描述它们的形态特征，并对它们进行分类与统计。运用手机相关软件进行查询，记录各种树木的生长习性；通过树木的生长习性、生长状况，把树木按本地树种和引进树种进行分类并进行数量的统计。②通过对比同种树木在不同栽种地点生长状况的区别，探究环境对植被的影响。

（二）第二阶段 成果交流与评价阶段

教师活动：

1. 对学生表现进行评价：①学生参观河源恐龙博物馆表现评价。全体学生积极参与项目式学习，学生在博物馆参观过程中，能够认真观察，提出问题，大部分学生能根据任务清单，在规定时间内完成任务。课堂上大部分学生能结合地质年代表等资料，简要描述地球的演化历程，部分学生能突出地球的演化具有延续性和整体性，绝大部分学生能够以发展的眼光看待地球的演化历程和人类的发展历程。②学生参观黄龙岩畲族风景区表现评价。全体学生积极参与项目式学习，学生在黄龙岩参观过程中，能够认真观察，提出问题，大部分学生能根据任务清单，在规定时间内完成任务。课堂上大部分学生能结合手抄报、喀斯特地貌模型等资料，简要描述喀斯特地貌的景观特点。③学生在校园植被调查中的表现评价。全体学生积极参与项目式学习，学生在调查校园树木的过程中，能够认真观察，提出问题，大部分学生能根据任务清单，在规定时间内完成任务。课堂上大部分学生可以通过成果介绍，了解树木类型，知道如何区分乔木、灌木与草本；理解校园树木与本地的自然环境的关系；知道环境对植被有什么影响，校园为什么要种植树木，以及种植什么样的树木。

2. 对学生成果进行评价：①学生参观河源恐龙博物馆成果评价。大部分小组成员能够运用博物馆馆藏资料和地质年代表描绘“地球的演化历程”，有些小组选择了某一个主题（如地球的环境变迁、生命演化）来展现，有些小组描述比较全面，个别小组还能够在作品中突出生命的演化具有螺旋上升的特点，体现地球的演化具有延续性和整体性。②参观黄龙岩畲族风景区学生成果评价。大部分小组成员能够运用喀斯特地貌的知识制作手抄报，喀斯特地貌地表地下的模型制作，有些小组选择了某一个主题（如喀斯特地表景观、喀斯特地下景观）来展现，有些小组描述比较全面。③学生校园植被调查成果评价。每个小组都能很好地完成学习任务，能够非常认真地观察校园树木的生长状况，运用相关 App 查阅校园树木的生长习性，并且做成树木的名片以及有关当地自然环境的资料，最后能总结出，校园树木对当地的自然环境具有适应性，也能说出不同栽种地点同种树木生长状况有差异的原因。

学生活动：

1. 参观（图 1 ～ 图 3）

图 1　学生在河源市恐龙博物馆参观

图 2　学生在黄龙岩参观

图 3　学生在河源高级中学校园观察植被

2. 完成项目式学习任务单（图 4 ～ 图 6）

任务 2	说明地层、化石、生物与地理环境的关系			
	黄氏河源龙化石（照片/简图）	恐龙的形态特征	恐龙生活年代植物生长情况	恐龙生活年代气候特征
		身长2米，头部高而长，无齿，尾椎体有侧孔，属窃蛋龙类。	裸子植物盛行。	气候温暖潮湿，植被茂盛
	恐龙足迹化石（照片/简图）	恐龙足迹的形成条件	恐龙足迹反映的古地理环境	
		恐龙在湖边、河边以及海边的沙滩留下足迹，阳光暴晒使其变坚硬，洪水来临时，泥沙将足迹掩埋，地壳下降，等使其形成足迹化石	气候温暖潮湿，植被茂盛 雨季、旱季分明 干湿分明。	
	用示意图表示地理环境、生物、化石和地层之间的关系			
	反映　环境　影响　生物　化石　地层　掩埋于			

图 4　学生完成地球的演化历程项目式学习任务单

图 5　学生完成喀斯特地貌手工作品

凤凰木
Delonix regia

属：凤凰木属
别称：红花楹树、凤凰树、火树
形态特征：高大落叶乔木，无刺，高达20余米，胸径可达1米；树皮粗糙，灰褐色；树冠扁圆形，分枝多而开展；小枝常被短柔毛并有明显的皮孔。
习性：种植6～8年开始开花，喜高温多湿和阳光充中曈环境，生长适温20～30℃，不耐寒，冬季温度不低于20℃。以深厚肥沃、富含有机质的沙质壤土为宜；怕积水，排水须良好，较耐干旱；耐瘠薄土壤。一般1年生高可达1.5～2米，2年生高可达3～4米，种植6～8年始花。
取名缘于：“叶如飞凰之羽，花若丹凤之冠”。
花误为：火热青春

扫一扫 了解更多

图 6　学生制作校园植物卡片

（三）第三阶段 能力提升与问题解决阶段

教师活动：

1. 引导学生说明地理环境、生物、化石和地层之间的关系，建构知识，提升综合分析能力。引导学生理解地质年代表的形成和特点。引导学生从距今时间、海陆变迁、生命演化、矿产形成等方面归纳地球的演化历程。

2. 以黄龙岩喀斯特地貌为例，引导学生了解喀斯特地貌在我国的分布地区和典型特征。引导学生用示意图表示喀斯特地貌景观演变过程。以黄龙岩地区为例，正确分析喀斯特地貌与人类活动的关系。

3. 以校园植被为例，引导学生认识不同植被类型及特征，让其掌握分辨不同种类树木的方法，正确分析校园植被与当地环境的关系。

学生活动：

1. 运用示意图表示并说明地理环境、生物、化石和地层之间的关系。运用地质年代表和博物馆内地球演化的相关图文资料，结合教材相关内容，分别从距今时间、海陆变迁、生命演化、矿产形成等方面归纳地球的演化历程。

2. 说出喀斯特地貌在我国的分布地区。以黄龙岩喀斯特地貌为例，总结喀斯特地貌的典型特征，尝试用示意图表示喀斯特地貌景观演变过程，尝试分析喀斯特地貌与人类活动的关系。

3. 以校园植被为例，认识不同植被类型及特征。查阅相关树木的生长习性，再结合已了解到的本地的自然条件，分辨出本地树种和引进树种，正确分析校园植被与当地环境的关系。

（四）第四阶段 探索形成成果阶段（展示、评价、修订）

教师活动：

1. 在学生完成的“地球的演化历程”作品中提供建议。对学生的作品及描述过程作出评价并提出修改意见。引导学生总结项目式学习活动，归纳课程主要内容。地球的演化历程伴随着生物从低级向高级、从简单到复杂的进化，地质年代越古老，形成的生物越低级、越简单。

2. 在学生完成的“喀斯特地貌”“校园植物景观规划”作品中提供建议。对学生的作品及描述过程作出评价并提出修改意见。引导学生总结项目式学习活动，归纳课程主要内容。

学生活动：

1. 小组合作，以手工作品（图文结合）的形式描绘“地球的演化历程”，并在课堂中展示。根据教师提供的生物照片、古生物化石图片、环境复原图等资料，判断其所对应的地质年代，小组成员合作找到“最初的家园”，并粘贴在表格相应的位置，总结地球的演化历程（图7）。

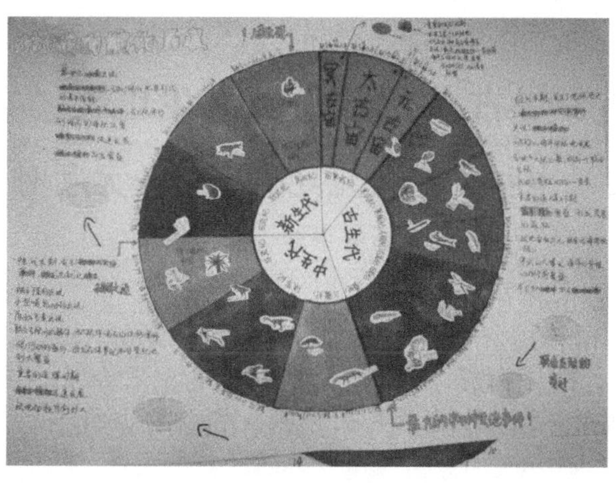

图7　学生制作的“描绘地球的演化历程”手工作品

2. 描述喀斯特景观的演变。学生小组合作完成“喀斯特地貌与人类关系”作品图（图8）。

3. 学生小组合作完成“校园植物景观规划”作品图（图9）。

图8　学生小组合作完成“喀斯特地貌与人类关系”作品图

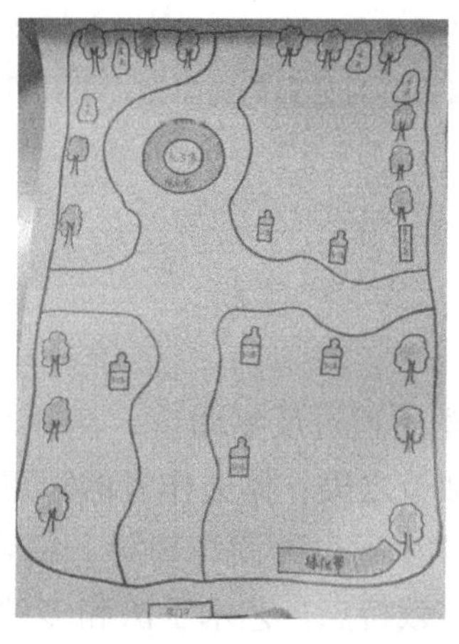

图9　学生小组合作完成“校园植物景观规划”作品图

四、课程评价

本节内容主要的特色是采用了项目式学习的方式，结合河源乡土资源，学生走进河源恐龙博物馆、黄龙岩畲族风景区、校园，进行实地参观。让学生在真实情境中发现问题，完成项目式学习任务，落实了地理实践力核心素养的培育任务。结束参观后，总结并评价学习成果，结合课内外资源，促进知识与能力建构，形成成果，再进行修订，最终形成可公开发表的成果。

评价方式分为自我评价（学生进行自我评价）、同伴互评（学生之间进行互相评价）、教师评价（教师对学生进行评价）、成果评价（收集学生在项目式学习过程中的任务清单和相关作品进行评价），评价工具有过程评价量表和作品评价量表。

寻古人智慧，破人生虚无

——“至情至性”中华传统文化经典研习单元项目化学习活动方案

河源高级中学　曾圆圆

学科：语文　　**学段：**高中　　**年级：**二年级

主要教材：部编版高中语文选择性必修下册，人民教育出版社 2020 年 6 月第 1 版

项目时间：5 个课时

所需资源：

- 教材：部编版高中语文选择性必修下册课文：《项脊轩志》《兰亭集序》《归去来兮辞》
- 拓展文本：《寒花葬记》《先妣事略》《晋书·王羲之传》《桃花源记》《五柳先生传》《当代价值观缺失与重构——基于中国时代“空心病”现象的思考》
- 视频资料：作者归有光、王羲之、陶渊明的介绍视频

作品类型：辩论赛、写作训练、文学画册、作家年表

项目式学习方案范式类型：设计开发类

一、学习目标

1. 学生通过反复诵读，涵咏品味，把握文章主旨，能够领会文章的手法之精、章法之妙、细节之美，体会作者的智慧与情感，增进对中华文化的理解与认同。

2. 学生通过阅读与理解，结合体验与思考，进行对比与联系，全面深入地认识古代散文的体裁特点、艺术手法和多种风格，形成知识体系，能够做简单的点评赏析。

3. 学生分析抒情散文中作者表情达意的重要手法，掌握通过日常生活进行细节描写，以抒发深沉情感的写作手法。

4. 学生品味古人在文章中的人生感悟、情理体验，共情其人生经历，学习其战胜生死问题的生命智慧，建立起积极的人生观：珍惜真情、追求真我、注重当下。

二、驱动问题及分解

驱动问题：我们能从古代散文名家的生活与诗文中汲取怎样的精神养分，来建立积极的人生观，对抗时代“空心病”？

驱动问题分解：近年来，“空心病”日渐腐蚀人们的心灵，这是因价值观缺陷、存在感缺失导致的心理障碍，令人深感人生的本质是虚无，终日重复没有结果，对生活感到迷茫，甚至认为人生毫无希望。

面对这样的现象，我们应积极寻求解决方法。如今，在语文学习上，我们可尝试从古代散文名家的身上，从其人生经历与诗文情思中，学习其独特宝贵的人生观、价值观，汲取精神养料，对抗人生的虚无感，治愈时代的“空心病”。

三、课时分布

第一阶段

活动目标：

通过资料搜集与调查访问，了解散文作家的生平与写作文章的原因，探寻其人生的悲喜，明白古今中外人们的生命中都充满各种悲欢离合，人需要作出各种人生抉择，都在探寻人生的价值意义之所在。以此唤起自身的生命体验，来激起追随古人脚步，追寻人生意义的兴趣。

活动内容：

1. 教师播放介绍时代“空心病”的相关视频，引发学生对该现象的思考，并反观自身，讨论并思考如何解决这样的社会“顽疾”；

2. 教师抛出驱动性问题，补充散文名家的介绍视频，组织学生讨论，对问题进行分解，在此期间引导学生结合将要学习的教材内容，形成项目化活动方案；

3. 学生利用课后时间，搜集整理几位散文作家的相关资料，了解他们的生平，着重理清文章与其人生的密切关系，可尝试形成生平年谱表格。

第二阶段

活动目标：

寻找如同《项脊轩志》中的项脊轩一样的“寄深情之故物”，唤起自己与物相连的情感经验，明白与他人的情感联结对人生意义的重要性，也体会文字记载对于纪念生命的意义。

活动内容：

1. 教师带领学生细读《项脊轩志》文本，总结归有光通过选取生活日常细节，于“项脊轩”中寄托深挚情感，以家常朴素之语记物志人以抒情的写作特色；

2. 学生回忆如“项脊轩”一样的“寄深情之故物”，试模仿作者的写作特色，与组员以家常之语分享自身与故物之间的事与情，唤起大家的情感共鸣；

3. 将你与“寄深情之故物”的感人故事以文字的方式记录下来，形成你的“×××志”，物以载情，物以记人，以文字镌刻生命存在过的痕迹。

第三阶段

活动目标：

通过绘画，想象并感受王羲之与陶渊明分别寄托在《兰亭集序》《归去来兮辞》中旷达洒脱的人生境界和独立自由的不屈灵魂，明白作者在对生死问题追问后，找到了实现生命意义的最终途径：追求真我、注重当下。

活动内容：

1. 教师带领学生细读《兰亭集序》《归去来兮辞》文本，思考文本中作者对生死问题的追思，体会作者为破除生死虚妄而追求到的各种“人生之乐”；

2. 将作者的种种人生之乐概括成为一幅幅画面，总结画面的意境特点，在描述画面中学习作者如何追求真我与当下；

3. 根据所概括的画面及其特点，进行作画，说明如此作画的原因，追求“神似”，实现对作者人格精神与人生境界的再现；

4. 小组成员彼此欣赏、品评画作，推选组内优秀作品向全班同学展示分享。

第四阶段

活动目标：

辩论中要求学生引用文本或作者的生平作论据，深化所学、辩中明理，通过对人生是否虚无的追问，明白“生存本身，就是对虚无最有力的反抗”，学会珍惜当下，从而拥有积极的人生观。

活动内容：

1. 教师出示诸多青少年奉行人生虚无主义与时代“空心病”蔓延的情境，联系这几篇文本中作者似乎“悲多乐少”的人生，引出“人生本质是否虚无”的辩题。

2. 各小组选择辩方与自身的辩手角色，课后收集相关资料，为辩论赛做准备；集体讨论，定制辩论赛评分规则。

3. 举行班级辩论赛，要求辩论中引用所学的课文与文章作者的生平相关资料，作为辩论中的论据支撑，让学生在深化所学中辩论明理；依据各组的辩手角色，整理完成一辩立论、二辩驳论、三辩质辩小结、四辩总结陈词的辩论稿写作。

4. 教师进行总结，引导学生认真对待生活，去迎接“喜”，去遭遇“悲”，去主动创造，铭记生命的每一天，深刻理解“生存本身，就是对虚无最有力的反抗”，最终建立起积极向上的人生观。

四、课程评价

1. 评价的知识与能力：基础知识与技能、深入文本阅读，感受古代散文的魅力，以深情语言借事抒情，把握散文名家人生价值的建立途径；破除人生的虚无感，建立积极的人生观，学会珍惜真情、追求真我、注重当下。

2. 成果展示：个人成果包括关于“我与深情故物”的短文、表现古代散文名家“人生之乐”的画作；团队成果包括作家生平年表、公开式辩论赛、辩论稿集结成册。

3. 公开方式：班级将在任务四环节举行公开辩论赛，邀请其他老师担任赛事评委，对各组成员的比赛表现进行评价打分，推选出最佳辩手、最佳辩论小组。辩论赛后，班级将举行一次学习成果展览会，展示同学们创作的“我与深情故物”的小故事、表现散文名家“人生之乐”的画作、各小组的辩论稿，并邀请其他班级的同学、老师、家长等参加，各小组成员分别对作品进行介绍、推荐，最后评选出优秀之作。

4. 评价量表

“我与深情故物”短文评价量表

评价项目	评价等级		
	自评	同伴评	教师评
叙事完整，语言流畅	1～5分	1～5分	1～5分
能寄情于物，物情融合自然紧密	1～5分	1～5分	1～5分
记叙日常生活小事，有具体、生动的细节描写	1～5分	1～5分	1～5分
情感自然真挚，引人共鸣	1～5分	1～5分	1～5分

“人生之乐”画作评价量表

评价项目	评价等级		
	自评	同伴评	教师评
画卷整洁，画面清晰可辨	1～5分	1～5分	1～5分
与文本紧密结合，体现作者的人生之乐	1～5分	1～5分	1～5分
意境贴切，生动展现作者的人格精神与人生境界	1～5分	1～5分	1～5分

“人生本质是否虚无”辩论稿评价量表

评价项目	评价等级		
	自评	同伴评	教师评
辩论语言表达清晰、流畅	1～5分	1～5分	1～5分
论点明晰，层次清楚，逻辑严密	1～5分	1～5分	1～5分
提问简明，回答精准，论证合理而有力	1～5分	1～5分	1～5分
论据充足，分析透彻，能适当引用本课所学	1～5分	1～5分	1～5分

《古诗词诵读》群文阅读项目式学习活动案例

广州大学附属东江中学　邱愉康

学科：语文　　**学段：**高中　　**年级：**二年级

主要教材：统编高中选择性必修教材下册，人民教育出版社 2020 年 6 月第 1 版

项目时间：1 个课时

所需资源：教学白板、投影仪等多媒体设备、学案、评价量表等

项目式学习方案范式类型：学科主题探究类

一、项目概况

本项目式学习活动案例主要涉及语文学科核心素养中的“语言建构与运用、思维发展与提升、审美鉴赏与创造、文化传承与理解”，课程目标中的“语言积累与建构、语言表达与交流、语言梳理与整合、增强形象思维能力、提升思维品质、增进对祖国语言文字的美感体验和鉴赏文学作品”相关要求，既体现了语文核心素养，又落实了课程目标。

本项目以整个《古诗词诵读》单元目标的学习任务为抓手和线索，合理设置了本节课的情境任务和驱动问题“模仿诗人诵读诗歌并通过撰写文学短评表达自己鉴赏诗词的审美体验”，并拆分成五个子问题：从感知诗人形象、朗读诗歌、完成“鉴赏诗歌”表格、仿写语段后模仿诗人诵读到写文学点评，让学生从“低阶学习”进入“高阶学习”，共同指向学生关键能力和学习素养培养，培养学生个性化、创造性的诵读的能力，提升学生知识联系实际、解决问题的能力，避免不分轻重、东鳞西爪的碎片化学习。

二、学习目标

（一）让学生通过听读和朗读诗歌来感知诗人形象和诗词情感，积累诵读与鉴赏审美诗歌的实践经验。

（二）让学生通过鉴赏诗歌写作背景、意象、意境和表现手法，完成“仿写语段”“模仿诗人诵读”“写文学短评”等学习实践活动。

三、驱动问题及分解

驱动问题：你能模仿诗人诵读诗歌并通过撰写文学短评表达自己鉴赏诗歌的审美体验吗？

驱动问题分解：

1. 你从黄庭坚和陆游的画像中感知到黄庭坚和陆游怎样的形象？（低阶学习）

2. 听朗诵录音，你听出来这两首诗中反映了诗人什么样的感情？（低阶学习）

3. 自由朗读诗歌，读完后思考应该带着什么样的语调来读这两首诗歌？（低阶学习）

4. 两首诗歌所反映的情感是通过怎样的写作背景、意象、意境和表现手法表现出来的呢？（高阶学习）

5. 根据所学知识，你可以仿写语段并且模仿诗人诵读吗？（高阶学习）

四、项目式学习活动过程

（一）项目活动一："导入"阶段（低阶学习）

1. 活动目标：通过创设情境和展示诗人画像来感知诗人形象。

2. 活动内容：

（1）创设"班级古诗词诵读会"的情境，设置驱动问题"模仿诗人诵读诗歌并通过文学短评表达自己鉴赏诗词的审美体验"；

（2）展示黄庭坚和陆游的画像，学生展开联想和想象，表达自己对两位诗人生活和文学形象的感受与理解。

（二）项目活动二："朗读诗歌"阶段（低阶学习）

1. 活动目标：通过听读和朗读诗词来感知诗词情感，积累诵读与鉴赏审美诗歌的实践经验。

2. 活动内容：

（1）播放《登快阁》《临安春雨初霁》配乐朗诵视频，让学生初步感知诗歌内容和情感；

（2）学生自由朗读课文，教师作朗诵指导。

（三）项目活动三："鉴赏诗歌"阶段（高阶学习）

1. 活动目标：学生由点到面地逐层深入鉴赏诗歌，把握诗歌的意象、意境、表现手法和情感，运用口头语言和鉴赏表格进行表达与交流，将言语活动经验逐渐转化为具体的学习方法和策略。

2. 活动内容：

（1）小组讨论交流、合作探究，完成"鉴赏诗歌"表格（教师到每个小组进行指导）；

（2）小组长做小老师，上台讲解小组讨论交流的成果；

（3）师生共同参与评价"鉴赏诗歌"表格。

（四）项目活动四："语言实践"阶段（高阶学习）

1. 活动目标：学生能运用诗化语言表达自己的审美体验、情感、态度和观念，表现和创造自己心中的美好形象；学会用历史和现代相结合的观念审视诗歌和诗人，记录自己的感受和见解，不断提高独立阅读鉴赏诗歌的能力，发展创造性思维。

2. 活动内容：

（1）学生在课堂上完成“仿写语段”练习；

（2）学生上讲台进行“个性化、创造性的诵读”；

（3）师生共同参与评价“仿写语段”及“个性化、创造性的诵读”。

（五）项目活动五：“写文学短评”阶段（高阶学习）

1. 活动目标：学生体会诗人抒发的感情，品味诗词意境美，表达自己鉴赏诗词的审美体验；形成正确的审美意识、健康向上的审美情趣与鉴赏品位；培养“审美鉴赏与创造”素养，提高语言运用能力。

2. 活动内容：选择本单元《古诗词诵读》篇目里的任意一首诗词，写一篇300字左右的文学短评。

五、课程评价

（一）评价目标与内容

1. 评价目标是“学生模仿诗人诵读诗歌并通过文学短评表达自己鉴赏诗词的审美体验”。

2. 评价内容是学生自主研读、小组合作探究，由点到面地读懂诗歌，把握意象、意境、表现手法和情感，完成“仿写语段”“模仿诗人诵读”“写文学短评”等创新的语言实践活动。

（二）评价方式（对学生全程参与的过程和所展示的成果进行评价）

1. 同伴评价（小组成员之间进行评价）

2. 小组评价（小组之间进行互相评价）

3. 教师评价（教师对学生进行评价）

（三）评价工具

评价量表1

任务：完成“鉴赏诗歌”表格	分值	同伴评价	小组评价	教师评价
意象及其特点概括准确	20			
意境和写作背景概括准确	20			
写作手法概括准确	20			
情感理解深刻	20			
书写整齐美观	20			

评价量表 2

任务：仿写语段	分值	同伴评价	小组评价	教师评价
关键词和意象准确	20			
句式结构准确	20			
语言富有文采	20			
情感理解深刻	20			
书写整齐美观	20			

评价量表 3

任务：个性化、创造性的诵读	分值	同伴评价	小组评价	教师评价
仪表仪态大方	20			
语言形象生动	20			
情感自然真挚	20			
朗诵声情并茂	20			
形式个性创新	20			

评价量表 4

任务：写文学短评	分值	同伴评价	小组评价	教师评价
诗人形象生动	20			
诗歌内容准确	20			
艺术手法多样	20			
构思技巧清晰	20			
书写整齐美观	20			

六、活动成果交流与评价（部分学习成果详见附件）

（一）“观察黄庭坚和陆游的画像”活动

1. 学生表现：能说出画像中的陆游忧伤瘦硬、黄庭坚沉稳潇洒之类的感受。
2. 过程评价：学生能正确感受与理解诗人生活和文学形象。

（二）“听配乐朗诵视频”活动

1. 学生表现：认真聆听配乐朗诵，边听边在书本上划分节奏，标明语调。
2. 过程评价：学生发挥了自己的主观能动性，能在“做中学”，表现了独立自主和实践精神。

（三）“学生自由朗读诗歌”活动

1. 学生表现：模仿配乐朗诵，调动自己要表达诗人意志和胸怀的激情，节奏和谐、流畅地朗读诗歌。

2. 过程评价：吐字清晰、节奏鲜明、停顿恰当，语调柔和舒缓，语速缓急有致；情感真挚，能把握好作品的感情基调。

（四）“鉴赏诗歌”活动

1. 学生表现：先借助课本上的注释和工具书独立研读文本，自己理解诗歌的意象、意境、表现手法和情感后，和小组成员一起交流探讨，完成两首诗歌的“鉴赏诗歌”表格或思维导图，再由小组长上讲台做小老师，讲解小组讨论交流的成果，形成物化成果“鉴赏诗歌”表格。

2. 过程评价：能正确欣赏、鉴别和评价黄庭坚和陆游的作品，口头语言表达和文字整理能力强，具有正确的价值观、高尚的审美情趣和审美品位，语文综合素养较高。

（五）“仿写句段”和“模仿诗人诵读”的语言实践活动

1. 学生表现：独立自主在课堂上完成“仿写语段”练习，然后上讲台进行有个性的、创造性的诵读。

2. 过程评价：学生能在“用中学、创中学”，用历史和现代相结合的观念审视诗歌和诗人，记录自己的感受和见解，表现了独立阅读鉴赏诗歌的能力和较好的创造思维。

（六）写“文学短评”活动

1. 学生表现：学生能通过写文学短评表达自己鉴赏诗词的审美体验。

2. 过程评价：学生能写出诗歌中的形象美、情感美、意境美，审美意识正确，审美情趣与鉴赏品位健康向上，语言能力和思维能力强。

七、活动成效与反思

（一）活动优点和创新之处

1. 充分落实语文学科知识、学习素养和立德树人的根本任务

从观察黄庭坚和陆游的画像，观看配乐朗诵视频，到学生自由诵读诗歌，让学生体悟诗情；小组合作探究讨论，从完成“鉴赏诗歌”表格，到完成“仿写句段”“模仿诗人诵读”“ 写文学短评”的语言实践活动，都很好地落实了语文核心素养立德树人的根本任务和在“做中学、用中学、创中学”的要求，增强了学生认识真实世界、解决真实问题的能力。

2. “项目式学习”结合新课程标准，落实了本节课预设的培养学习素养目标

本节课结合新课程标准，实施了“项目式学习”活动，以情境任务和驱动问题贯穿整节课，并把驱动问题拆分成五个子问题和相关的活动任务；情境任务和学生活动各环节之间形成递进或关联关系，将交流引向深入；共同指向关键能力和核心素养培养；让学科知识、学生与生活三者之间产生关联，培养了学生在新情境下解决新问题的能力。

3. 项目式学习任务和学生实践活动都得到了很好的落实和完成

课堂上，学生和教师互动多而且效果好。学生充分地发挥自己的主观能动性，认真思考并讨论相关的问题，同心协力完成了本节课的项目式学习任务和学习活动；共同感受到了古诗词的美好，提高了鉴赏古诗词的能力，丰富了审美情趣，完成了审美鉴赏到审美实践创造的任务。

4. 对学生不断地作出肯定的评价

评价对项目式学习非常重要。本节课，笔者对学生的回答和表现都作出充分肯定的评价，高度赞扬学生能主动思考并能吸收新知识，学生因此有了更大的动力，去主动思考和投入到学习的实践活动中。

在今后的教学中，笔者会进一步提升课堂教学质量和效果，课前让学生更充分地预习课文，调试好录播设备，教会学生一些诵读技巧，让他们能在课堂上更好地感受诗词的韵律美、意象美、意境美和情感美，体会诗中描绘的美好画面，让学生审美体验的感受更加强烈。

（二）活动不足之处及改进措施

本次活动不足之处主要是学生在“模仿诗人诵读诗歌”的环节不能脱稿朗诵，诵读的兴致不够高，课堂氛围不够热烈。这一方面是因为学生课前预习不够充分，没能在课前把诗歌背诵下来，且缺乏自信和诵读的兴趣。另一方面是因为教师教学语言不够丰富，没有最大程度地调动学生诵读的热情。

因此，改进措施可从两方面着手。一是课前让学生预习得更充分，充分理解文章内容后背诵诗歌，增强学生的自信心，提高诵读能力。二是教师提高教学语言表达能力，增加自己的教学激情，尽最大能力激发学生学习和表达的欲望，让课堂氛围热烈起来。

八、学生成果展示

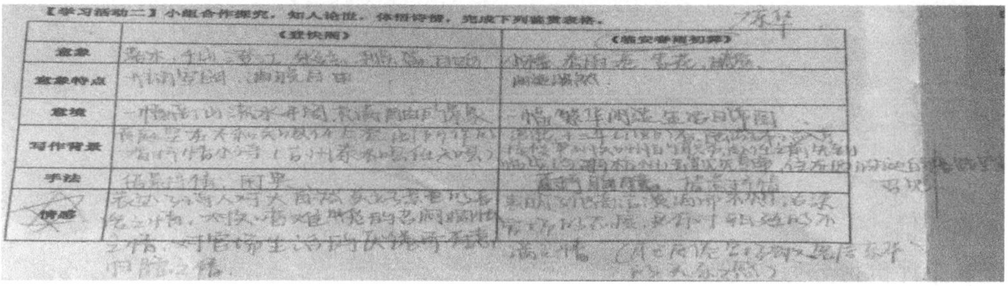

图 1　学生成果之鉴赏诗歌表格（一）

成果评价：

该成果评价得分为 95 分。

该生能联系所学过的诗歌鉴赏知识，找到《登快阁》和《临安春雨初霁》中相关的写作背景，并能根据意象及其特点概括出诗歌的意境，还能依据诗歌中作者运用的特别的手法来概括诗人在诗歌中表达的情感。比如在《临安春雨初霁》的鉴赏中，学生能抓住“京华”这个地点，结合所描绘的繁华闲适的日常生活画面，联系作者洁身自好的性格，得出作者客居京华的无奈之感。

为传承经典，继承弘扬优秀文化遗产，学校拟组织一次班级古诗词朗诵会。请你从本单元《古诗词诵读》篇目里选择一首诗歌展示诵读，并为之设计一段语言优美的串词。

【学习活动一】诵读诗歌，整体感知内容和情感。

【学习活动二】小组合作探究，知人论世，体悟诗情，完成下列鉴赏表格。

	《登快阁》	《临安春雨初霁》
意象	落木千山，澄江，明月	深巷，小楼，春雨，杏花
意象特点	气势磅礴，孤寂	清新隽永
意境	描绘了登快阁江山广远，勾画出一个阔大幽远的画面	描绘了极闲适恬静的情景
写作背景	此诗作于宋神宗元丰五年秋，黄庭坚时任太和县令 [illegible]	陆游在家乡赋闲五年，宋孝宗淳熙十三年 [illegible]
手法	用典抒情，借景抒情	用典抒情，视听结合
情感	抒发诗人内心郁闷、不得志、落寞的心情以及由此生出的归隐之意	诗人无限的郁闷与惆怅，表达诗人对现实的不满，与对浮华的不屑

图 2　学生成果之鉴赏诗歌表格（二）

成果评价：

该成果评价得分为 95 分。

该生能依据课文诗歌的内容，独立自主完成诗歌的审美鉴赏，体现了语文学科“培养和提高学生审美鉴赏与创造能力”的核心素养。学生“以写促读”，生成审美体验，形成深度学习成果。该生通过表格的形式用文字表达自己对诗歌内容的理解和对诗人思想情感的感悟，深化自己对《登快阁》和《临安春雨初霁》的审美鉴赏，形成属于自己的理解。这是对理想和信念的深入体验和个性表达，体现了项目式学习对引导学生树立正确的价值观和人生观的作用。

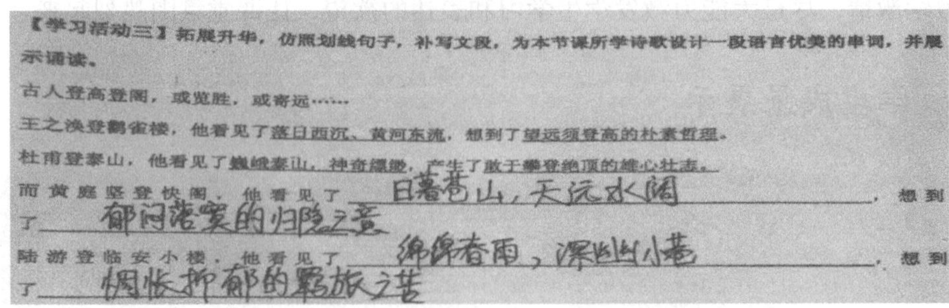

【学习活动三】拓展升华，仿照划线句子，补写文段，为本节课所学诗歌设计一段语言优美的串词，并展示诵读。

古人登高登阁，或览胜，或寄远……

王之涣登鹳雀楼，他看见了落日西沉、黄河东流，想到了望远须登高的朴素哲理。

杜甫登泰山，他看见了巍峨泰山、神奇缥缈，产生了敢于攀登绝顶的雄心壮志。

而黄庭坚登快阁，他看见了 日暮落山，天远水阔 ，想到了 郁闷落寞的归隐之意

陆游登临安小楼，他看见了 绵绵春雨，深幽小巷 ，想到了 惆怅抑郁的羁旅之苦

图 3　学生成果之仿写语段（一）

成果评价：

该成果评价得分为 95 分。

该生能调动本节课所学的《登快阁》和《临安春雨初霁》的诗歌知识，化用文中诗

句，提炼出诗中的景物；并按照题目要求，仿照例句中的关键词语，补写出富有画面感的景物描写；对黄庭坚碍于公事、无法归隐的情感和陆游不愿在这样的时代出仕为官的惆怅抑郁之情都能准确概括出来；能运用诗化语言表达自己的审美体验，具有较高的独立阅读鉴赏能力和审美情趣。

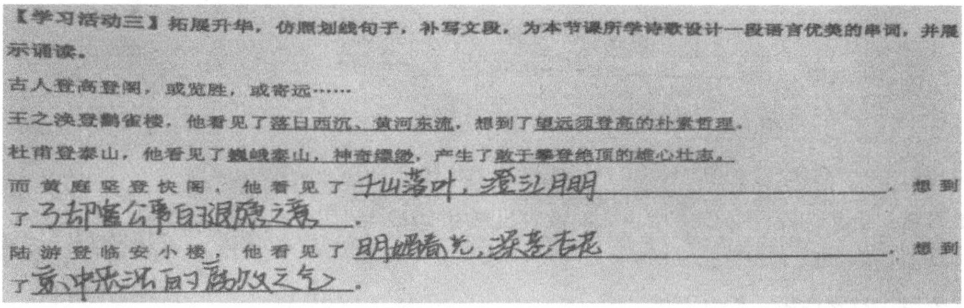

【学习活动三】拓展升华，仿照划线句子，补写文段，为本节课所学诗歌设计一段语言优美的串词，并展示诵读。

古人登高登阁，或览胜，或寄远……

王之涣登鹳雀楼，他看见了落日西沉、黄河东流，想到了望远须登高的朴素哲理。

杜甫登泰山，他看见了巍峨泰山，神奇缥缈，产生了敢于攀登绝顶的雄心壮志。

而黄庭坚登快阁，他看见了千山落叶，澄江月明，想到了[illegible]。

陆游登临安小楼，他看见了明媚春光，深巷杏花，想到了[illegible]。

图4　学生成果之仿写语段（二）

成果评价：

该成果评价得分为95分。

该生能细致地描绘出诗中景物“山”“落叶”“江”“月”的特点，形容词使用得恰当、准确并且优美；形象生动地反映了黄庭坚和陆游不如意的现实生活，也成功地品鉴出诗歌中作者的情感；补写的句子对仗工整、概括力强；该生能把所学知识与诗人生活、自己感受联系起来，能在具体的情境中解决实际问题；具有较高的鉴赏能力和语言表达能力。

借梦悼亡，言淡情深

——《江城子·乙卯正月二十日夜记梦》鉴赏

河源高级中学　陈礼

学科：语文　　**学段：**高中　　**年级：**二年级

主要教材：语文选择性必修上册，人民教育出版社 2023 年版

项目时间：1 个课时

所需资源：教学白板、蓝牙音箱

作品类型：学案

项目式学习方案范式类型：小组合作实践类

一、学习目标及分析

1. 了解背景、诵读词作，把握感情基调

诵读是理解诗词的必要环节，诗词的感情需要学生在多次的诵读中体会。这首词的情感较为细腻，因此教学第一个任务就是运用多媒体播放配乐，让学生结合悲伤的配乐诵读，能很快进入情境中理解作者对亡妻的深切思念之情。

2. 分析词作内容，体味苏轼对亡妻的深情

这部分将课堂交给学生，学生课前自主完成学案，课上在小组内通过合作学习讨论选出并完善优秀鉴赏学案。学生上台解读，教师在旁点拨及补充，让学生对词句理解更加完善，进一步体会苏轼对亡妻的深情，并掌握鉴赏诗词的方法，如关键词、写作手法等。

3. 感受苏轼豪放词风的另一面，把握悼亡诗词的艺术特点

课标对高中生的知识要求较高，不应仅仅满足于对一首悼亡词的解读，这环节提供另外大单元或项目式教学课例的教学层面的理解，从而达到举一反三的学习效果。

二、驱动问题及分解

驱动问题：作者的悼亡词如何表达自己的思念之情？

驱动问题分解：

1. 要用什么情感基调朗诵这首词？
2. 以展板为工具，小组展示鉴赏语，理解苏轼对亡妻的深情。
3. 总结悼亡词的创作特点。

三、课时分布

第一阶段 感苏词基调，着展板底色

教师活动：

布置情境任务、播放配乐。

用多媒体播放配乐，很快将学生带入一个悲伤、凄凉的氛围里，让学生把握这首词的感情基调。

学生活动：

学生代表结合配乐和学案的背景资料，带着感情诵读。其他同学思考两个问题：这首词该用何种基调朗诵、该为展板着上怎样的底色。

第二阶段 品苏词意蕴，体苏子深情

教师活动：

组织学生讨论，拍摄学生优秀答卷发到大屏幕，请学生上台发言，教师补充。

用微信展示学生学案的图片，让学生上台展示，给予学生创造性学习与表达的空间。

学生活动：

上台展示本组答卷。

第三阶段 研悼亡诗词，悟创作之法

教师活动：

展示两首拓展悼亡词，让学生诵读一遍，组织学生讨论、回答。

学生活动：

完成表格，总结悼亡词的创作特点。

第四阶段 咀苏词情思，写展板对联

教师活动：

布置课后作业，让学生回味全词，写展板对联。

学生活动：

写展板对联。

四、课程评价

（一）评价目标与内容

对学生全程参与的过程和所展示的作品进行评价，详见表1。

表1　学习评价表

班级＿＿＿＿＿＿　　姓名：＿＿＿＿＿＿　　得分：＿＿＿＿＿＿

<table>
<tr><th rowspan="2">评价项目</th><th colspan="4">等级</th><th rowspan="2">自评</th><th rowspan="2">生评</th><th rowspan="2">教评</th><th rowspan="2">平均得分</th></tr>
<tr><th>优秀</th><th>良好</th><th>一般</th><th>较差</th></tr>
<tr><td>1. 抓住关键词、意象、手法等进行鉴赏</td><td></td><td></td><td></td><td></td><td></td><td></td><td></td><td></td></tr>
<tr><td>2. 能借助学案背景资料，对情感理解深刻，语言表达有文采</td><td></td><td></td><td></td><td></td><td></td><td></td><td></td><td></td></tr>
<tr><td>3. 书写整齐美观</td><td></td><td></td><td></td><td></td><td></td><td></td><td></td><td></td></tr>
</table>

（二）评价方式

小组通过此表对组内成员的学案进行自评和互评，评选出鉴赏语写得最优秀的同学，教师选取小组代表的答卷并拍摄发到微信上，由学生上台展示并解读，然后让学生评价打分，通过对照此表让学生对鉴赏语有更深刻的认识。

（三）评价工具

学习评价表（表1）。

制作急救手册的英语项目式学习教学设计

河源广赋创新学校　罗嘉懿

学科：英语　　　　　　**学段**：高中　　　　　　**年级**：二年级
主要教材：统编高中选择性必修教材第二册，人民教育出版社 2019 年 12 月第 1 版
项目时间：4 个课时
所需资源：电脑、投影仪等多媒体设备，学案资料［含词汇知识表、KWL 表（一种学习工具）、急救手册设计思维导图、项目进程表、学生演讲计划表、评价量表等］
作品类型：用英语制作急救手册并展示急救手册内容
项目式学习方案范式类型：综合应用类

一、学习目标

1. 阅读学习课文《烫伤急救手册》，了解急救的基本内容以及急救手册的基本结构。
2. 共同制作针对其他情况的急救手册，要求学生能够了解和整合急救知识。
3. 小组合作，培养学生团队合作、搜集与整合信息、运用英文表达信息的能力。

二、驱动问题及分解

驱动问题：学生运用所学的急救相关的语篇以及小组合作搜集的信息，完成急救手册制作，并展示急救手册，培养文化意识，提高思维品质。

驱动问题分解：

阶段一：As a first aid volunteer, what would you do if you meet these situations?（Sprained ankle, heart attack, burn, broken arm, nosebleed, choking, sunstroke）

阶段二：If you want to work out a leaflet for giving first aid for emergency, what content would you include?

阶段三：How would you present your content (in what format)?

三、项目课时计划

第一阶段 确定问题

教师活动：
课文分析与讲解，引导学生讨论文章的结构与内容。明确教授相关的词汇知识。
学生活动：

1. 阅读教材选择性必修二 Unit5　Reading and thinking，讨论文章的结构与内容。

2. 再次阅读该单元 project 的部分——关于急救手册制作的相关信息。

第二阶段 方案设计

教师活动：

启动急救手册项目，阐明驱动问题，搭建学习支架。

学生活动：

1. 思考需要急救的情况（支架：使用 KWL 表格整合所学知识）。

2. 头脑风暴：急救手册的展示形式（支架：通过头脑风暴思考急救手册的展示形式，拓展思维）。

3. 分析急救手册的制作架构（支架：利用思维导图，以“扭伤”为例进行结构讲解）。

4. 确定小组成员，进行讨论（支架：确定每个小组内所需角色，根据任务进行分配，完成项目进程表和学生演讲计划表）。

第三阶段 问题解决

教师活动：

解决学生提出的问题，作出过程性评价，提出建议。

学生活动：

1. 学习专业知识，构建思维导图。

2. 在推荐的网站和资料中学习制作手册的内容。

3. 举行小组小型报告会，对各小组的报告进行初步评价并提出建议，并根据建议进行改进。

第四阶段 展示、评价、反思

教师活动：

对学生的成果展示进行评价。

学生活动：

1. 每小组进行 6 分钟成果展示，并分发所制作的急救手册。

2. 其他小组与老师提问。

四、项目活动过程

（一）任务一

1. 目标：通过教师对课文的讲解，让学生了解烧伤急救知识，以及急救手册的基本结构。

2. 活动/课程：教师讲授 Unit 5 Reading and Thinking 部分内容，学生需对急救手册中出现的生词和语句结构进行标注和记忆，对知识进行梳理后再进行总结和归纳（语言能力发展支架：教师教授相关的词汇和短语表达，让学生进行强化练习）。

3. 评估/可交付的成果：对于课文内容的梳理，制作思维导图。

（二）任务二

1. 目标：启动急救手册项目，阐明驱动问题，搭建学习支架。

2. 活动/课程：（1）教师阐明驱动问题，引导学生思考需要急救的情况（学习知识内容支架：学生利用 KWL 表格整合所学知识，复习巩固所需要运用到的急救知识）；

（2）明确项目内容，即制作急救手册（项目流程支架：通过头脑风暴思考急救手册的展示形式，拓展学生的思维）；

（3）学生分析急救手册的制作架构；提前分组并指定小组成员，明确组内成员所承担的角色（leader，process recorder，reporter，leaflet designer，content designer，如图 1 所示），进行小组讨论，决定成员职责分配（项目流程支架：确定小组内成员所需角色，教师引导学生根据任务进行分配，并给予项目进程表以及学生演讲计划表进行辅助准备如图 2 ～ 3 所示）。

3. 评估/可交付的成果：小组成员安排表及急救手册主题；项目进程表；学生报告计划表。

Group Member and Responsibility

The First Aid at school that we can do.

Group Member	Role
李佳萱	Leader
卢明烁	Process Recorder
钟瑞	Video Maker
范楚怡	Art Designer
杨佳睿	Performer
邓源鹏	Performer
马舒婕	photographer

图 1　小组成员安排表

董淑灵

Group Process Recording Sheet

Date	Task	Process Check
2.27	制定分工与确定主题	如何应对突发疾病与抢救措施 ✓
2.28	确定基本结构	总一分一总
3.1	确定基本内容	急救：烧伤、心脏病、流鼻血 PPT + 自制视频
3.2	确定内容展示，草稿展示评比	✓
3.6	更改后定稿，练习	✓

图 2　项目进程表

表 1　学生报告计划表

我的报告是关于？	居家过程中遇到的安全隐患及急救措施
我的听众是谁？	全体9班同学及英语老师
我希望听众们能了解、感受和做些什么？	了解居家中遇到安全隐患及对应急救措施；感受家中隐藏的风险带来的危害；学会如何处理并合理自救
我会以什么方式开场？	~~PPT +~~ 情景导入（小故事）
报告的中间部分要包含哪些内容？	场景演示及急救tips：煤气中毒、触电
我会怎么结尾？	总结＋科普小表演
我会呈现些什么或者做些什么让报告更有趣？	通过增添与观众的互动，情景演绎

（三）任务三

1. 目标：教师与学生进行过程性评价，对所做项目的初步成果进行评价和提出建议。

2. 活动/课程：举行小组小型报告会。各小组指派一名成员，对自己小组急救手册制作进程的展示内容和展示方式进行简单的介绍。其他学生根据评分标准对该小组的报告进行初步评分，并给出建议。

3. 评估/可交付的成果：每个人的评分表和建议收集。

（四）任务四

1. 目标：进行项目最终的成果展示。

2. 活动/课程：每小组进行 6 分钟的项目成果展示，在展示的过程中老师会根据评分标准进行打分，最后小组成员进行课后反思。

3. 评估/可交付的成果：急救手册、视频急救手册、演讲的 PPT 展示、准备材料和海报，以及课后反思（如图 3～4）。

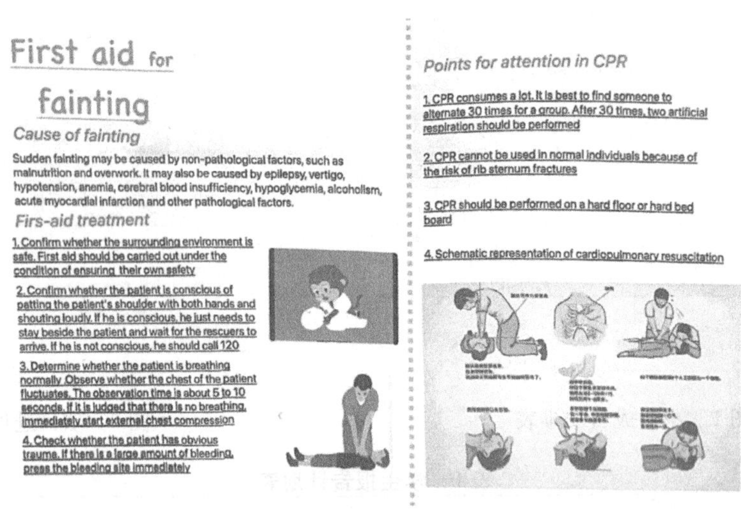

图 3 学生制作的急救手册

Reflection	
What have you learnt during the project?	I have learnt a lot of knowledge about first aid and I have known various solution when we encounter dangers. The most Important is that I have learnt the ability of cooperating.
What did you feel unconfortablr or unhappy about?	Having some mistakes in our group's ~~presdentation~~ presentation.
What would you like to improve the next time?	Making a presentation without mistake!
Any other suggesstions?	Thank Emma to give us a special opportunity.

图 4 课后反思

五、项目学习评价设计

1. 过程性评价：采取互评的模式，在小组展示前两天每个小组对展示形式进行汇报，学生从 presentation content，presentation structure 和 presentation visual aid 三个方面进行评分并讨论给出建议。

2. 总结性评价：根据最后展示的内容，邀请老师进行打分评价，具体评分根据表 2 中的五个方面进行打分。

表 2 评价表样本

评分标准	评分细则	评分等级	得分
Presentation Length	时长 5 ～ 6 分钟	7 ～ 10	
	时长比规定时间短或长 2 分钟	4 ～ 6	
	时长比规定时间短或长超过 2 分钟	0 ～ 3	
Presentation Content	主题、调查方法和结论都能清晰阐述，能够很好理解所讲的内容	16 ～ 20	
	内容信息足，能够较好地展示各部分，能够比较好地理解所讲内容，但是有一些内容稍微比较难理解	11 ～ 15	
	内容信息较充足，一些部分显得有些单薄，理解起来有一点困难	5 ～ 10	
	内容信息一般，部分结构确实很难理解	0 ～ 4	
Presentation Structure	结构有逻辑且合理，运用了连接词进行各部分的衔接	16 ～ 20	
	结构比较合逻辑，好理解，少部分运用了连接词进行衔接	11 ～ 15	
	整体结构的逻辑稍微有些难以理解，基本没有运用连接词进行衔接	5 ～ 10	
	整体结构缺乏逻辑，没有运用连接词进行衔接	0 ～ 4	
Delivery	表现自信且自然，与观众有很好的互动和交流。语言清晰且声音洪亮，有很好的氛围	22 ～ 30	
	表现较自信，能够尝试进行互动和交流，不会过度依赖 PPT，语言较为清晰，氛围较好	16 ～ 21	
	表现稍显不自然，少量互动，大部分依靠 PPT，语言不太能够听清楚，气氛稍微有些沉闷	10 ～ 15	
	表现不自然，基本没有互动，完全依靠 PPT，语言模糊，气氛沉默	0 ～ 9	

续上表

评分标准	评分细则	评分等级	得分
Visual Aid	恰当使用视觉素材进行讲解，能够很好地结合 presentation，生动形象，听众能够有更好的理解	11 ～ 20	
	过度使用视觉素材，没有起到比较好的辅助作用	6 ～ 10	
	基本没有视觉素材，presentation 部分稍显单薄	0 ～ 5	

六、活动成果交流与评价

（一）活动成果

五个小组分别进行了项目成果的展示。小组一所展示的主题是校内急救指南，该小组自行拍摄和剪辑视频，展示了日常生活中经常会遇到的急救情况以及急救方法与注意事项。在播放视频前，小组成员使用 PPT 进行总结和导入。小组二展示的主题是咬伤急救，通过 PPT 展示，进行积极的互动，请听众分享经验。小组三的主题是烫伤、流鼻血等具体情况的急救方式，小组成员逐一讲解，通过结合视频讲授急救情况与急救方法。小组四的展示主题是常见急救指南，通过情景演绎的方式表演突发情况，并通过成员讲解来说明急救方法。小组五的主题情景设置为医生急救知识科普讲座，该小组其他成员分别就急救场景、急救方法进行演绎，并配合视频进行互动观看。

（二）活动评价

五个小组的表现都非常具有创新性，学生在成果展示阶段不仅展示了其对急救知识资料的收集整理能力，还展现出了对知识的梳理能力、成果展示的创新能力以及小组的合作能力。特别是小组四和小组五，展现了强烈的团队合作精神，并且从他们的展示成果能看出背后付出了很多心血，也进行了多次的排练和演习。

七、活动成效与反思

此次项目活动成效显著，同学们通过项目活动更深一步地了解了急救的情况和具体的急救措施，系统地梳理急救知识和技能，理性分析原因，认真细致地总结归纳，最后呈现出了完整且有创新的成果。

但同时此次项目活动也有许多需要改进的地方。首先对于学生的分工，虽然已经指明了学生的组内任务，但是未对成果展示的参与人员进行具体的规范，导致产生有一组同学只有一人上台展示的情况，并且该同学表示小组内的合作精神较为缺乏。所以应该在下一次项目活动中召开小组成员会议，明确每位小组成员的具体工作，并且对于展示部分要求小组成员以多种方式参与，不允许孤军奋战。其次，在过程跟进中，沟通缺乏及时性，导致对一些内容的反馈和问题的解决不够及时。再次，缺乏对学生的展示内容进行审核建议的步骤，在最终展示之前，应对每一个小组的成果展示进行一次审核并提出最终修改意见，让学生能在最终展示时展现最完美的状态。并且在提出建议这一个环节，可将小组的初步成果可视化，张贴在班级中，使用“画廊漫步”的方式，让学生用便利贴方式提出所存在的问题，并且确保学生在评判时知道需要重点关注哪些方面，最好是能够给出相对应的语言进行辅助。最后是在项目展示时间的把控上，为了能够最大程度地展示学生的项目成果，可安排在时间长一点的课堂中进行，并且严格把控每一组的成果展示时间，避免出现因为某一组过多地占用时间而导致其他组成员缩短展示时间或减少必要的展示内容的情况。

在项目活动结束后，学生们也进行了反思，例如，对所制作的展示内容的精确度和完整度的反思，对团队合作的反思，对演讲时间把控的反思，等等。同学们均表示在此次项目活动中收获了很多知识，也学习了很多技能，同样也发现了很多问题，期待在下一次的项目活动中能得到改善并突破自己。

《小王子》英语文学阅读项目式学习活动案例

河源市龙川宏图学校　曾伟秀

学科：英语　　**学段：**高中　　**年级：**三年级
主要教材：《普通高中教科书 英语》，人民教育出版社 2019 年版
项目时间：8 个课时
所需资源：电脑、投影仪等多媒体设备，《小王子》学案资料
作品类型：时间轴、人物路线图、角色卡片、角色扮演、辩论赛、书评、海报、演讲
项目式学习方案范式类型：综合应用类

一、项目概况

《普通高中英语课程标准》将英语学科的核心素养归纳为语言能力、文化品格、思维品质、学习能力。而阅读，特别是英语经典文学阅读，是学生实现这些目标的有效途径。高中英语经典文学阅读的主要问题有：课程开设时间不足、忽视思维培养、学生的阅读行为不科学等。其根本原因是学生阅读的内驱力不足。此次项目通过角色跟踪、制作角色卡片、角色扮演、演讲等活动，不仅可以让学生体会精妙的英语文学，提高英语表达能力，同时还可以丰富学生的人文知识。

二、学习目标

1. 通过了解本书的写作背景，激发学生对故事的好奇心；

2. 通过一定的阅读策略理解《小王子》的主要情节，创设真实语境，激起学生阅读整本书的欲望；

3. 通过分析人物形象，探究人物象征含义，学生掌握通过“对照、反复、反讽、潜台词”等手法来解构名著；

4. 通过精读英语经典文学，就常用的习语表达、句型结构、语法要点进行精细的梳理，并阐释文字背后所蕴含的文化含义，力求带领学生读透文章，循着阅读理解三境界（字词层面、结构层面、文化层面）拾阶而上，逐步抵达。

三、项目驱动问题

1. 项目驱动核心问题：为了庆祝《小王子》出版 80 周年，不同文化背景的创作者们

重新创作了这部作品，保留了原著的法国文学风格和作者手绘的图画，同时丰富了各个人物的内心世界，增加了一些新情节。如果你参与了英文版《小王子》的再创作，你会为其做怎样的改动呢？为什么？

2. 项目驱动子问题：

（1）小王子为什么离开自己的星球？

（2）小王子访问过哪些星球？遇到了哪些人？

（3）小王子从旅途中明白了什么道理？

（4）故事中每一个角色在现实生活中有怎样的象征意义？

（5）你读完故事后有怎样的感受？

（6）你认为怎样改动故事会更好？

四、项目的课时计划

课时	主要内容	项目探究与实践活动
第 1 ～ 2 课时	1. 收集作者圣埃克苏佩里的生平事迹和重要经历，以更清晰地理解作者的经历对作品创作的影响 2. 概括文章主旨和每一段的情节、人物和主题，以更好地理解故事情节和深层含义	1. 制作记录作者经历的时间轴，探寻文章的创作背景 2. 阅读文章并分段，概括文章核心思想
第 3 ～ 5 课时	1. 阅读过程中结合子问题对文章进行批注式阅读 2. 分析角色之间的联系和故事线索 3. 确定人物路线图和角色卡片的制作方案 4. 邀请学生演绎《小王子》故事中的经典对话	1. 制作人物路线图 2. 制作角色卡片 3. 角色扮演《小王子》故事中人物，演绎经典对话，感悟语言的魅力
第 6 课时	1. 讨论辩题 2. 寻找论据 3. 开展辩论赛	小组成员根据辩题在文章中寻找论据，展开辩论赛，培养学生的思辨能力
第 7 课时	1. 小组讨论，提炼文章要点和重点 2. 确定书评的选段或海报整体的设计方案	制作书评或海报，深化对文章主题的思考，培养表达能力
第 8 课时	1. 小组改写和创作，确定演讲稿 2. 演讲和交流互动	举行以“Rewrite the little prince”为主题的演讲活动

五、项目活动过程

阶段一：定向阶段

1. 活动任务

①通过了解作者创作的时代背景，制作记录作者经历的时间轴；

②学生通过阅读策略给故事分段，并写出段落大意。

2. 活动过程

第 1 课时——了解文章创作背景

分析创作背景，推测故事内涵，该环节主要通过问题链驱动学生完成。活动的主要目的是评估学生对文章整体脉络的梳理能力，增强情感共鸣。

①《小王子》的创作时间是什么时候？（在时间轴上标出）

②结合提前查阅的相关知识，思考当时的社会背景是怎样的？

③作者为什么会选取从一个孩子看世界的角度来创作？

④你觉得作者想要通过孩子的角度向社会传达什么？

第 2 课时——概括文章中心主旨和段落大意

学生可以运用以下四种总结策略对文章进行段落划分和总结：

①按事情发展顺序总结；

②结合问题复述重要事件；

③根据人物需求进行总结；

④从某个角度总结故事蕴含的道理。

学生对全文进行段落划分和对段落大意进行总结，以结果汇报的形式进行验收。最后，教师对学生的汇报表现通过过程性评价表进行评价打分。

阶段二：探索阶段

1. 活动任务

①回忆故事画一幅地图，在上面展示所有的地点，人物怎样从一个地点移动到另一个地点？每个地点发生了什么？对人物有什么影响？

②制作角色卡片，内容包括该角色在本书中出现的位置、名称、主要台词和性格侧写。

③邀请学生积极参与角色扮演，演绎《小王子》中的经典对话情节。让他们沉浸在故事情境中，通过表演展现出对角色内心世界的理解。

2. 活动过程

第 3 课时——制作人物路线图

①引导学生带着问题阅读，提示学生做阅读笔记，养成良好的阅读习惯。

②画出人物路线图：如果故事人物频繁地从一个地方去另一个地方，可以制作一张地图来跟踪人物的动态。思考每个地点的重要性，以及重要性体现在什么地方？它们对人物有什么影响？

③展示任务成果：学生将展示他们所绘制的人物路线图，并结合多媒体投屏，回答不同地点设计对人物构造的影响。

④评价总结：对学生的表现通过过程性评价表进行评价打分。

第 4 课时——制作角色卡片

①趣味测试

为了增加趣味性，课前可以让学生做迈尔斯—布里格斯类型指标（MBTI）测试，以了解自己的性格类型。接下来可以提供一个包含不同字母所代表的性格特点的表格，以小组为单位对《小王子》中的角色进行人格分析。小组内组员可以分工合作，根据故事内容完成表格，并通过组内讨论来对表格进行补充和修正，如表 1 所示。

表 1　《小王子》中角色人格分析

角色	字母组合	人格类型	根据（文章内容）	性格特点
小王子	例如，INFP：I—内向；N—直觉；F—感性；P—知觉	……人格	……	善良、安静、谦逊、敏感、独立思考、理想主义、富有想象力、对世界充满好奇心、追求真理和意义……
玫瑰/狐狸	……			

②分析角色象征意义

小组可通过投影展示表格，介绍小组的讨论结果，其他小组成员或老师可以对表格内容提出问题。在确定了角色的性格特点和象征意义后，引出“小王子犹如透亮的镜子，反映了荒唐的成人世界”等不同的讨论点。这一环节体现了学生对社会的理解和对个人生活的思考，教师不需过多干预，而应鼓励学生自由表达观点。

③制作角色卡片

小组合作→制订制作计划→分配制作任务→独立制作角色卡片→组内交流展示→改进角色卡片→成品展示。

卡片内容包括角色姓名、出现位置、角色性格侧写、象征意义、经典台词等。

④评价总结

展示所有小组制作的整套角色卡片，并贴在教室外进行展示，可通过流动投票的方式进行投票，投票截止到下节课前。

第 5 课时——角色扮演

①简要介绍《小王子》中的经典对话情节，激发学生对角色扮演的兴趣并解释其意义。

②将学生分成小组，每组选择一段对话情节，准备表演材料，包括对白和情景搭建。

③给予学生一定的准备时间，在老师的指导下进行角色分配和对话重现的准备工作。

④学生们进行表演，尽量还原角色对话情节，使学生沉浸在《小王子》的情境中。

⑤每个小组表演结束后，进行讨论和分享，学生们可以谈谈他们在表演中对角色内心世界的理解。

阶段三：交流阶段

第 6 课时——辩论赛

辩题：《小王子》中的星球居民代表了现实社会中的哪些特定群体或现象？

辩论赛流程：

1. 准备

①确定辩题，邀请学生自愿参与辩论比赛。

②学生自由选择正反方，并准备辩论材料，包括论据、例证和逻辑论证。学生可以为

自己的观点在文章中寻找论据并记录。

2. 辩论赛

①开场陈词：正方代表团队陈述观点，反方代表团队回应。

②交锋辩论：双方展开言辩，立场对立进行辩论。

③自由辩论：双方自由交锋，对彼此观点进行质疑和反驳。

3. 评审和总结

①评委或观众进行评分，选出优胜者。

②主持人总结全场辩论，梳理双方观点，强调辩论对思维和表达能力的培养意义。

③教师评价总结并对各方表现给予肯定和鼓励。

阶段四：相知阶段

第 7 课时——制作书评或海报

1. 活动任务

①阅读《小王子》并深入思考其主题和故事内容。

②制作书评或海报，展示对这部作品的理解和感悟。

③可以选择书评形式撰写文字，或者设计海报以图文结合方式展现。

2. 活动过程

①阅读《小王子》，并在阅读过程中记录下自己的想法、感受，并与书中人物对话等。

②思考作品中的主题，例如友谊、责任、成长等，以及小王子与其他角色的关系。

③根据自己的理解和感悟，开始撰写书评或设计海报。

④书评中可以包括对故事情节、人物性格、作者用意等方面的分析；制作海报时，可以用图像配合简洁的文字来表达对《小王子》的理解，尽量准确传达作品的情感和主题。

⑤作品展示：利用投影设备展示学生的书评或海报设计作品，促进阅读交流。

⑥评价总结：根据过程性评价表，对学生的书评或海报作品进行评分。

阶段五：升华阶段

第 8 课时——“Rewrite the little prince”演讲活动

1. 小组改写和创作

①学生分组进行改写《小王子》的创作，重新演绎故事情节和角色设定，注重新的创意和原创性。

②每个小组确定一个演讲发言人，向其他学生介绍他们的改写作品，包括故事情节、角色设定以及创作理念。

2. 演讲和交流互动

①每个小组的演讲发言人进行演讲，介绍他们的改写作品，包括创作过程、灵感来源和创意表达。

②观众可以提问和交流，与演讲者互动，分享对改写作品的理解和思考。

③教师主持课堂讨论，帮助学生思考改写的意义和作用，引导学生从不同角度深入探讨改写作品的内涵和表达方式。

六、项目学习评价设计

本项目运用了过程性评价标准。学生通过深刻领悟课程设计内涵，不仅能够自评、互评和接受师评反馈，还能够了解阶段评价并获得下一步阅读建议（表2）。

表2　项目学习评价设计

过程性评价标准	自评	互评	师评	阶段评价及下一步阅读建议
能够根据内容采用不同的阅读方法（2分）				能够根据课程安排合理制定阅读方案，但是需要合理分配阅读和任务的时间，并思考如何呈现任务。
能合理分配阅读的时间和任务时间（2分）				
能明确阅读要求，提取相关信息，并制定合理的呈现方式（3分）				
能深刻领悟到该阶段内容的设计内涵（3分）				

七、活动成效与反思

通过参加《小王子》英语文学阅读项目式学习活动，学生在英语表达能力和文学鉴赏水平上得到显著提升。同时通过阅读和讨论文学作品，他们可以扩展词汇量、提高语法和句法的运用能力，培养对文学作品的欣赏和解读能力。在项目式学习中，学生面临真实情境，这激发了他们的批判性思维，提高了解决问题的能力。

在学习运用项目式学习的过程中，学生也逐渐发现设计项目式学习活动的核心。通过创设真实的问题情境，将英语经典文学阅读与项目主题相联结，使学生成为主动的知识探求者。项目的驱动性问题为学生提供整个项目的目标，且这个目标要结合学生的实际情况来制定。关于项目框架的设计，为了避免出现学生对设计意图不明的情况，教师可以先与学生讨论，在讨论过程中明确项目的内容与意义。

健康生活项目式学习

——以特异性免疫为例

河源高级中学　刘芳

学科：生物　　**学段：**高中　　**年级：**二年级

主要教材：生物学选择性必修一，人民教育出版社 2020 年 5 月版

项目时间：2 个课时

所需资源：免疫细胞卡纸、狂犬病相关新闻资讯

作品类型：特异性免疫概念模型

项目式学习方案范式类型：综合应用类

一、学习目标分析

1. 学生理解免疫系统对病原体的识别；
2. 学生通过图文分析，概述体液免疫的过程，建立机体调节的稳态观；
3. 学生构建体液免疫模型。

二、驱动问题及分解

驱动问题：人体如何产生抗狂犬病毒的免疫力？

驱动问题分解：

1. 狂犬病毒进入体液后能被哪些免疫细胞识别（说出免疫细胞的名称）？这些免疫细胞为什么能识别狂犬病毒？
2. 参与体液免疫的细胞有哪些？这些细胞有什么作用？
3. B 细胞活化需要接受两个信号的刺激，这两个信号分别是什么？
4. B 细胞接受两个信号刺激并受到细胞因子的作用，增殖分化成为什么免疫细胞？
5. 抗体是由哪种免疫细胞产生和分泌的？
6. 抗体是如何消灭抗原的？

三、课时分布

第一阶段 确定问题阶段

教师活动：

播放关于“流浪狗”的视频，主要体现出以下信息：“在公园等地方都能找到流浪狗

的踪迹，这一现象存在一定的安全隐患。狗是狂犬病毒的主要宿主，狂犬病一旦病发，致死率百分之百。被狗咬伤、抓伤后，要及时注射狂犬疫苗进行预防”。

针对宠物狗的数量逐渐增加和流浪狗四处可见的现象，作为管理部门要出台降低狂犬病发病率的方法，请你给管理部门提出建议。

学生活动：

结合自己的生活经验，分享降低狂犬病发病率的方法。

第二阶段 查找资料阶段

教师活动：

展示狂犬疫苗说明书，提出问题：疫苗的化学本质是什么（图1）？

【成分和性状】

本品系用狂犬病病毒固定毒株（aGV）接种于生物反应器微载体培养的Vero细胞，经培养、收获、浓缩、灭活病毒、纯化后，加人蔗糖、人血白蛋白冻干制成。为白色疏松体，复溶后为澄明液体。不含任何防腐剂。

有效成分：灭活的狂犬病病毒固定毒。

辅　　料：蔗糖、人血白蛋白、氯化钠、氯化钾、磷酸氢二钠、磷酸二氢钾。

疫苗稀释剂：灭菌注射用水。

图1　狂犬疫苗说明书

教师展示狂犬疫苗接种后抗体检测分析报告，提出问题：为什么接种狂犬疫苗后人体能产生抗狂犬病毒的免疫力？人体如何产生抗狂犬病毒的免疫力（图2）？

狂犬疫苗接种后抗体检测分析

【中图分类号】　　【文献标识码】　　【文章编号】

狂犬病病毒是弹状病毒科狂犬病病毒属的一种嗜神经性病毒，通过动物咬伤、抓伤感染而引起狂犬病，属于人畜共患急性传染病，传染源为犬、猫、猪、牛等温血动物，该病毒以侵犯中枢神经系统为主，没有特效药物治疗，病死率为100%，当前我县被猫、狗等动物咬伤者呈逐年上升趋势，为防止狂犬病的发生，我们对2010年1月-2010年12月871例疑为被狂犬咬伤者进行伤口彻底清洗后进行了人用狂犬病疫苗的注射，并于全程注射后15天抽血进行狂犬病抗体的检测，现将结果报告如下：

1.调查对象

2010年1月-2010年12月猫、狗等动物咬伤者全程注射（5针）完毕后第15天抽取的静脉血871例。

2.材料与方法

2.1 人用狂犬病疫苗及人狂犬病病毒IgG抗体检测试剂盒供应人用狂犬病疫苗（Vero细胞）由长春生物科技股份有限公司提供，人狂犬病病毒IgG抗体检测试剂盒由宁波天润药业有限公司提供，皆于摄氏2至8度水平运输及保存，并在有效期内使用。

2.2 方法

对疑为被狂犬咬伤者及时进行伤口彻底清除后，于当天(0天)、3天、7天、14天、30天各注射1针狂犬病疫苗，全程注射(5针)完毕后于第15天抽取静脉血2.0ml进行狂犬病病毒(IgG)抗体的检测。对接种失败者即抗体检测阴性者，于咬伤后第48天、55天各再加强注射1针人用狂犬病纯化疫苗，于第七针注射后第7天再次进行狂犬病病毒抗体检测，如为阴性，则再加强接种狂犬病疫苗，直到抗体检测阳性为止。

2.3 判定标准

ELISA法检测被检者狂犬病病毒IgG抗体，检测过程由专业人员按说明书规范操作，显蓝色程度已达到或超过阳性对照孔者判定为阳性或强阳性，不显色或低于阳性参照孔者判定为阴性。

3.结果

3.1 一般情况　共检测血清样品871例，抗体阳性864例，总阳性率99.20%（864/871），7例狂犬病毒抗体阴性者经加强接种2针人用狂犬病纯化疫苗后，再次抽取血清检测狂犬病病毒抗体，结果显示全部阳性（表1）。

3.2 性别分布情况　871例观察对象中，男性阳性率为99.12%(452/456)，女性阳性率为99.28%(412/415)，男女抗体阳性率差异无显著性(P>0.05)（表1）。

3.3 年龄分布情况　对871例观察对象统计，结果0-18岁年龄组阳性率

图2　狂犬疫苗接种后抗体检测分析

学生活动：

通过仔细阅读狂犬疫苗说明书，分析疫苗的化学本质。

初步思考问题。

第三阶段 问题解决阶段

教师活动：

1. 狂犬病毒进入体液后能被哪些免疫细胞识别（说出免疫细胞的名称）？这些免疫细胞为什么能识别狂犬病毒（教材第 71 页）？

2. 参与体液免疫的细胞有哪些？这些细胞有什么作用？

3. B 细胞活化需要接受两个信号的刺激，这两个信号分别是什么？

4. B 细胞接受两个信号刺激并受到细胞因子的作用，增殖分化成为什么免疫细胞？

5. 抗体是由哪种免疫细胞产生和分泌的？

6. 抗体是如何消灭抗原的？

学生活动：

阅读教材第 71 页至第 73 页，回答分解问题。

第四阶段 展示阶段

教师活动：

请学生根据以上子问题，以小组为单位构建出体液免疫概念模型，并展示（图 3）。

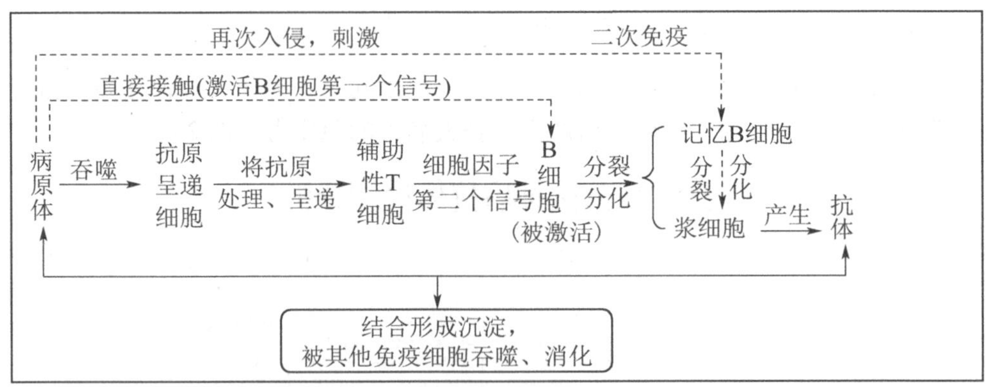

图 3 体液免疫概念模型

学生活动：

构建体液免疫概念模型，并以小组为单位不断对模型进行修正。

第五阶段 评价、反思阶段

教师活动：

教师展示拓展性问题

1. 为什么一个疗程要多次接种狂犬疫苗？

2. 当抗原进入细胞之后，抗体能否发挥作用？如不能，机体会做出什么反应对付抗原？

学生活动：

通过对本节课内容的学习，运用知识解决问题，从而达到知识的巩固与提升。

四、课程评价

1. 评价目标与内容：对学生的学习效果进行评价。学生通过分析一系列子问题，构建体液免疫模型，回答人体如何产生抗狂犬病毒的免疫力。

2. 评价方式：①自我评价（学生进行自我评价，表1）

表1　自我评价表

能力点	非常好	好	一般	差	你的计划
1. 免疫细胞识别己方和敌方的机制					
2. 参与体液免疫细胞的作用					
3. B 细胞活化的两个信号					
4. 体液免疫过程					

②同伴互评（学生之间进行互相评价）

③成果评价（对学生构建的体液免疫模型进行评价）

④测验（通过测试题，检验学生的知识掌握情况等）

3. 评价工具：评价量表（表1）、测试题

悦耕园农作物过冬策略项目式学习教学设计

河源高级中学　何文耀

学科：生物　　**学段：**高中　　**年级：**一年级

主要教材：生物学必修1分子与细胞，人民教育出版社2019年6月第1版

项目时间：3个课时

所需资源：在线资料、学案资料

作品类型：模型和设计报告

项目式学习方案范式类型：综合应用类

一、学习目标

1. 学生通过观察、搜集、分析材料，用所学知识分析光合作用原理在生产中的应用。

2. 学生通过读题、识图、析图，获得解决坐标题的解题经验，尝试探究影响植物光合作用的因素，培养从坐标图中获取信息、处理信息、表达和运用信息的能力。

3. 学生理解各因素是如何影响光合作用强度的，关注生活环境，关注环境保护等社会问题。

二、驱动问题及分解

驱动问题：冬天气温较低，学校悦耕园的一些植物会面临生长迟缓甚至死亡的风险，我们应该如何帮助植物安全过冬，并且提高植物的生长速度？

驱动问题分解：

1. 影响植物光合作用的因素有哪些？
2. 如何利用这些影响因素为植物增产？
3. 冬天学校悦耕园植物面临什么问题？
4. 如何帮助悦耕园植物顺利过冬？
5. 如何帮助悦耕园植物在冬天增产？

三、课时分布

第一阶段 确定问题阶段

教师活动：

1. 对学生进行分组，确定每组组长；

2. 组织学生到悦耕园观察植物生长情况，并用照片或视频等方式记录；

3. 带领学生回到班级，引导学生利用互联网信息或课本知识分析植物面临的越冬问题。

学生活动：

1. 配合教师分好组；

2. 寻找生长状态不好或死亡的植物，准备相机和笔记本记录观察结果；

3. 分析记录的结果，可以通过查找书本或网络，初步确定悦耕园植物在冬天面临的问题。

第二阶段 问题解决阶段

教师活动：

1. 引导学生复习光合作用的过程，从而提出影响光合作用的环境因素并初步完成思维导图。

2. 引导学生阅读教科书，总结建构光合作用速率、净光合作用速率和呼吸速率等概念。

3. 播放探究光照强度对光合作用的影响的实验视频。

4. 展示 CO_2 浓度对光合作用的影响曲线，引导学生思考：除了光以外，还有哪些环境因素也会影响光合作用？

5. 提问：以上结论对帮助植物生长有哪些启示？

6. 提问：从种植的角度思考，可以如何影响植物的光合作用？

7. 展示资料，引导学生思考温度对光合作用的影响。

8. 提问：以上结论对帮助校园植物过冬有哪些启示？

9. 展示资料，并提出问题，引导学生思考：水既是光合作用的原料，又是体内各种化学反应的介质。缺水会导致植物萎蔫，使光合速率下降。水分能够影响气孔开闭，间接影响 CO_2 进入植物体。N 是酶、NADPH 和 ATP 的重要组成成分，叶绿素中也有 N；P 是叶绿体膜、NADPH 和 ATP 的重要组成成分，Mg 是叶绿素分子的重要组成成分。根据以上材料，可以得到哪些启示？

10. 引导学生思考，拓展学生的思维：在浇水时，要注意“见干见湿”的原则，防止浇水过多导致“烂根”；在施肥的时候一定要充分稀释，否则植物会“烧苗”。农业生产上，还可以采用轮作的方式，合理充分利用土壤中的营养成分。

学生活动：

1. 总结、归纳后，确定影响光合作用的环境因素有光照、CO_2 浓度、温度、水分、矿质元素等。绘制思维导图。

2. 发现三者之间的关系，并尝试画概念图。

3. 分析实验，得出结论：在一定范围内，光照强度越强，光合作用速率越强。建构光照强度影响光合作用的曲线。

4. 讨论后，得出结论，CO_2 影响了光合作用的暗反应，即卡尔文循环的过程。在一定范围内，植物光合速率随环境中 CO_2 浓度的上升而增加；CO_2 浓度达到一定值后，再增加 CO_2 浓度，光合速率不再增加。

5. 分小组讨论并回答：可以加强通风、施有机肥、夜间加干冰等。

6. 分小组讨论并回答：可以在温室大棚旁边建设动物养殖场所，可以给温室大棚提供二氧化碳和有机肥。

7. 分小组讨论并回答：温度影响酶活性，进而影响光合作用速率和呼吸速率。可以采用适当保持昼夜温差、阴雨天适当降低温室温度的方法，来增加有机物的积累。

8. 联想到可以添加控温设备，使温室白天的温度提高、夜间的温度降低。

9. 分小组讨论并回答：种植时要注意合理灌溉和合理施肥。可以多施有机肥，也可以用每天的剩菜和多余的水果沤制有机肥，不仅能提供矿质营养，还利用了微生物的分解作用增加 CO_2 浓度。

10. 分小组讨论并制定植物的浇水计划。

第三阶段 方案设计阶段

教师活动：

展示总结第二阶段涉及的影响光合作用的因素（光照强度、CO_2 浓度、温度、水分、矿质元素）和第一阶段观察时发现的问题，引导学生综合考虑，设计出植物安全过冬并提高生长速度的方案。方案以文字和图形的形式展示。方案要涉及应用的原理、实施的计划、改造的模型和方案的评价等方面内容。

学生活动：

根据所学知识、教师要求和发现的问题，小组分工合作设计方案，并在要求时间内提交方案。

第四阶段 展示、评价、反思阶段

教师活动：

1. 将学生小组制作的模型和制定的方案进行展示，并让该小组学生用一段话介绍自己小组的作品；

2. 要求其他学生对展示作品进行评分（应用原理、模型的可行性、计划的科学性等）；

3. 选取其中具有典型问题的方案进行评价，对设计较完善的给予表扬。

学生活动：

1. 配合教师，认真观察，客观评价作品；

2. 认真思考教师选取的展示作品的优点和不足。

四、课程评价

运用所学知识解决实际生活问题是新高考改革对高中生物学教学的要求，是生物学学科素养中社会责任的重要体现。学生不仅要学习课本知识，还要会将知识应用到实际情景中。我们需要基于生物学的认识参与个人与社会事务的讨论，作出理性解释和判断，尝试解决生产生活中的生物学问题。

评价方式分为自我评价（学生进行自我评价）、教师评价（教师对学生进行评价）、成果评价（对学生在主题活动过程中的模型进行评价）。评价工具有作品介绍表和互评表。

“龙川县水坑风景区”项目式活动设计

龙川县实验中学　刘振球

学科： 地理　　**学段：** 高中　　**年级：** 三年级

主要教材： 地理必修和选修教材，人民教育出版社 2019 年版

项目时间： 4 个课时

所需资源： 各种地理实践工具（如手机 App“六只脚”）、登记表格等

作品类型： 野外项目式学习考察实践活动

项目式学习方案范式类型： 研学旅行考察类

一、学习目标

1. 学生学会分析并描述大尺度空间区域整体自然环境特征；

2. 学生学会分析小尺度空间的地形部位特征、陡崖计算方法、地貌类型观察、通视问题、外力作用识别等，能将课本知识运用到实际生活的地理现象和事物中；

3. 学生学习操作各种地理实践工具（如 App“六只脚”），体验地理信息技术在项目式学习中的应用。

二、驱动问题及分解

驱动问题：随着新课标的实施，地理新高考命题的考查内容愈加全面，命题注重以学科知识为中心，启发学生表达观点；强调联系实际和社会重大问题，考查学生地理素养能力，解题过程极具探究性。试题精选社会生活中的素材，设置贴近生活的情境与问题，引导学生从材料中提取并收集信息，利用地理知识分析信息，最终处理和解决问题。

驱动问题分解：一是从整体性、大尺度空间研究项目的特征；二是从差异性、小尺度空间研究各个子项目。

三、课时分布

第一阶段 确定主题，启动项目

内容：

1. 教师提供项目指导，说明“龙川县水坑风景区”主题的研究意义。

2. 师生共同驱动问题解决，明确项目式学习任务。

3. 学生自愿分组，确定小组长。

4. 明确项目时间安排、资源和项目式学习路线等。

第二阶段 项目式学习，开展项目

内容：

1. 开展项目式学习前下发预设问题、各组负责的子项目内容。小组根据情况进行问题修改和拓展，教师引导学生制定合理的项目学习方向。

（1）从整体性、大尺度空间研究项目的特征

经纬度	地貌类型	海拔	分布
面积	形状	破碎程度	起伏状况

（2）从差异性、小尺度空间研究各个子项目

项目式学习点	问题预设
陡崖区	陡崖海拔、相对高度的计算及区别？如何绘制陡崖等高线图？
褶皱区	分析此处褶皱的形成及地形倒置的原因
植被区	识别植被，分析其分布特征。分析害虫诱捕器的工作原理 如何防止松材线虫入侵？分析灭杀该害虫的措施
土壤区	分析不同植被土壤的颜色，识别土壤剖面图的分层
地形区	如何识别山峰、鞍部、山脊、山谷等？分析望城阁的由来，观察视野开阔的原因；估算山顶与山门的相对高度，判断阴阳坡
地势区	判断陡缓坡的变化，分析凹凸坡通视问题 分析截水沟的作用及其与坡面的关系
地球运动区	分析卫星发射基地的选址，发射时间和方向的选择 卫星罩为何会掉落在河源地区？
岩石圈区	辨别三大岩，分析沉积岩的形成，风化作用的归类
河流地貌区	判断此处河流发育阶段？分析此处河流侵蚀地貌、堆积地貌的形成过程
饮食文化区	分享龙川山水豆腐花的故事及其成名的原因

2. 在项目式学习前，进行项目式学习考察注意事项培训（安全和 App 使用）。

第三阶段 整理成果，撰写项目学习报告

内容：

1. 师生共同查找资料，解决问题，教师在核心素养指标要求下对学生进行有针对性的指导；

2. 教师进行考察报告撰写方法、数据分析的指导；

3. 各小组撰写项目式学习考察报告，报告形式多样，有视频和 PPT 等。

第四阶段 项目评价，分享成果

内容：

1. 邀请项目式学习指导教师参加成果分享会；

2. 项目指导教师和其他组同学进行提问并提出建议，引导学生取长补短，不断完善项目式学习报告，提升自身综合素质。

四、课程评价

过程性评价与终结性评价相结合。其中，过程性评价是指对学生在真实情境中完成各项任务或任务群时所表现出的语言文字创造和实践能力的评定，也包括对学生在具体学习过程中所表现出的学习态度、努力程度以及问题解决能力等的评定。它是一种适合评价学生核心素养发展的方法。本项目以过程性评价为主，结合地理核心素养，设计了“龙川县水坑风景区”项目学习活动评价表，如表 1 所示：

表 1 “龙川县水坑风景区”项目学习活动评价表

评价方式及内容		具体评价内容	分值	自评（30%）	小组评价（30%）	教师评价（40%）
过程性评价	项目准备	资料准备充分且资料与目标要求相符	10			
		物品准备齐全	5			
	项目式学习过程	守时守纪，纪律性强、安全意识强	10			
		态度积极，能认真完成研学任务	5			
		使用地理测量工具能力、熟练使用 App 能力	5			
		积极参与讨论及合作探究，善于表达与交流	10			
		善于发现地理问题	10			
		分析地理问题及成因能力	10			
		地理问题解决能力	10			
终结性评价	总结成果	认真完成项目手册填写，字迹工整、内容翔实	10			
		团队协作能力	5			
		小组项目式学习报告图文并茂，完成项目目标	10			
		合计	100			
		综合得分				

大气受热过程项目式学习教学设计

河源高级中学　朱文凤

学科：地理　　**学段：**高中　　**年级：**一年级
主要教材：地理必修第一册，人民教育出版社 2019 年版
项目时间：1 个课时
所需资源：相关事件的新闻材料和网络视频、一体机、学案等
作品类型：思维路径构建导图
项目式学习方案范式类型：科学探究类

一、学习目标

1. 学生结合课文内容和知识提示，自主学习太阳辐射和地面辐射的概念；

2. 学生运用示意图并结合“加拿大森林大火”情境，从整体的角度说明大气的受热过程，形成综合思维；

3. 学生运用示意图并结合“加拿大森林大火”情境，理解大气对地面的保温作用，并解释相关现象，提升地理知识实践力。

二、驱动问题及分解

驱动问题：分析加拿大森林大火对大气受热过程的影响及原因。

驱动问题分解：

1. 判断烟雾影响下到达地面的太阳短波辐射和地面长波辐射的变化；
2. 推测短期内烟雾对气温的影响，并说明理由；
3. 说明森林大火导致北极地区升温的原因。

三、课时分布

（一）第一阶段 真实情境探究阶段（任务驱动）

教师活动：

1. 展示加拿大森林大火肆虐相关新闻视频，并介绍加拿大森林大火对地理环境的危害；

2. 展示纽约网友在同一个地点不同时间拍摄的三张照片，简单描述烟雾在当地遮天

蔽日的景象，并给出相关概念（太阳短波辐射和地面长波辐射）的知识提示，引导学生思考问题。

学生活动：

1. 感受加拿大森林大火的灾难场景，迅速进入新课情境；

2. 回顾之前学习的太阳辐射相关概念，并迁移至同类型概念——地面辐射，回答问题；

3. 根据教材内容，自主学习太阳短波辐射和地面长波辐射之间的关系；

4. 探究思考烟雾影响下纽约地区到达地面的太阳短波辐射和地面长波辐射的变化情况，并回答问题：太阳短波辐射减少，地面长波辐射减少。

教师活动：

1. 总结大气削弱作用对太阳辐射的影响：烟雾增加了当地大气中悬浮颗粒物的数量，使得大气削弱作用增强，从而大大减少了到达地面的太阳辐射量，从而使得地面辐射量也减少了。

2. 展示相关材料及数据，引导学生思考探究问题。

学生活动：

1. 结合课文内容及情境材料，小组合作思考和讨论问题：推测短期内烟雾对美国东北部城市气温的影响，并说明理由；

2. 结合课文内容及情境材料，小组合作思考和讨论问题：科学家预测加拿大森林大火会导致北极地区升温，加速冰川消融，请说明原因。

（二）第二阶段 探究成果展示阶段（方案呈现）

学生活动：

回答第一个问题：变化为短期内气温降低。因为大气中的烟雾含量增加，大气对太阳辐射的削弱作用（反射）增强；到达地面的太阳辐射减少，地面长波辐射减少；大气吸收地面辐射减少，气温降低。（学生回答过程中展示分析思路）

教师活动：

进行知识小结。太阳辐射在大气的传播过程中，小部分被大气吸收或反射，大部分到达地球表面。到达地球表面的太阳辐射，被地面吸收和反射；地面因吸收太阳辐射而增温，同时又以长波辐射的形式把热量传递给近地面大气，导致大气吸收增温。

学生活动：

回答第二个问题：二氧化碳排放增多，全球气候变暖。

教师活动：

引导学生进一步思考：为什么二氧化碳排放增多，全球气候就会变暖？它们之间是怎么作用的？讲授知识点——大气在增温的同时，也向外辐射长波辐射。大气辐射除一小部分向上射向宇宙空间外，大部分向下射向地面（大气逆辐射）。大气逆辐射把热量传给地面，这就在一定程度上补偿了地面辐射损失的热量，对地面起到了保温作用。

学生活动：

根据大气的保温作用原理进行再思考及完善答案：

1. 大量释放温室气体（CO_2），大气吸收地面辐射增强；

2. 大气逆辐射增强，大气对地面的保温作用增强，加速冰川融化。（学生在回答过程中展示分析思路）

教师活动：

引导补充答案：冰面因大气降尘而颜色变深，从而导致地面反射能力减弱，地表吸收太阳辐射增多，冰面温度升高，加速冰川消融。

（三）第三阶段 构建思路路径（方案完善）

学生活动：

根据大气受热过程的完整示意图，完成学案的思路小结，自主构建思维路径（图1）。

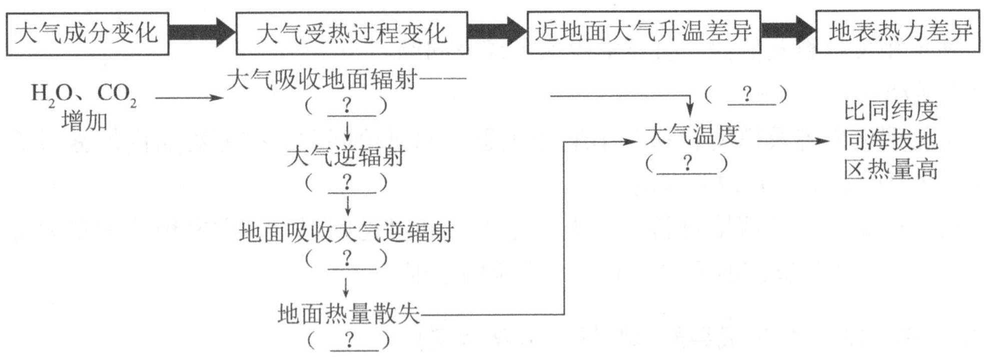

图1 大气组成变化影响大气受热过程

教师活动：

协助学生完善大气受热过程原理运用下一般问题分析思路的路径构建。

（四）第四阶段 迁移运用（方案运用）

教师活动：

展示我国7月份平均气温分布图，提出问题。

学生活动：

运用大气受热过程原理，探究问题：

1. 指出拉萨和武汉的7月份平均气温范围是多少？

2. 比较上述两城市的气温差异，说明导致该差异的原因。

回答问题：

1. 拉萨：8～16℃；武汉：28～32℃；

2. 拉萨7月份均温低于武汉，因为拉萨位于青藏高原，地势高，大气稀薄，大气保温作用弱，大气降温快，气温较低。而武汉位于平原地区，地势低，且离海近，水汽较充足，大气保温作用较强，气温较高。

四、课程评价

1. 评价目标与内容（见表1）

表1　课程评价表

评价目标	水平1	水平2	水平3
说明大气受热过程，并解释相关现象	能说出大气受热过程中各种辐射的名称及其相互关系	能准确说明大气受热的各个环节，并绘制原理示意图	能在课堂情境中运用大气受热过程的原理说明烟雾导致气温下降的原因
说明大气对地面的保温作用，并解释相关现象	能说明大气逆辐射的含义及其作用	能准确说明大气保温作用的过程及其意义，并绘制原理示意图	能在课堂情境中运用大气的保温作用原理说明北极地区升温的原因

2. 评价方式

①自我评价

②教师评价

③测验

3. 评价工具

自评表、评价量表、测试题。

激活肢体语言——《命题即兴》项目式活动设计

河源高级中学　陈亦豪

学科：音乐　　**学段：**高中　　**年级：**二年级

主要教材：花城版《音乐与舞蹈》模块教材

项目时间：2 个课时

所需资源：教学白板、蓝牙音箱、卡纸等

作品类型：音乐与舞蹈

项目式学习方案范式类型：小组合作实践类

一、学习目标

1. 学生感知肢体语言带来的作用，初步懂得捕捉音乐基本要素进行即兴表演；

2. 通过讨论、自主编创等环节，体验肢体语言带来的乐趣，培养学生小组合作能力和创造性思维；

3. 学生发现肢体语言的丰富性、功能性，懂得巧妙运用肢体语言更好地展示自己。

二、驱动问题及分解

驱动问题：区别日常动作与舞蹈动作，激活肢体语言的丰富性、功能性。

驱动问题分解：以闯关模式，围绕“场景、角色、情感”三大关键词推进整节课的进度。首先以“分享脑海中浮现的场景”为情境导入，再按照“即兴完成情境表演—选定情感、自拟场景、分配角色—完成一段有故事情节的情境表演”的步骤逐步闯关完成，解决驱动问题。

三、课时分布

第一阶段 确定问题阶段

第 1 课时

教师活动：

介绍即兴舞蹈

1. 造型即兴；

2. 音乐即兴；
3. 命题即兴。
学生活动：
1. 学生感受情景导入；
2. 思考即兴舞蹈的形式；
3. 思考日常动作与舞蹈动作的区别。

第二阶段 方案设计阶段

教师活动：
即兴完成情境表演。
比如：以“放假”为场景，以“喜悦”为情感，角色扮演可以是家长、交警等。
学生活动：
小组合作讨论、分配角色，完成表演。

第三阶段 问题解决阶段

教师活动：
挑战1：小组根据已有的情感，自选角色扮演、自拟场景，合作完成；
挑战2：根据现场音乐即兴表演；
课后练习：运用音乐基本要素中的旋律、速度和力度等，完成一段有故事情节的表演。
学生活动：
1. 全体学生参与基础闯关体验；
2. 学生挑战难度升级闯关体验。

第四阶段 展示、评价、反思阶段

第2课时
教师活动：
1. 检验各小组合作成果；
2. 引导学生走进情境，鼓励学生用肢体语言表现对音乐、主题的理解。这对于学生而言有一定的难度，基础闯关环节要做好充分准备，学生才会更愿意挑战与展示自己。
学生活动：
1. 小组展示；
2. 学生互评；
3. 小组调整；
4. 再次展示；
5. 生生互评。

四、课程评价

表1　课程评价表

评价项目	评价标准	等级				自评	生评	教评	平均得分
		优秀	良好	一般	较差				
审美感知	通过视觉、听觉、模仿与编创体验，对独特的美感具有更深的理解								
艺术表现	以小组合作形式，通过歌唱、演奏、舞蹈与综合艺术表演等活动，表达音乐艺术美感，提高情感内涵的实践能力，以及沟通、合作与创造能力								
文化理解	理解丰富的肢体语言给个人语言表达带来的积极作用；发现肢体语言的丰富性、功能性，懂得巧妙运用肢体语言更好地展示自己								

项目化视域下的篮球：传切配合

河源高级中学　黄权霖

学科：体育　　**学段：**高中　　**年级：**二年级

主要教材：高中体育与健康　必修　全一册，人民教育出版社2019年12月第1版

项目时间：3个课时

所需资源：篮球分队彩色衣服、雪糕筒、篮球、篮球架等

作品类型：动作示范、团队合作、游戏竞赛

项目式学习方案范式类型：设计开发类

一、学习目标

1. 知识目标：学习传切配合，初步掌握动作，使学生了解配合的方法和要求。

2. 技能目标：提高学生动作配合、技术应用能力，发展观察、判断和自我评价能力。

3. 情感目标：激发学生学习的积极性和创造性，培养学生的团结协作精神和战术配合意识。

二、驱动问题及分解

驱动问题：在学生了解配合方法和配合要求的基础上，培养学生的配合意识，提高学生在比赛中穿插和切入的意识和质量，以及传球队员准确及时的传球技术，增加比赛中运用传切配合的次数。

驱动问题分解：首先将理论知识、运动技能与传切配合进行有机结合，运用导学、导思、导练、导评等教学方法，调动学生的思维与参与的积极性，让学生通过一看、二想、三悟的思维活动过程，了解技术动作、战术配合的结构原理，弄清动作技术、战术配合的实质和规律，使学生将知识学习、身体锻炼寓于教学、练习之中。

三、课时分布

第一阶段 确定问题阶段

教师活动：

组织学生进行篮球练习以达到热身效果：

1. 运球练习

①运球急起急停；

②热身活动。

2. 球感练习

①指尖拨球；

②绕肩大“8”字；

③举臂下拉球；

④绕前头、腰、腿转；

⑤抬腿绕“8”字；

⑥分腿交接球绕“8”字。

学生活动：

听教师发口令，进行练习（图1）。每人一球，二列体操队形。

要求：练习时注意运球的感觉。

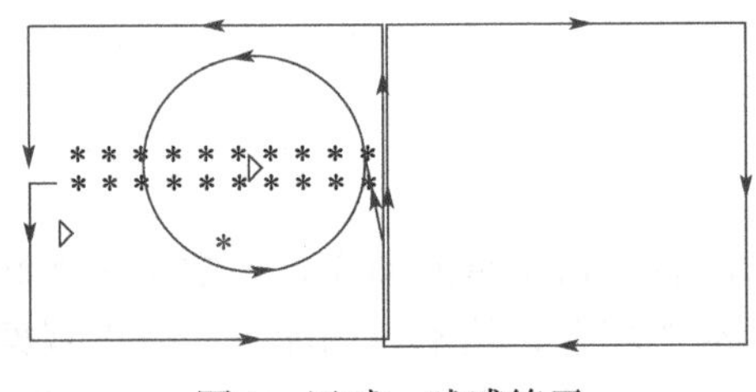

图1 运球、球感练习

第二阶段 方案设计阶段

教师活动：

教学篮球传切配合技术。篮球传切配合技术方法如图2所示，○传给固定助攻者后向篮下移动，接⊕回传球后突破上篮。

1. 脚步清楚，突破动作合理。

2. 防守队员正常防守，不要有意识地堵截。

学生活动：

学生组织形式如图2所示：

图2 篮球传切配合技术

第三阶段 问题解决阶段

教师活动：

组织比赛，提出要求，强调安全，技术切磋。

学生活动：

1. 进攻队员运用脚步移动，力争在最有利的位置上接球，并利用支球突破、投篮来提高个人攻击能力，同时注意用巧妙的传球进行助攻。

2. 防守队员要用防守脚步移动，及时调整和选择正确的防守位置，尤其防守持球队员的防投、防突及封堵传球。

3. 提高两个裁判员的全场区域分工与配合，投中篮，球回后场，10 秒、30 秒违例等手势与罚则的裁判能力。

第四阶段 展示、评价、反思阶段

教师活动：

放松整理运动，课堂小结。

学生活动：

学生通过自评、互评、成果评价等方式进行展示和反思、总结。

四、课程评价

让学生把动体和动脑很好地结合起来，给学生提供再认识所学知识，以及创造性运用所学动作的机会，从而增强教学效果。

在教师的主导作用下，结合学生身心特点进行教学，充分体现以学生为主体的教学思想，发挥学生的主体作用，调动学生学习的主动性和积极性，从而最大限度地提高课堂效果。

剪纸中的红色精神

河源高级中学　孟怡芳

学科：美术　　**学段：**高中　　**年级：**二年级

主要教材：美术选择性必修《工艺》，人民美术出版社 2019 年版

项目时间：6 个课时

所需资源：课件和材料（铅笔、橡皮擦、红色宣纸、剪刀和雕笔刀等）

作品类型：红色主题的剪纸作品

项目式学习方案范式类型：设计开发类

一、学习目标

1. 学生通过小组分工合作，收集中国传统剪纸的相关资料，了解剪纸的历史、表现形式及制作方法；

2. 学生了解红色经典故事，理解故事所包含的精神内涵，提炼红色创作元素，传承红色精神；

3. 学生通过项目式学习，从红色经典故事中提炼出红色创作元素，总结剪纸作品的设计思路，合作完成一幅红色主题的剪纸作品。

二、驱动问题及分解

驱动问题：如何结合红色经典故事设计完成一幅红色主题的剪纸作品？

驱动问题分解：

1. 中国传统剪纸的历史、表现形式及制作方法是什么？
2. 红色经典故事有哪些？体现了什么精神？
3. 如何创作一幅红色主题的剪纸作品？

三、课时分布

第一阶段 剪纸我了解

教师活动：

结合教材内容，创设情境：2006 年 5 月 20 日，剪纸艺术遗产经国务院批准被列入第一批国家级非物质文化遗产名录。

2009 年 9 月 28 日至 10 月 2 日，联合国教科文组织举行保护非物质文化遗产政府间委员会第四次会议，会上，中国申报的剪纸项目入选“人类非物质文化遗产代表作名录”。

剪纸是中国非物质文化遗产，你了解多少？

任务一：收集中国传统剪纸的相关资料，了解剪纸的历史、表现形式及制作方法（图 1）。

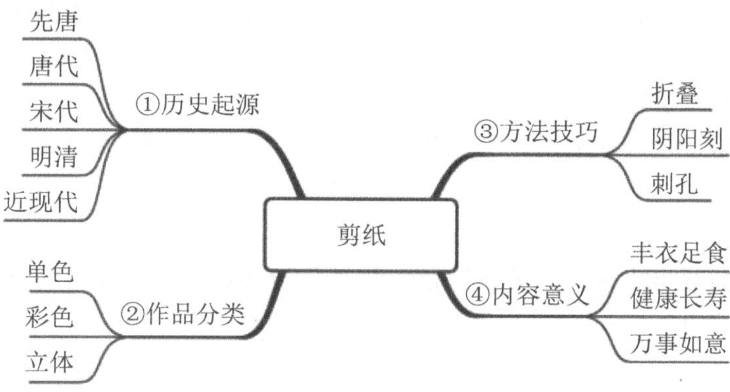

图 1　剪纸相关资料展示

学生活动：

了解剪纸的发展情况，通过欣赏剪纸作品以及收集中国传统剪纸的相关资料，能够认识到剪纸艺术的博大精深；通过填写项目式学习单，能够逐步完善对剪纸发展状况的了解和认识，进一步了解剪纸的表现形式和制作方法。

表 1　项目式学习单

<table>
<tr><td colspan="4">《剪纸中的红色精神》项目式学习单</td></tr>
<tr><td>班级</td><td></td><td>姓名</td><td></td></tr>
<tr><td rowspan="4">问题设定</td><td colspan="3">1. 你对中国传统剪纸的发展历程有哪些了解？有什么艺术特点？</td></tr>
<tr><td colspan="3"></td></tr>
<tr><td colspan="3">2. 你了解哪些剪纸艺术的表现形式？制作方法有哪些？</td></tr>
<tr><td colspan="3"></td></tr>
</table>

第二阶段 讲述红色经典故事

教师活动：

红色百年，无数革命先辈抛头颅、洒热血，用自己的鲜血和生命换来了新中国的成立；无数仁人志士，奔赴在祖国建设的各个领域，用青春书写了一曲曲奋斗之歌，换来了今日中国的繁荣昌盛。他们将民族精神代代相传，书写了属于中华民族的独特气质和气节，所取得的成就举世瞩目。你知道哪些红色经典故事？

任务二：了解红色经典故事，深入理解故事所包含的精神内涵，提炼红色创作元素，传承红色精神。

学生活动：

观看红色经典故事小视频，分享感悟，总结精神要点，提炼红色创作元素。

1. 狼牙山五壮士
2. 红枪白马女英雄：赵一曼
3. 战死疆场也心甘情愿：彭雪枫
4. 抗日民族英雄：杨靖宇
5. 八女投江
6. 半条被子
7. 陈树湘断肠明志

第三阶段 完成作品初稿设计方案

教师活动：

任务三：结合从红色经典故事中提炼的红色创作元素，总结剪纸作品的设计思路，自主或合作完成红色主题的剪纸设计方案。

在设计方案时，引导学生运用之前所学的剪纸中的阳刻与阴刻以及不同的剪纸纹样对作品进行深入调整、修改。

学生活动：

完成设计稿后，各小组思考方案的可行性与材料的选择，并与老师进行沟通，对初稿进行修改，定稿。

第四阶段 完成作品的剪刻

教师活动：

任务四：引导学生用剪和刻的方式将设计好的红色主题剪纸剪刻完毕。

在具体实践的过程中教师先示范剪刻，学生观察教师的剪刻方法。

学生活动：

在具体实践的过程中认真观察老师的剪刻方法。在保证安全的情况下完成作品的剪刻。剪刻完毕后与教师的示范作品进行对比，发现自己作品中的不足之处，继续完善（图2）。

图 2　学生完成剪刻作品

第五阶段 作品展示和评价

教师活动：

用剪纸作品分享表达“继承、发扬文化遗产是每一代人的责任”，以及“学习先进事迹，传承红色精神，树立正确的人生观、价值观”。

剪纸作品展示主题为“剪纸中的红色精神”。

交流评价：完成学习评价单。

学生活动：

学生部分作品展示如图 3。

图 3　学生部分作品展示

四、课程评价

（一）评价目标与内容

对学生全程参与过程和所展示的作品进行评价。

（二）评价方式

在项目化学习过程中注重过程性评价，但也不要忽略课前及课后学习部分的评价，在全方位的评价体系中采取学生自评、互评、组评、师评等多元化的评价方式。通过全面的评价提升学生的自信心和学习兴趣。

（三）评价工具

项目学习单、小组评价表。

剖析校园一卡通系统

河源高级中学　刘婷婷

学科：信息技术　　**学段**：高中　　**年级**：二年级
主要教材：高中信息技术必修二《信息系统与社会》，广东教育出版社 2019 年版
项目时间：5 个课时
所需资源：计算机 57 台、投影仪、云课堂管理平台、问卷星、UMU 互动平台等设备工具；多媒体课件、导学案、项目范例报告、项目探究记录表、评价表等教学资料。
作品类型：可视化研究报告
项目式学习方案范式类型：综合应用类

一、学习目标

（一）知识与技能

1. 学生了解信息系统的组成与功能（计算思维）；
2. 学生描述信息系统常用终端设备（如计算机、智能手机和平板电脑等）的基本工作原理（计算思维）；
3. 学生在信息系统应用过程中，能预判可能存在的信息泄露等安全风险（信息意识、信息社会责任）。

（二）过程与方法

1. 通过教师引导与问题探究，学生掌握分析信息系统的方法（计算思维）；
2. 学生通过小组分工协作，完成项目任务，形成可视化报告（数字化学习与创新）。

（三）情感、态度与价值观

1. 学生积极利用各种信息系统促进学习与发展（数字化学习与创新）；
2. 学生正确认识计算机和移动终端在信息系统中的作用，合理使用信息系统开展活动（信息社会责任）。

二、驱动问题及分解

驱动问题：我们认识校园一卡通系统的组成及其功能吗？
驱动问题分解：
1. 校园一卡通需要什么“工具”才能使用？有什么硬件和软件？

2. 校园一卡通会产生哪些方面的数据，如何存储与处理？
3. 校园一卡通的余额通过什么实现更新传递？
4. 校园一卡通的“售卡充值”模块的实现过程是怎样的？
5. 校园一卡通的“刷卡消费”模块的实现过程是怎样的？
6. 校园一卡通的“交易结算”模块的实现过程是怎样的？
7. 从信息活动角度来看，以上模块具有什么共同功能？
8. 在校园一卡通系统中计算机和移动终端起什么作用？

三、课时分布

第一阶段 选题设计阶段

教师活动：

第 1 课时

1. 播放微视频《身边的信息系统》，进入本课主题“初始信息系统”。以校园一卡通系统为例，引导学生讨论以下问题，将答案发表在 UMU 讨论区中，老师请总结得较好的小组代表来回答：

（1）校园一卡通需要什么“工具”才能使用？有什么硬件和软件？

（2）校园一卡通会产生哪些方面的数据，如何存储与处理？

（3）校园一卡通的余额通过什么方式实现更新传递？

教师根据学生小组讨论结果，补充总结什么是信息系统，信息系统的组成要素有哪些，剖析使用一卡通进行消费操作时，里面产生的“数据流”“资金流”“物流”“事务流”和“信息流”。

2. 教师提供选题或鼓励小组自拟主题，指导各小组确定项目选题，再依照项目范例，制订本组项目规划方案；引导小组长在 UMU 平台中发表项目选题规划结果，并填写项目选题规划评价表，完成小组自评与互评。

学生活动：

1. 体会信息系统的普遍性，关注身边的信息系统；

2. 小组合作探究，各小组相互查看、交流，对熟悉的一卡通系统进行深入剖析，从经验中总结知识，了解信息系统及其组成；

3. 完成知识建构，并进一步剖析信息系统操作过程中的内部活动；

4. 小组头脑风暴，完成项目方案在线交流与评价，各小组根据他人意见完善项目选题与设计方案。

第二阶段 活动探究阶段

教师活动：

第 2 课时

1. 播放使用校园一卡通进行充值、消费、结算的场景视频，介绍一卡通的三个功能模块，从而引出相关问题。

2. 组织学生开展小组讨论：

（1）校园一卡通的“售卡充值”模块的实现过程是怎样的？

（2）校园一卡通的“刷卡消费”模块的实现过程是怎样的？

（3）校园一卡通的“交易结算”模块的实现过程是怎样的？

（4）从信息活动角度来看，以上模块都具有什么共同功能？

教师示范解释“售卡充值”模块的实现过程，展示流程图，要求各小组分工查找相关资料，画出其他模块的实现流程图，并将答案发表在 UMU 讨论区中，各小组相互查看、交流，老师请总结得较好的小组代表来回答。

根据小组讨论结果，教师补充总结校园一卡通的“售卡充值”“刷卡消费”和“交易结算”三个基本业务模块形成的三个独立的子系统，并通过网络同一卡通服务管理中心连接起来，共同形成校园一卡通信息系统。从信息活动角度看，每个子系统都具有输入、存储、处理、控制、传输与输出功能。

3. 教师提出三个信息系统的操作案例，请学生回答案例操作分别体现了信息系统的哪个主要功能。指导小组根据上节课的选题，仿照项目范例报告，对信息系统的组成及基本功能进行分析，并填写在项目探究记录表中，提交至云课堂。

第 3 课时

1. 教师播放视频：生活中各种各样的信息系统。提问：同学们，这些信息系统的正常使用依赖于什么硬件设备（电脑、网络、平板、手机等）？教师顺势引出同学们回答的其实就是信息系统的基础设施——计算机和移动终端。那它们是如何发挥作用的？学生带着这个疑问进入本课学习。

2. 教师组织小组讨论：在校园一卡通系统中计算机和移动终端的作用，填写表 1：

表 1　硬件设备及作用

硬件设备	设备名称	作用
计算机	刷卡 POS 机	
	校门口的刷卡门禁	
	银行 ATM	
	银行主机	
	用户数据库服务器	
移动终端	学生平板电脑	
	家长手机	
	管理员笔记本电脑	

3. 教师提问：计算机和移动终端的特点与作用是什么？请小组在 UMU 平台发言，并点评其他小组的讨论结果（表 2）。

表 2　硬件设备特点与作用

	特点	作用
计算机	海量存储、高速运算	数据存储、加工、计算、分类和整理，实现对信息的管理和对各种设备的实时控制
移动终端	具有移动通信能力和便携化体积	实现人机交互

4. 教师播放微课《计算机是如何工作的》，要求学生补充以下知识框架中的空白部分。计算机工作的基本原理是存储程序和程序控制。

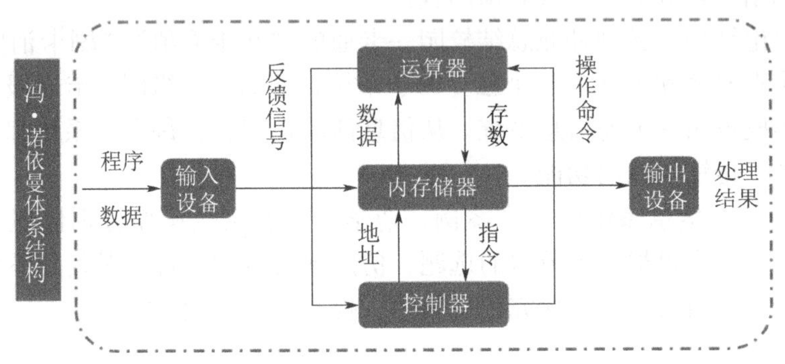

图 1　计算机工作原理

- 计算机系统
  - 硬件系统 看得见，摸得着
    - 输入输出设备
    - 存储器
      - 内存储器
        - ROM
        - RAM
      - 外存储器
    - 中央处理器
      - 运算器
      - 控制品
  - 软件系统 看得见，摸不着
    - 系统软件
      - 操作系统
      - 语言处理程序
      - 诊断程序
      - ……
    - 应用软件

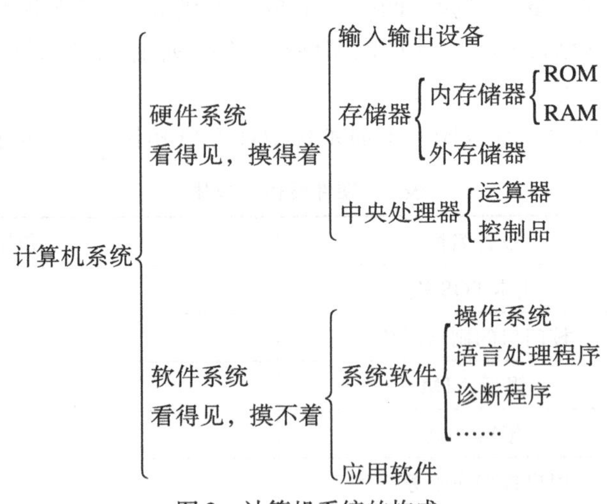

图 2　计算机系统的构成

教师根据学生的探究学习情况，补充相关案例，说明计算机的硬件和软件。

5. 教师指导学生查看学校计算机中的关键部件信息，如 CPU 的型号和相关参数，并了解这些参数的含义。提问学生：哪些指标会影响计算机的运算速度（图 3）？

- 字长越长，计算机功能越强，精度越高，速度越快
- 主频越高，运算速度越快
- 存取周期越短，存取速度越快，运算速度也越快
- 内存容量越大，运行速度越快

图 3　计算机的关键指标

6. 教师提问学生：与计算机相比，移动终端有什么不同？

总结知识：它具有中央处理器、存储器、输入输出等设备，是一台具备通信功能且输入输出方式更多样化的微型计算机设备。

使用移动终端上网获取资源还需要移动互联网和云计算，提供相关的拓展学习资源。

7. 教师展示本项目的知识框架，预告下节课的实践任务与知识测验。

学生活动：

（1）观看视频，了解一卡通的三个功能模块；

（2）通过合作探究，深入剖析一卡通系统的三个模块，掌握信息系统的分析方法；

（3）从实现流程中发现、总结信息系统的五个主要功能；

（4）通过具体案例分析，进一步巩固知识；

（5）通过项目探究与实施，实现知识迁移；

（6）观看视频，思考并回答问题，开始进入学习状态；

（7）小组头脑风暴和合作交流，体会计算机和移动终端的不同作用；

（8）自主学习，认识计算机系统，构建知识体系；

（9）自主探究，了解计算机的配置，思考并回答问题，为以后自己选购高性能计算机做准备；

（10）思考并回答问题，收获新知识，自主观看拓展微视频：《移动互联网的诞生》《云计算的应用》；

（11）回顾本节课的内容，加深知识印象。

第三阶段 项目实施阶段

教师活动：

1. 展示完整的“剖析校园一卡通系统”项目范例报告，布置任务，提出具体要求，提醒学生打开前期的项目选题规划讨论区页面，查看作业空间里前期完成的项目探究记录表，完成项目实践，形成可视化报告。

2. 发放表现性自评表和表现性互评表，指导学生填写评价表，进行自评与组内互评。

3. 打开问卷星测试页面，督促学生独立完成测试。等学生完成后，表扬测试成绩较好的同学，针对错误率较高的题目，请学生进行讲解。

学生活动：

1. 小组根据项目选题，综合运用所学知识，剖析身边的信息系统，整合前期的学习材料，参照项目范例撰写研究报告，小组长通过云课堂上传至作业空间；

2. 学生完成表现性自评和组内互评任务；

3. 学生独立完成知识检测，查看错题，及时查漏补缺，提升计算思维。

第四阶段 展示、评价、反思阶段

教师活动：

通过云课堂向小组长发放项目活动评价表以及所有小组在上节课提交的项目报告，组织各小组上台展示和汇报，完成小组自评和互评。同时，教师也要评价学生的项目活动开展情况。

学生活动：

各小组互相交流，展示研究成果，完成项目自评和组间互评。增强同学间的互动，提高表达、交流与评价能力。

四、课程评价

（一）评价目标与内容

评价目标是促进学生学科核心素养的发展。

评价内容是学生在项目活动过程中的表现，具体见表3：

表3　课程评价内容

学科核心素养	评价内容描述
信息意识	完成课堂学习任务，主动比较不同的信息源
	能够甄别不同信息获取方法的优劣
	根据问题解决的需要，恰当选择数字化工具，具备信息安全意识
	能选择恰当的方式与老师、同学进行有效交流
	有意识地使用信息技术解决问题
计算思维	能剖析项目的功能需求，界定待解决的核心问题
	描述身边信息系统的工作过程
	描述身边信息系统的组成
	分析身边信息系统的功能
	解释身边信息系统中计算机和移动终端的作用
	了解计算机的主要性能指标，能自行选购合适的电脑配置
数字化学习与创新	能对常用数字化工具与资源进行有效评估
	针对特定的项目任务，运用云课堂的作业空间上传功能等数字化策略管理项目学习资源和学习过程，完成任务和作品创作
	在计算机室开展协作学习，建构知识
信息社会责任	在信息活动中，尊重和保护个人及他人的隐私
	自觉遵守信息法律法规和信息伦理道德规范
	合理使用虚拟社会身份开展信息活动
	在交流活动中，尊重与包容他人的意见

（二）评价方式

1. 表现性评价

表现性评价是全方位反映学生学科核心素养的重要方法。学生在信息技术学习过程中，会全面发展学科核心素养，根据不同要素的内涵产生不同的表现行为。所以教师需要明确学科核心素养培养目标，针对培养目标捕捉学生在课堂表现中反映的学科核心素养，及时作出表现性评价。同时，教师要利用好课堂管理平台，通过积分数据记录学生的表现性评价结果，通过监控学生机，观察学生操作行为，重点规范学生在信息意识和社会责任方面的学习行为。表现性评价只靠教师的观察是不够的，所以评价主体不仅有教师，也有学生。教师依据学科核心素养培养目标来设计学生表现性自我评价标准，引导学生参照评价标准，关注学习过程，树立学科核心素养自我培养的意识。教师也要针对学生的有关信息，以及社会责任培养要求，合理设计组内评价标准，组织小组成员相互监督和评价，进一步规范学生的信息社会责任行为。教师评价贯穿于整个项目活动中，而学生自评和组内互评则在本项目的第 4 课时完成。

2. 项目活动评价

项目活动评价主要是对各个小组在项目活动各个阶段的成果开展评价。通过收集学生在活动过程中的记录单、汇报 PPT 和可视化报告等进行评价。项目学习活动是落实学科核心素养培养的基本途径，在每个项目阶段，学生的学科核心素养都会有所变化。项目活动评价能够反映学生在每一阶段的学科核心素养达成情况，有效促进学生逐步发展学科核心素养。评价的主体有教师、其他小组和小组自身，在项目的第 1 课时中，对小组的选题和方案设计开展交流和评价；在最后一个课时中，对小组的项目探究、实施和交流的成果进行评价。

3. 测验

测验评价是促进学生信息意识和计算思维发展的重要方法。学生在测验中会表现出对知识信息的判断、组织与加工能力，以及综合运用信息技术分析和解决问题的能力，所以在一定程度上体现了学生信息意识和计算思维的变化。在本项目的第 4 课时开展测验评价，根据测验评价反馈优化教学过程，并且利用在线测验平台能够立即将测验成绩呈现给学生，引导学生在订正错题的过程中逐步建构完整的知识体系，培养提取问题特征的能力，从而加强学生的信息意识和计算思维。

（三）评价工具

1. 表现性评价表

采用学生自评、组内互评和教师评价的方式，占比分别是 30%、40% 和 30%，其中，组内互评最终成绩取所有组员评价结果的均值（表 4）。

表 4　表现性评价表

评价主体	评价指标	标准说明	分值	得分
学生自评	信息意识	认真听讲，做好课堂笔记	5	
	计算思维	能跟上老师和小组的学习节奏	5	
		获得利用信息系统解决问题的体验	5	
	数字化学习与创新	能使用计算机技术有效开展学习	5	
		学习过程具有创新意识	5	
	信息社会责任	自觉保护计算机室设备，合理使用网络开展信息活动	5	

续上表

评价主体	评价指标	标准说明	分值	得分
组内互评	信息社会责任	自觉保护其他组员的隐私，遵守信息活动道德规范	10	
		积极参与小组讨论，提出的建议能被小组采纳	10	
		认真倾听组员的意见，并能整合意见	10	
		积极参与作品制作和报告撰写	10	
教师评价	学科核心素养培养目标	云课堂积分每 2 分折合成 1 分	20	
	信息社会责任	自觉遵守课堂纪律，主动维护课堂秩序，坚决不做与课堂无关的活动	10	

2. 项目活动评价表

本项目的活动评价量表结合教学内容进行细化修改，评价结果由小组自评、组间互评和教师评价构成。其中，小组自评占 30%，组间互评取所有小组评价的均值，占评价总成绩的 30%，教师评价占 40%（表 5）。

表 5　项目活动评价表

项目阶段	主要达成学科核心素养	评分标准	分值	得分		
				自评	互评	师评
项目选题	信息意识	选题源于实际、符合科学	5			
		选题的应用价值较高	5			
		选题的可行性高，能够实施	5			
规划设计	信息意识、信息社会责任	准确分析项目任务	5			
		清晰规划项目过程	5			
		有明确的小组分工	5			
		在 UMU 平台积极参与方案交流	5			
活动探究	信息意识、数字化学习与创新	描述计算机和移动终端的基本工作原理	5			
		积极利用各种信息系统开展学习活动	5			
		在信息系统应用过程中，能预判可能存在的信息泄露等安全风险	5			
		密切联系项目，开展协作探究与自主学习	5			
		善于沟通和交流，有较强的团队合作能力	5			

续上表

项目阶段	主要达成学科核心素养	评分标准	分值	得分		
				自评	互评	师评
项目实施	计算思维、数字化学习与创新	描述身边信息系统的工作过程	5			
		描述身边信息系统的组成	5			
		分析身边信息系统的功能	5			
		解释身边信息系统中计算机和移动终端的作用	5			
		了解计算机的主要性能指标，能自行选购合适的电脑配置	5			
成果交流与评价	信息社会责任	项目成果内容完整，结构清晰，排版美观	5			
		展示效果好，表达清晰	5			
		能客观评估他人的项目成果	5			
合计得分			100			

3. 测试题

单选题（每题 10 分，共 100 分）

（1）一个完备的计算机系统应该包括计算机的（　　）

A. 主机和外设　　B. 硬件和软件（答案）

C. CPU 和存储器　　D. 控制器和运算器

（2）用户身份认证是中国铁路客户服务中心网站网上售票系统的一个重要功能模块。小明通过电脑登录售票系统，想购买一张高铁票，输入账号和密码时，第一次不小心输错了密码，系统提示“账户或密码错误”；当他重新输入正确的密码后，系统提示“登录成功”。请问这种情况是基于信息系统的（　　）功能。

A. 输入　　B. 处理　　C. 存储　　D. 控制（答案）

（3）计算机重启后，（　　）中的数据将会丢失。

A. 光盘　　B. U 盘　　C. 内存（答案）　　D. 硬盘

（4）以下不属于手机操作系统的是（　　）

A. Harmony　　B. Android　　C. Windows Phone　　D. Mac（答案）

（5）小智想在中国铁路 12306 网站订购火车票，在他还没有确认付款之前，系统不会产生（　　）。

A. 数据流　　B. 资金流（答案）

C. 事务流　　D. 信息流

（6）如果要进行网络学习，最适合的是以下哪一个信息系统？（　　）

A. 综合素质评价网络系统　　B. 网络通信系统

C. 在线图书馆（答案）　　D. 网上银行

（7）现代的电子计算机都是采用冯·诺依曼原理，该原理的核心是（　　）。

A. 使用高级语言　　B. 采用高速电子元件

C. 存储程序与程序控制（答案）　　D. 采用输入设备

（8）某品牌电脑配置为：Intel 酷睿 8 代 i5 8400/16GB/GTX1050Ti/2TB/21.5 英寸，表示内存大小的是（　　）

A. Intel 酷睿 8 代 i5 8400　　B. 16GB（答案）

C. 2TB　　D. 21.5 英寸

（9）数据的输入、输出、存储、计算等都靠计算机（　　）的支持。

A. 硬件设备（答案）　　B. 软件系统

C. 操作系统　　D. 信息系统

（10）2016 年，我国自行研制的超级计算机（　　）在国际超级计算大会（ISC）上亮相。它的运算能力达到每秒 93.01 千万亿次，排名世界第一，成为“计算机领域的珠穆朗玛峰”。

A. 神威·太湖之光（答案）　　B. 银河 - IV

C. 曙光 - 5000A　　D. 深腾 7000

感史论魅力，品说理艺术

——《过秦论》《五代史伶官传序》群文阅读项目式学习活动案例

河源高级中学　温珊珊

学科：语文　　**学段**：高中　　**年级**：二年级
主要教材：统编高中语文选择性必修中册
项目时间：1 课时
所需资源：拓展材料、预学案、评价量表等
项目式学习方案范式类型：学科主题探究类

一、项目概况

《过秦论》《五代史伶官传序》均是史论文。作为“史论文”，是以总结历史经验教训为主的说理性文体。《过秦论》以赋体写史论，多用夸张、对比的手法，通篇一气贯注，气势充沛，铺排渲染，辞采华丽。《五代史伶官传序》以散体写史论，文字平易晓畅，简洁生动，感慨遥深。两种不同文体的写作方法和论述风格各具特色。

对于史论文来说，“历史现场”包含几个层面：特定的历史文化现场；历史人物与事件，事件发生的背景；作者的时代背景及个人经历、创作意图等。学生在项目式活动中，学习史论文，把握论者的观点和论述方式，学习和借鉴他们思考社会现实问题的态度和方法，同时能够鉴赏史论文的说理艺术。

二、学习目标

1. 学生理解两篇文章基本内容及拓展史料，梳理亡国之举、亡国之因。
2. 学生结合文章内容及作者创作背景，鉴赏史论文的说理艺术。
3. 学生联系当下时代，通过读写结合强化说理的针对性，增强家国情怀。

三、驱动问题及分解

驱动问题：秦朝和后唐都是存续时间很短的王朝，秦朝仅 14 年，而后唐仅 3 年。《过秦论》《五代史伶官传序》两篇史论文分别对两朝灭亡的历史教训进行总结。纵观两篇经典之作，有一句共同的感慨——“为天下笑”。天下为何而笑？下面我们一起来进一步作深入探讨。

驱动问题分解：

1. 两朝都曾盛极一时，而后速亡。是什么原因导致两朝极速灭亡，为天下人耻笑呢？
2. 秦朝和后唐灭亡的原因，是唯一的吗？

四、项目式活动过程

（一）项目活动一：探究“亡国之举和亡国之因”

1. 活动目标：理解两篇文章基本内容及拓展史料，梳理亡国之举、亡国之因。

2. 活动内容：

（1）两朝都曾盛极一时，而后速亡。是什么原因导致两朝极速灭亡，为天下人耻笑呢？学生回到文本语境，梳理亡国之举、亡国之因。

明确：导致秦朝、后唐亡国的举动有很多，作者围绕文章重点论证的亡国之因，列举相关亡国之举，以充足的历史论据论证作者论点，足见史论文说理艺术——论证具有针对性（表1）。

表1　梳理《过秦论》《五代史伶官传序》中“亡国之举”与“亡国之因”文本

文本	过秦论	五代史伶官传序
亡国之举（原文语句）	执敲扑而鞭笞天下（奴役百姓） 废先王之道（政策） 焚百家之言（愚民） 隳名城，杀豪杰；收天下之兵（弱民）	“逸豫”（重用伶官）
亡国之因（原文语句）	仁义不施而攻守之势异也。（重视民生）	祸患积于忽微，智勇多困于所溺（重视帝王修为）

（2）秦朝和后唐灭亡的原因，如文中所说，是唯一的吗？学生结合拓展史料，回到历史现场，谈谈思考。

明确：原因不是唯一的。如：

秦朝：严刑峻法；徭役赋税严苛；不重用贤臣。

后唐：重用伶官、佞臣，滥杀臣子，未广开言路；刘皇后窃权乱政、赋税严苛；搜刮民脂民膏。

（二）项目活动二：探究作者写作意图和说理艺术

1. 活动目标：结合文章内容及作者创作背景，鉴赏史论文的说理艺术。

2. 活动内容：

两朝亡国原因有很多，为什么文章只论述其中一个原因？学生回到作者现场，结合作者所处的时代背景一探究竟。

创设活动情境：假如现在贾谊、欧阳修已经来到了我们身边，让同学们采访他们，同学们会提出哪些问题呢？请拟写一份采访提纲。

表 2　采访提纲要求

项目	要求
采访提纲	问题设置简洁、有序
	提问表达准确、清晰
	提问联系史实，揣摩人物心理

现在同学们就是贾谊/欧阳修，即将接受采访，请结合相关史料作准备。请 1 ～ 2 个组分别展示采访贾谊、欧阳修的过程，采访者和受访者扮好各自的角色。请其他同学认真听，并作点评。

表 3　采访项目及要求

项目	要求
贾谊/欧阳修的回答	受访者的回答符合人物身份、心理
	受访者的回答吻合史实
	受访者的回答展现以史为鉴的意识，体现立足所处时代看待历史的眼光

明确：贾谊和欧阳修的归因只突出一点，离不开作者所处的创作背景和写作意图，充分体现史论文的说理艺术—具有现实针对性，以史为鉴、借古讽今，也展现作者“文章合为时而著，诗歌合为事而作”的时代担当、家国担当。

表 4　作品结论离不开创作背景和写作意图

作者及作品	贾谊《过秦论》	欧阳修《五代史伶官传序》
文章结论	仁义不施而攻守之势异也	祸患积于忽微，智勇多困于所溺
创作背景	西汉新立，百废待兴，百姓生活贫苦，经济凋敝，人民需要休养生息	北宋面临他族来犯时，统治者却一味送钱求和，苟且偷安
写作意图	希望汉王以秦为鉴，心怀苍生，施行仁政	希望宋主以后唐为鉴，不可贪图个人安逸，要以江山社稷为重

（三）项目活动三：借古观今，学习说理艺术

1. 活动目标：联系当下时代，通过读写结合强化说理的针对性，增强家国情怀。

2. 活动内容：贾谊、欧阳修的观点至今仍具有时代价值，文中的说理艺术值得学习借鉴。请根据拓展材料，拟写一份短评。要求：结合材料内容，提炼观点，围绕观点阐述看法，做到有针对性，有说服力。

（四）项目活动四：纵谈贤君，撰写发言稿

1. 活动目标：联系当下时代，通过读写结合强化说理的针对性，增强家国情怀。

2. 活动内容：历史上诸多贤君的治国措施至今仍具有深远影响。下周班级准备开展

“历史贤君纵横谈”活动，请同学们自主阅读汉武帝刘彻、唐太宗李世民、宋太祖赵匡胤等君主的相关文章，任选一位贤君，结合贤君的治国举措，立足当下时代，提炼观点，谈谈其治国举措的现实价值。写一则不少于800字的发言稿。

五、项目学习评价设计

表5　项目活动三撰写短评评价量表

评分标准	自评1～10分	互评1～10分	师评1～10分
短评观点鲜明，层次清晰			
短评观点在报道内容中充分体现			
短评能围绕观点阐释自己的看法，体现说理的针对性			

表6　项目活动四撰写发言稿评价量表

评分标准	自评1～10分	互评1～10分	师评1～10分
清晰阐释贤君的治国措施			
治国举措历史影响深远，具有历史价值			
立足当下时代思考对现代的影响，具有现实价值			

篮球基本战术模块掩护配合项目式学习教学案例

河源高级中学　陈升　林旭坚　温帝豪

学科：体育与健康　　**学段**：高中　　**年级**：一年级
主要教材：人教版《普通高中体育与健康（全一册）》
项目时间：2 课时
所需资源：篮球、标志杆、标志桶、分队服、音箱、评价量表等
项目式学习方案范式类型：设计开发类

一、项目概况

篮球战术配合教学对培养学生协作配合意识，提升战术水平具有重要价值。结合篮球战术配合的特点，在篮球基本战术模块教学中，以“学、练、赛、评”形式积极构建“健康第一”的主题，引领学生主动求知，让学生乐于思考，提高学生发现问题、分析问题、解决问题的能力。本项目牢牢抓住情品双育的体育育人功能，在教学中渗透德育思想，引导学生全方位发展，着力培养学生体育学科核心素养。

掩护配合战术在实战中有着较多、较好的运用。掩护配合战术的运用能够给学生在篮球运动进攻中的方式选择提供更多的技能支持，同时给予学生更多的创造力支撑。

二、学习目标

1. 学生能描述掩护配合战术的动作要领和方法。
2. 培养学生自主、合作、探究的学习能力，促进学生体育学科素养养成。
3. 学生通过努力，能在运动中获得成功感。从而培养学生团结互助、欣赏他人，正确认识自身价值的能力。

三、驱动问题及分解

驱动问题：
问题 1：掩护配合在篮球比赛中有什么作用？
问题 2：如何合理规范运用掩护配合？
驱动问题分解：

问题 1：如何把握掩护配合的运用时机？

问题 2：面对怎样的防守阵型时运用掩护配合？

四、项目式活动过程

（一）项目活动一：自制教学器材，鼓励学生做到一物多用

1. 利用标志杆、分队服自制成“防守假人”，将“防守假人”摆放在持球队员前方，构建消极防守情景（如图 1）。

图 1　自制“防守假人”

2. 利用羽毛球作为提示物，标示掩护配合双脚的站位宽度，提示学生加大双脚站位宽度，进而做到降低身体重心和扩大掩护面积的效果（如图 2）。

3. 利用标志杆易倒的特点，提示学生如在掩护时手部有推人犯规动作，标志杆会被碰倒（如图 3）。

图 2　利用羽毛球标示站位宽度

图 3　标志杆可能被碰倒

（二）项目活动二：模拟实战情景，提高学生学以致用的能力

比赛是检验学以致用效果的最好方法。在每一课次中设置“赛”的环节，创设擂台挑战赛。每一小组派选 5 人去挑战其他小组，攻擂方与守擂方形成一种实战的竞赛环节。在比赛中鼓励学生尽可能运用掩护配合，若通过掩护配合得 2 分，其他方式得 1 分。比赛按 10 分计数，最先达到 10 分的小组获胜。

（三）项目活动三：巧设补偿体能，增强学生核心力量

良好的体能是学生参与篮球运动的基础。利用篮球场地特性，设置 4 个场地体能练习：（1）横向移动防守滑步；（2）男生：双手直臂支撑，女生：持球俄罗斯转体；（3）双人配合：1 人手持标志杆做原地小碎步跑，另一人做原地高抬腿；（4）卷腹。开展循环练习，每个动作 30 秒，顺时针轮换至下一练习场地。不断激励学生的内驱力和学练激情，增强学生核心力量肌群。

五、项目学习评价设计

表 1　项目活动过程性评价量表

<table>
<tr><th colspan="4">过程性评价</th></tr>
<tr><th>评价维度</th><th>评价内容</th><th>评价观测点</th><th>评价方式</th></tr>
<tr><td rowspan="3">运动能力</td><td>运动认知</td><td>了解掩护配合的动作要领和方法</td><td>行为观察</td></tr>
<tr><td>运动技能</td><td>掌握并运用掩护配合战术</td><td>技术观察</td></tr>
<tr><td>体能状况</td><td>心肺能力、肌肉力量及耐力、速度、爆发力、协调性</td><td>体能测试</td></tr>
<tr><td rowspan="3">健康行为</td><td>锻炼习惯</td><td>能否积极主动参加校内外体育锻炼</td><td rowspan="6">行为观察
口头评价</td></tr>
<tr><td>情绪调控</td><td>敢于面对困难，不轻易言弃</td></tr>
<tr><td>适应能力</td><td>在团队练习或比赛中，善于交往与合作</td></tr>
<tr><td rowspan="3">体育品德</td><td>积极进取</td><td>能正确看待比赛胜负结果，胜不骄、败不馁</td></tr>
<tr><td>遵守规则</td><td>遵守比赛规则、尊重对手、尊重裁判</td></tr>
<tr><td>社会责任感</td><td>能胜任不同的运动角色</td></tr>
</table>

表 2　项目活动终结性评价量表

<table>
<tr><th colspan="4">终结性评价</th></tr>
<tr><td>班级：</td><td>姓名：</td><td>任课教师：</td><td>日期：</td></tr>
<tr><td>评价等级</td><td>优秀</td><td>良好</td><td>合格</td></tr>
<tr><td>评价标准</td><td>1. 能画出 4～5 种掩护战术图，并在比赛中成功运用掩护配合 4～5 次并得分
2. 结合所学运动项目每周进行 5 次课外体育锻炼或比赛
3. 队员间相互鼓励，和谐融洽，不抱怨，遵守比赛规则</td><td>1. 能画出 4～5 种掩护战术图，并在比赛中成功运用掩护配合 4～5 次并得分
2. 结合所学运动项目每周进行 4 次课外体育锻炼或比赛
3. 队员间相互帮助，和谐融洽，遵守比赛规则</td><td>1. 能画出 4～5 种掩护战术图，并在比赛中成功运用掩护配合 4～5 次并得分
2. 结合所学运动项目每周进行 3 次课外体育锻炼或比赛
3. 基本完成练习和比赛，合作意识一般</td></tr>
<tr><td>评价方式
（优秀/良好/合格）</td><td>学生自评：</td><td>生生互评：</td><td>教师评价：</td></tr>
</table>

《新民主主义革命的胜利》项目化学习案例

河源高级中学　黄春燕

学科：思想政治　　**学段：**高中　　**年级：**一年级
主要教材：思想政治必修一《中国特色社会主义》、人民教育出版社（2020 年 7 月）
项目时间：2 个课时
所需资源：河源市博物馆《庆祝中国共产党成立 100 周年：潮涌东江 党旗飘扬—河源市革命文物专题展览》，多媒体电脑等设备
作品类型：《红色宣讲员》现场宣讲及视频、PPT 展示；《我是圆梦演讲人》微演讲

一、项目概况

《新民主主义革命的胜利》是部编版高中政治必修一《中国特色社会主义》第二课第一框，是揭示"资本主义道路在中国走不通，只有社会主义才能救中国"的关键一课。通过学习新民主主义革命的相关知识，引导学生思考资本主义道路在中国为什么走不通，为什么只有社会主义才能救中国，使学生坚定走中国特色社会主义道路的决心和信心，进一步增强制度自信和道路自信。

学生通过自主学习、合作学习，综合所学历史知识，以历史分析员身份了解近代中国探索复兴之路的悲怆历程，分析多种尝试终归失败的原因。通过研学参观《河源革命文物展览馆》，了解河源党史，了解河源新民主主义革命中的大事件，了解新民主主义革命取得伟大胜利的基本历程及其意义，认同"只有社会主义才能救中国"。

二、项目学习目标

学生通过研学参观、分享河源革命史这一研学成果，能够阐述新民主主义革命的性质和特点；通过"红色宣讲员"社会实践活动，进一步理解中华人民共和国成立的历史意义，认同我国走社会主义道路是历史的必然、人民的选择，自觉成为红色文化的宣传者。

三、驱动问题及分解

1. 项目驱动核心问题："追光之旅—社会主义没有辜负中国"
2. 项目驱动子问题：

子议题一："黑境中寻光：悲怆的历程"

任务1：概括近代中国社会的基本状况和历史任务？

任务2：纵览近代以来探寻中国救亡图存道路的历程，中国哪些阶层做了哪些尝试？结果如何？

任务3：近代中国人民的各种尝试和斗争为何没能改变自己的悲惨命运？这给我们什么启示？

子议题二："曙色中追光：胜利的征程"

任务4：结合研学成果展示河源文化史，归纳总结新民主主义革命的性质、道路、法宝、领导力量、特点、革命的步骤。

子议题三："胜利的闪光：开启新纪元"

任务5：站在新时代的节点之上，我们应该向革命前辈学习些什么？我们的路应该怎么走？

四、项目课时计划

第一阶段：研学参观，活动参与

教师活动：

带领学生参观河源市博物馆革命文物专题展览馆的《庆祝中国共产党成立100周年：潮涌东江 党旗飘扬—河源市革命文物专题展览》，提供任务卡，布置"探河源革命史，讲好红色故事"的主题任务。

表1　参观"河源市革命文物专题展览"社会实践活动任务卡

活动议题	活动形式	活动任务	任务操作
探河源革命史，讲好红色故事	研学参观 红色宣讲	以小组为单位，到河源市《庆祝中国共产党成立100周年：潮涌东江 党旗飘扬—河源市革命文物专题展览》搜集素材，扮演"展馆讲解员"，从"中国人民站起来、富起来到强起来"的角度选择一则史料进行讲解。讲解现场请拍成视频	小组讨论，制定活动计划，包括日程安排、组内分工等 每位成员现场搜集史料素材，了解河源发生的中国共产党带领人民"站起来、富起来到强起来"的故事，选定一则作为讲解内容 带领你的小组成员到你选定的史料橱窗（展台）前，向他们进行讲解（每人三分钟），并将讲解过程拍成视频 挑战性任务：推荐一位小组成员向展馆来访群众作讲解，并拍成视频

学生活动：

参观河源市博物馆革命文物专题展览馆的《庆祝中国共产党成立100周年：潮涌东江

党旗飘扬—河源市革命文物专题展览》。小组完成“探河源革命史，讲好红色故事”的主题任务。

1. 以小组为单位，讨论制定活动计划及分工，如拍摄、演讲、后期视频处理等；

2. 每位成员现场搜集史料素材，了解河源发生的中国共产党带领人民取得新民主主义革命胜利的故事，选定一则作为讲解内容；

3. 带领小组成员到所选定的史料橱窗（展台）前，向游客、组员进行讲解（每人三分钟），并将讲解过程拍成视频。

4. 宣讲员必须讲解清晰，让听众明白事件、图片背后的原因。

5. 讲解简明扼要，言简意赅，视频限时 3 分钟。

第二阶段：温习历史，成果展示

议题一：黑境中寻光：悲怆的历程——我是历史分析员

教师活动：

播放视频《中国近代屈辱史》展示近代中国的处境，并设置问题任务：

任务 1：结合视频，概括近代中国社会的基本状况和历史任务？

任务 2：结合视频，纵览近代以来探寻中国救亡图存道路的历程，中国哪些阶层做了哪些尝试？结果如何？

任务 3：近代中国人民的各种尝试和斗争为何没能改变自己的悲惨命运？这给我们什么启示？

学生活动：我是历史分析员

观看视频《中国近代屈辱史》，以历史分析员的身份回顾从鸦片战争到五四运动的 70 多年间，不同阶层的仁人志士都作出过改变中国前途命运的重要探索的历史，分组讨论后派小组代表“历史分析员”分析在旧民主主义革命时期，农民阶级、地主阶级、资产阶级等仁人志士为探索复兴之路进行各种斗争和尝试、主张及其失败的原因，并得出资本主义在中国走不通的结论。

要求：组长负责，小组成员都要发表意见，记录员作好记录和整理，确定小组历史分析员的发言人代表本组进行展示。

表 2　活动任务表——我是历史分析员

<table>
<tr><th>阶级</th><th>救亡图存的探索</th><th>主张</th><th>结论</th></tr>
<tr><td rowspan="2">农民阶级</td><td></td><td></td><td rowspan="2"></td></tr>
<tr><td></td><td></td></tr>
<tr><td rowspan="2">地主阶级</td><td></td><td></td><td rowspan="2"></td></tr>
<tr><td></td><td></td></tr>
<tr><td>民族资产阶级</td><td></td><td></td><td></td></tr>
</table>

议题二：曙色中追光：胜利的征程——我是红色宣讲员

学生活动：我是红色宣讲员

1. 四个研学小组派代表结合 PPT 演讲或视频等方式分别展示研学成果，以“红色宣讲员”的身份讲解河源革命史，进行交流学习。

2. 小组成员记录，并归纳、补充总结新民主主义革命的道路、法宝、历程、性质、特点、胜利标志。

教师活动：

1. 评价学生成果展示情况。

2. 结合学生研学成果展示河源文化史，归纳总结新民主主义革命的性质、道路、法宝、领导力量、特点、革命的步骤。

第三阶段：归纳总结，拓展提升

议题三：胜利的闪光：开启新纪元——我是圆梦演讲人

教师活动：

播放视频《新中国成立》《习近平在纪念五四运动 100 周年大会的讲话》，提问：当时代的接力棒交到我们这一代青年人手上，站在新时代的节点之上，我们应该向革命前辈学习些什么？我们的路应该怎么走？

学生活动：我是圆梦演讲人

活动内容：展开想象，2035 年的中国会是什么样？你会是什么样？结合所学知识，从道理自信、理论自信，制度自信和文化自信中任选其一，以“我和 2035 有个约定”为主题，展开一次演讲活动。

活动时间：90s

表 3　活动任务表—我是圆梦演讲人

我与祖国	2035 年
我的年龄	
我的身份	
我的成就	
祖国面貌	

五、课程评价项目评价设计

表 4 参观“河源市革命文物专题展览”社会实践活动评价表（你获得了　　　颗☆）

学校：　　　　　班级：　　　　　姓名：

评价内容	关键行为表现	个人自评		组长评价	教师评	博物馆人员	来访群众
		等级	描述		（小组等第）	（小组等第）	（小组等第）
学科素养目标	理解坚持和发展中国特色社会主义是实现中华民族伟大复兴中国梦的必由之路	☆☆☆☆☆☆		/	/	/	/
	坚定中国特色社会主义道路自信、理论自信、制度自信、文化自信	☆☆☆☆☆☆		/	/	/	/
	坚定中国特色社会主义共同理想、树立共产主义远大理想	☆☆☆☆☆☆		/	/	/	/
小组合作情况	前期有查阅相关资料	☆☆☆☆☆☆		☆☆☆☆☆☆	/	/	/
	积极参加本组活动，主动承担分工任务	☆☆☆☆☆☆					
	能清晰、完整地表达自己的观点	☆☆☆☆☆☆					
	能倾听、尊重他人的观点，形成小组共识	☆☆☆☆☆☆					
	能认真完成自己的分工任务	☆☆☆☆☆☆					
参观现场任务完成情况	前期认真听博物馆工作人员的讲解，并做好笔记、文字影像记录	☆☆☆☆☆☆		☆☆☆☆☆☆	☆☆☆☆☆☆	☆☆☆☆☆☆	/
	严格遵守活动纪律，言行举之有礼貌	☆☆☆☆☆☆					
	及时拍摄本组讲解小视频	☆☆☆☆☆☆					
挑战性任务完成情况：参访成果展示	向来访群众讲解，并获得其好评	☆☆☆☆☆☆		☆☆☆☆☆☆	☆☆☆☆☆☆	☆☆☆☆☆☆	☆☆☆☆☆☆
	讲解语言流畅，仪态自信	☆☆☆☆☆☆					

注（1）描述填写的内容为真实记录，包括文字、成果、视频、图片的佐证。

（2）等级包括卓越、优秀、良好、合格、基本合格、还需要努力六个等级。

六、活动成效及反思

1. 活动结构化、高效化：本项目以课前的研学活动为起点，围绕我是历史分析员、我是红色宣讲员、我是圆梦演讲人展开，三个结构化的项目活动设计层层递进，遵循学生的认知规律，引导知识生成，有效完成任务，实现育人高效化。

2. 活动设计巧妙化、育人化。活动指向学科核心素养的培育注重学科逻辑和实践逻辑、理论知识与生活关切、感性认识和理性思辩的结合，把小课堂和社会大课堂结合起来，立足实践，开发、利用乡土资源，丰富教学内容，以史说理，在活动中增强学生对中国新旧民主主义革命的认知，认同只有中国共产党才能救中国。进一步增强学生政治认同感，提升公共事件参与能力。

3. 值得思考的地方：由于课堂限制，红色宣讲员宣讲河源革命史的研学成果不能充分展现，可以引导学生在课外结合线上线下等方式进一步讲好河源红色故事。此外，在如何引导学生更丰富地讲好河源红色故事时，搜集材料、提炼素材等方面仍是一个较大的挑战。

《弘扬中华优秀传统文化和民族精神》项目式学习案例

河源高级中学　彭小清

学科：思想政治　　**学段：**高中　　**年级：**二年级

主要教材：思想政治必修四《哲学与文化》、人民教育出版社（2023 年 12 月）

项目时间：1 个课时

所需资源：《学习强国》中国共产党人的精神谱系，白板、多媒体电脑等设备

作品类型：《英雄故事宣讲员》现场宣讲及视频、PPT 展示，书写时代宣言

一、项目概况

《弘扬中华优秀传统文化和民族精神》是高中思想政治必修四《哲学与文化》第七课第三框的内容，主要阐述如何实现中华优秀传统文化的创造性转化、创新性发展和以爱国主义为核心的中华民族精神。弘扬中华优秀传统文化和民族精神，有助于我们在全球化背景下保持文化自信，抵御外来文化的冲击，维护民族文化的独特性和多样性。此外，这些文化和精神中的许多思想和理念，如孝道、礼仪、诚信、勤劳等，对于培养具有良好道德品质和社会责任感的现代公民具有重要作用。通过学习和弘扬这些优秀传统文化和民族精神，我们能够更好地应对现代社会的各种挑战，促进社会的和谐与进步。

二、项目学习目标

通过对国产首款 3A 级游戏《黑神话：悟空》爆火现象的分析，能够感受到创造性转化和创新性发展对弘扬中华优秀传统文化的意义；通过对河源地区优秀传统文化的“双创”，增强学生对发展本土文化的使命感；通过《英雄故事宣讲员》活动，学生感受中华民族精神的巨大作用和力量，认同以爱国主义为核心的中华民族精神及其重要意义，增强对中国共产党和祖国的热爱之情，增强政治认同。

学生通过观看民族精神传承的视频，感受民族精神的力量，同时书写自己的时代宣言，明确青年担当。同时，让学生自觉在学习和生活中将个人梦和中国梦紧密相连，弘扬民族精神、担当强国使命，践行公共参与。

三、驱动问题及分解

1. 项目驱动核心问题：“如何弘扬中华优秀传统文化和民族精神”

2. 项目驱动子问题：

子议题一："科技赋能，让传统文化'活'起来"

任务1："我是文化揭秘员"——《黑神话：悟空》游戏中有哪些中华传统文化元素？这些元素又是如何精妙融合引爆热潮？

任务2：这启示我们应如何传承中华优秀传统文化？

任务3：对中华优秀传统文化进行创造性转化和创新性发展是否还有别的方式？

"我是文化推广员"——我们河源地区如何通过"双创"方式让河源的文化资源"活"起来、"火"起来。

子议题二："传承弘扬，让民族精神'燃'起来"

任务4：纵观中华五千多年的历史长河，有哪些英雄人物让你记忆深刻？学生进行爱国诗句接诵。

任务5：请你选取令你深受感动的人物精神故事，并说说他具有哪些精神，以及这些精神对他自身及社会有什么影响？

子议题三："青年担当，让民族精神'扬'起来"

任务6："一代人有一代人的长征，一代人有一代人的担当"，当时代的接力棒交到我们这一代青年人手上，站在新时代的节点之上，我们应该如何弘扬民族精神？

四、项目课时计划

（一）第一阶段　我是文化揭秘员——链接时政，合作探究

教师活动：

时政导入：今年八月，首款国产3A级游戏《黑神话：悟空》正式发布，引起了全球现象级热潮，他是如何引爆热潮的？引导学生完成任务1、任务2。

学生活动：

观看视频《黑神话：悟空》，分析其火爆全网原因？以文化揭秘员的身份观看视频，结合材料思考问题。要求：组长负责，小组成员都要发表意见，记录员作好记录和整理，确定小组文化揭秘员的发言人代表本组进行回答。

教师总结归纳：《黑神话：悟空》游戏的成功在于在继承中华优秀传统文化的基础上，结合现代科学技术，对中华优秀传统文化进行创造性转化和创新性发展，赋予文化新的生命力和时代气息。启发学生思考：那对中华优秀传统文化进行创造性转化和创新性发展是否只能通过游戏这一种方法？还有什么方法呢？引导学生完成任务3。

学生活动：

发散思维，结合现代科学技术，对河源优秀传统文化进行创造性转化和创新性发展。

（二）第二阶段　我是英雄故事宣讲员——讲述英雄人物故事，领悟民族精神

教师活动：

在回顾中国波澜壮阔的革命历程时，无数英雄儿女为了国家的独立和人民的解放，抛头颅、洒热血，谱写了一曲曲壮丽的史诗。他们以坚定的信念和无畏的勇气，投身于革命

的洪流之中，无论是在艰苦卓绝的抗日战争中，还是在硝烟弥漫的解放战争中，都展现出了中华民族不屈不挠的精神。引导学生完成任务 4、任务 5。

学生活动：

课堂任务：我是英雄故事宣讲员

1. 全班分为八个小组，以不同历史时期为界限，选取时期内一个自己较为熟悉的英雄人物，讲述他的事迹及体现的精神，以及对其自身和社会的影响。

2. 小组成员分享，选取小组代表上台展示。

3. 其他小组做好总结评价准备。

（三）第三阶段　我是时代担责员——评价反思，情感升华

教师活动：

“一代人有一代人的长征，一代人有一代人的担当”，引导学生思考：当时代的接力棒交到我们这一代青年人手上，站在新时代的节点之上，我们应该如何弘扬民族精神？播放视频《敬告青年》。

任务 6：“勇担责任，强国有我”。弘扬民族精神，勇担强国重任，身为青年人，我们应该怎么做？同学们结合自身实际，认真思考如何书写自己的时代宣言。（伴随音乐 2 分钟）

五、课程评价项目评价设计

表 1　项目评价表

项目	因素	教师评价	学生评价	说明
情感与态度	1. 举手发言			a：积极/很好/认真 b：一般/基本 c：不积极/不好/不认真
	2. 参与活动			
	3. 认真情况（作业、讨论、思考）			
	4. 大胆尝试并表达想法			
知识与技能	5. 描述知识特征、说明关系			
	6. 理解的基础上运用所学知识 处理问题			
思维与方法	7. 思维创造性（独立思考、从不 同角度提出问题，用不同方法解 决问题）			
	8. 思维的条理性（表达逻辑清 晰 ）			
	9. 解决问题的策略和方法			
交流与合作	10. 认真听取别人的意见并询问			
	11. 积极表达自己的意见			
	12. 完成小组分配任务			

六、活动成效及反思

1. 热点视频激发兴趣：以教材课本为蓝本，将影视资源与课堂教学紧密结合，有效调动学生的各种感官，引发学生的情感。比如在讲解中华优秀传统文化创造性转化和创新性发展这一知识点时，引入最近较火的《黑神话：悟空》相关视频，激发学生学习兴趣，感受创造性转化和创新性发展对弘扬中华优秀传统文化的积极作用。

2. 议题设置巧妙化、育人化：科技赋能，让传统文化“活”起来；传承弘扬，让民族精神“燃”起来；青年担当，让民族精神“扬”起来。这 3 个议题设置既承载了学科的重点知识，又凸显家国情怀与青年担当，培育了学生的政治认同、公共参与的核心素养。

3. 合理设计，科学施策：注重生活化与多样化，推进活动型课程实施。课堂教学注重学生的生活实践，教师通过游戏话题引入，贴近学生和生活实际，讲述人物故事，让学生有话可说，真正让学生“动”起来，让课堂气氛活跃起来。

4. 不足之处：总体上教学目标达成，但是在细节上还需要再优化。例如，在“讲英雄故事，悟民族精神”这一活动中，应将课程设置的更加易于理解，更加充分地引导学生，让他们畅所欲言。这样会更好得调动课堂氛围。在本课程的学习过程中，学生们对于中华民族精神的理解和认识似乎还停留在较为浅显的层面，未能深入地体会到民族精神的深刻内涵及其重要性。

论文集

基于真实情境的高中化学单元整体教学设计研究

河源高级中学　冯军发

摘要：在新课标要求下，高中化学教学要注重对学生核心素养的培养，优化单元整体教学设计，以营造良好的学习氛围，激发学生学习兴趣，鼓励学生在学习中主动思考、探究、积极参与互动。教师要注重整合单元教学资源，明确单元教学主题，构建真实的教学情境，引导学生进行深度学习。基于此背景，本文针对真实情境下的高中化学单元整体教学设计应如何优化进行了具体探讨，以期为提升高中化学单元整体教学实效以及提高学生核心素养提供参考。

关键词：真实情境；高中化学；单元整体教学；教学主题；探究活动

教师积极构建真实情境，将高中化学课程内容与现实生活相关联，生动形象地呈现教学内容，启发学生深入思考，有利于激发学生学习化学知识与探究科学的兴趣。但是从当前的高中化学教学情况来看，部分教师未能形成单元整体教学意识，同时在教学中未能给学生构建真实的教学情境，导致学生对化学反应原理的了解有限，对化学知识在现实生活中的应用价值缺乏正确的认知，影响学习积极性。因此，教师要基于学生学习与发展需求，对化学单元整体教学进行优化，以真实情境为基础，创新教学设计。

一、明确单元教学主题，构建真实情境

高中化学课程知识丰富，传统课程教学中的知识点较为分散。在单元整体教学中，要求教师能够将分散的知识点进行整合，并明确单元整体教学主题，基于单元教学主题构建真实情境，以确保情境构建的有效性。以“氯及其化合物”这部分教学内容为例，在开展单元整体教学时教师要明确单元整体教学的主题，这部分内容是高中化学中“元素与化合物”知识体系的重要构成，而且在现实生活中，“氯及其化合物”也有着非常广泛的应用，其中最为常见的就是含氯消毒剂——不仅是医院必备的基本消毒物品，也是居家生活必备的消毒剂。目前市场上含氯消毒剂中主要饱含的物质有氯气、氯水、二氧化氯和次氯酸钠等，这些也就是“氯及其化合物”教学中的相关内容。在开展本单元的教学过程中，教师可以将单元教学主题设置为“走进含氯消毒剂”，对单元教学内容进行整合和优化，完善单元教学知识体系，并基于该主题创建真实的教学情境。比如，教师可以给学生准备一些含氯消毒剂的实物，并在网络资源中收集有关含氯消毒剂的生产视频及其在各个场所的应用视频。在此基础上教师还可以为学生构建相应的问题情境，比如提出问题“含氯消毒剂的主要成分是什么?”“性质是什么?”“它能够杀灭细菌的原理是什么?”“如何进行安全的使用?”等[1]。通过真实情境的构建将化学教学理论知识与现实生活关联起来，可以丰富教学内容，突出单元教学主题，同时可以帮助学生构建完整的知识体系，培养学生的高阶思维。

二、围绕真实情境设计递进式子课题

在化学单元整体教学过程中，教师需要在单元教学主题下，根据教学内容、教学目标、学生学习需求等，将教学主题分解细化，设计成多个具有递进关系的子课题，形成立体化课程结构，帮助学生构建完善的知识体系，使学生在循序渐进的学习中深入理解单元内容，强化学习效果。在单元整体教学中，教师根据单元主题和构建的真实情境，将“走进含氯消毒剂”划分成以下三个子课题：（一）深度探究“84 消毒剂”的成分及相关的化学性质；（二）分析与探讨“84 消毒剂”的制取过程，并进行实践操作；（三）分析研究氯水和二氧化氯的性质与区别。根据以上设计的三个递进式的子课题，教师可以在具体的教学过程中将本单元的教学分成三个课时来进行，并结合各个课时的子课题构建对应的真实情境，使学生在真实情境的分析、探讨、交流中完成单元学习任务，让单元知识之间得到串联，使单元知识结构更加紧密、完善[2]。以便顺利开展单元整体教学活动，为学生营造良好的学习环境。

三、基于子课题设计探究性课时活动

教师在明确了单元整体教学中各个课时的子课题后，需要根据学生核心素养发展需求、课题教学目标等，构建各个课时的真实教学情境，并设计探究性的课时教学活动，以此推动单元整体教学的有效开展，提升高中化学单元整体教学的实效。在设计探究性的课时活动时，教师要注重“以生为本”，突出学生的主体地位，考虑学生的核心素养发展需求，引导学生自主学习、参与互动、积极探究。基于此，教师可以将“走进含氯消毒剂”这一主题的单元整体教学的探究性课时教学活动设计如下：

第一课时。教师围绕本课时的子课题，在课堂导入环节为学生导入情境，让学生通过观看视频，了解“84 消毒剂”在现实生活中的具体应用，并在问题情境的驱动下，使学生对“84 消毒剂”的成分及其消毒原理产生好奇[3]。随后，教师引导学生在小组合作中进行分析、探究并展开实验，最终通过对实验结果的分析得出结论。

第二课时。教师在第一课时教学的基础上，引导学生在课前自主查阅、收集以及整理有关“84 消毒剂”的制取过程、制取方法的资料，并在课堂上分享；小组合作设计制取“84 消毒剂”的实验方案，并通过实验操作进行验证，让学生在巩固第一课时所学知识的同时，实现知识的拓展与延伸。

第三课时。教师给学生构建真实的实验情境，让学生在观看视频、观察实验的过程中，分析氯水和二氧化氯之间的异同点，最终通过实验探究、探讨交流等方式进行总结，得出结论。

三个课时形成完整的单元教学，且都是在真实情境下开展教学活动，引导学生思考、实验和探究，提升了化学单元整体教学的实效，也培养了学生核心素养。

综上所述，在高中化学教学中，教师要转变传统的教学理念，重视对学生核心素养的培养，围绕单元整体教学主题创建真实的教学情境，让学生在真实情境的互动中、探究中、思考中完成学习任务，强化学生对化学知识的理解，提高运用能力。具体来讲，在教学实践中，教师首先要明确单元教学主题，并以此为核心构建真实情境，围绕真实情境划分单元整体教学的子课题以及相关的课时探究活动，让真实情境贯穿于单元整体教学的始末，使学生在情境探究中提升学习效率，收获良好的学习体验。

参考文献

[1] 王博. 基于真实情境的高中化学单元整体教学实践［J］. 亚太教育，2023，(14)：90－93.

[2] 刘华. 基于真实情境的高中化学单元教学复习课设计与实践［D］. 阜阳师范大学，2023.

[3] 胡永涛. 基于真实情境的高中化学单元整体教学设计［J］. 亚太教育，2023，(02)：131－133.

项目式学习中问题支架设计的策略研究

河源高级中学　蔡美娜

摘要：本研究旨在探讨项目式学习中问题支架设计的策略，以提升学生的学习效果和解决问题的能力。通过分析问题支架设计的理论基础和实施策略，表明问题支架设计在项目式学习中具有重要作用，它能促进学生主动学习和发展合作学习能力。因此，教师在项目式学习中应重视问题支架设计，合理运用相关策略，以提高学生的学习效果和解决问题的能力。

关键词：项目式学习；问题支架设计；学习效果；解决问题能力

项目式学习是一种以学生为中心的教学方法，通过让学生参与真实、有意义的项目活动来促进他们的学习和发展。在项目式学习中，问题支架设计是一个重要的环节，它可以帮助学生理解和解决问题，提高他们的学习效果和解决问题的能力。然而，目前对于问题支架设计的研究相对较少，问题支架设计缺乏系统性的理论和实践指导。因此，本研究旨在探讨项目式学习中问题支架设计的策略，以期为教师提供有效的教学指导。

一、问题支架设计的理论基础

（一）问题支架的概念和作用

1. 问题支架的概念

问题支架是一种教学方法，其核心思想是教师逐步为学生的学习提供适当的线索或提示（即“支架”），使学生能够通过这些支架逐渐发现问题并找到解决方案，从而掌握所需的知识，提高问题解决能力，最终成为一个独立的学习者。

2. 问题支架的作用

（1）提升学习效果：在解决问题的过程中，问题支架可以帮助学生更清晰地聚焦问题，有序地表达他们的思维过程，深入反思整个问题解决的过程。

（2）引导深度学习：教师可以通过设计问题支架来连接新旧知识，引领学生关注核心教学内容。

（3）促进独立思考：问题支架通过提出问题启发学生思考，让学生自己先尝试解答，然后教师再给出正确的答案。这种方法能促进学生进行独立思考。

（4）培养问题解决能力：问题支架教学方法使学生能够通过这些支架发现问题并找到解决方案，从而提高问题解决能力。

（二）问题支架设计的基本原则

1. 情境性原则：为学生提供一个真实或模拟的问题情境，该情境应来源于真实生活或具有现实意义[1]，这样的设计可以帮助学生更好地结合现实理解驱动性问题，明确问题探究的方向。

2. 可行性原则：教师应引导学生对问题进行分解，形成可行的阶段性任务。这种支架可以帮助学生明晰思路，明确解决问题所需完成的子任务及其先后顺序。

3. 辅助性原则：教师应该为学生提供支持学习的相关资源以及资源获取的途径、方法和工具等。当学生面对海量学习资源时，这种支架可以帮助他们有效地获取所需资源。

4. 指导性原则：教师应该为学生解决问题的过程提供概念解释、认知策略等学习指导，模仿专家解决问题的过程，如调查、分析、提炼等。

（三）问题支架设计的步骤和方法

1. 选择情境，设计支架：首先，教师需要将学生引入一定的问题情境，并提供必要的解决问题的工具。然后，根据学生的需要和问题的特性，设计相应的问题支架。在这个过程中，教师需要考虑学习支架何时呈现以及如何有效地使用支架来帮助学生解决问题。

2. 搭建支架：在教学中，教师需要按照最近发展区的要求，围绕学习主题，为学生搭建好支架。这个过程包括过程提示支架、细化提示支架和反思提示支架的合理运用[2]。例如，通过提供操作流程来引导学生完成任务。

3. 提示支架：激发学生的认知图式，帮助他们分解任务，描述思维推理过程。

二、问题支架设计的策略分析

1. 确定目标：首先，教师需要明确教学目标，以便为学生提供有针对性的支持。这包括了解学生需要掌握的知识和技能，以及他们可能遇到的困难和挑战。

2. 选择合适的问题支架：根据学生的需求和目标，教师应选择适当的问题支架。这可能包括提供示例问题、提示、模型答案等。问题支架应该逐步减少，以便学生能够逐渐独立解决问题。

3. 设计有效的学习活动：教师应设计各种学习活动，以帮助学生在解决问题的过程中运用所学知识和技能。这可能包括小组讨论、角色扮演、实验等。

4. 提供及时反馈：教师应在学生解决问题的过程中提供及时的反馈，以帮助他们了解自己的进步和需要改进的不足之处。这可以通过口头或书面形式进行。

5. 鼓励学生自主学习：问题支架设计的目的是帮助学生逐渐能够独立解决问题，因此教师应鼓励学生自主学习，而不是过度依赖支架。这可以通过设置开放性问题，让学生自己寻找解决方案来实现[3]。

6. 评估学生的学习成果：教师应定期评估学生的学习成果，以确保他们达到了教学目标。这可以通过测试、作业、项目等形式进行。

通过对项目式学习中问题支架设计的策略进行研究，可以为教师提供有效的教学指导，帮助他们设计和实施问题支架，以提高学生的学习效果和解决问题的能力。同时，本研究也为进一步深入研究相关问题提供了理论基础。

参考文献

[1] 刘蔚．基于逆向设计的问题支架应用于“悦动课堂”的策略研究［J］．新课程，2020.
[2] 杨明子．基于项目式学习的高中信息技术学习支架设计与应用［D］．哈尔滨：哈尔滨师范大学，2022.
[3] 黄林．认知负荷视角下高中信息技术项目式学习支架设计与实践［D］．重庆：西南大学，2023.

基于生物学科大概念的高三一轮复习单元教学实践探索
——以“遗传的基本规律”为例

河源高级中学　郝为炎

摘要：生物大单元教学主要是指将某一主题的生物知识融合在一起的教学方式。这一教学方式具有系统性、全面性和能动性的特点。结合大单元教学的含义和特点进行分析可知，新课标下的高中生物大单元教学的有效开展不仅能够让学生系统掌握高中生物知识，还能够推动学生核心素养等综合能力的培养和发展。基于此，本文以“遗传的基本规律”复习课为例，探讨基于学科大概念指引下的大单元复习教学在高中生物一轮复习中的运用。

关键词：核心素养；高中生物；单元教学；一轮复习

学科大概念反映着学科本质，具有高度的概括性，对学科知识起着支撑和架构作用。生物大单元教学主要是指将某一主题的生物知识融合在一起的教学方式，教师设计多种教学形式和策略，从而实现预期目标和达成学科核心素养培养的目标。而基于学科大概念的大单元整体教学是促进知识结构化和功能化，将知识内化为学科核心素养的重要途径[1]。本文以“遗传的基本规律”复习课为例，探讨基于学科大概念指引下的大单元复习教学在高中生物一轮复习中的运用。

一、大单元教学内容分析

高中生物教材必修2《遗传与进化》模块围绕大概念3“遗传信息控制生物性状，并代代相传”（图1）和大概念4“生物的多样性和适应性是进化的结果”展开的[2]。

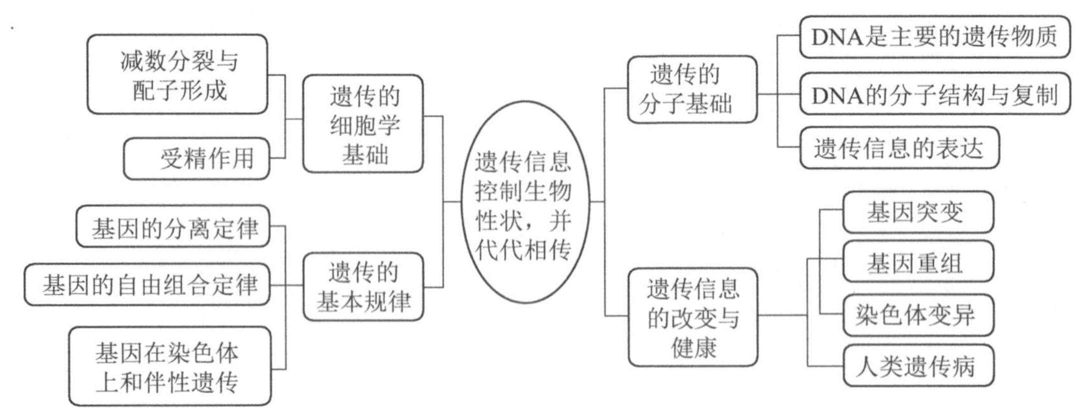

图1　大概念3统领下的知识架构

本单元将大概念3作为大单元的教学主线，依据“三级概念体系”构建课程内容框架（表1），将重要概念“有性生殖中基因的分离和重组导致双亲后代的基因组合有多种可能并可由此预测子代的遗传性状”作为一个大单元主题，以“遗传的基本规律”为具体的落脚点，对关联性较强的知识进行重组，打破传统章节界限，实现学科内相关知识的综合，建构完整的知识概念体系，形成生命观念学科核心素养。

表1　大单元“遗传的基本规律”内容及要求

大概念	概念3　遗传信息控制生物性状，并代代相传			
重要概念	3.2 有性生殖中基因的分离和重组导致双亲后代的基因组合有多种可能			
次要概念	3.2.3　阐明有性生殖中基因的分离和自由组合使得子代的基因型和表型有多种可能，并可由此预测子代的遗传性状		3.2.4　概述性染色体上的基因传递和性别相关联	
学习内容	分离定律	自由组合定律	基因在染色体上	伴性遗传

二、大单元教学目标

教学目标是教学主题的具体化，引领教学过程并指导教学方向。设计大单元复习教学目标既要结合《普通高中生物学课程标准（2017年版2020年修订）》规定的内容和学业要求以及《中国高考评价体系》（以下简称《评价体系》）的内容，更要落实高中生物学学科核心素养培养，使教学目标能够来源于课本又高于课本，才能使学生通过一轮复习后在原有基础上取得进步。因此，大概念统摄下“遗传的基本规律”大单元整体一轮复习教学目标设定如下：

（一）学生通过小组合作方式，运用建构概念图的方法，总结出以遗传规律为中心的概念网络图，深化核心概念的理解，形成生命观念核心素养；

（二）学生运用假说—演绎法对遗传规律的发现进行再认知，归纳和概括生物的一般遗传规律，并能运用此规律解决生产中的实际问题，发展科学思维核心素养；

（三）学生能够正确书写遗传图解并运用科学方法在真实情境下进行实验探究设计或验证相关结论，进一步提升科学探究能力；

（四）学生从遗传学角度关注人类健康相关议题，预测遗传疾病的发病情况，树立健康生活的理念，增强社会责任意识。

三、大单元教学实施过程

（一）创设情境，引入主题

大单元教学涵盖内容较多，因此需要划分若干课时，这时教师需要在教学第一课时前创设一个“大情境”，以串联整个单元内容，引领学生进入学习。在进行本单元教学前教师播放关于遗传学三大遗传定律的相关视频，学生结合视频了解孟德尔和摩尔根等人在遗传学上的杰出贡献，并学习有关遗传规律。

（二）单元学习活动

一轮复习时间紧、任务重，为提高复习的有效性，教师要精心设计学习任务单，把学习任务单作为复习内容的载体，推进复习进程。在大单元复习前把任务单发放给学生，课前完成基础内容的复习，在课堂上师生共同探讨重难点内容，计划利用 4 个课时完成。根据课时进行以下 4 个单元的学习活动。

活动 1：孟德尔和摩尔根杂交实验过程

任务 1　基于遗传规律核心概念进行测试与辨析

针对学生之前学习中易错的核心概念设计判断题，让学生进行判断并辨析：1. 异花传粉植物进行的是杂交，自花传粉植物进行的是自交；2. 一只黑羊和一只白羊交配生出两只羊是性状分离的结果；3. 有耳垂的双亲生出了无耳垂的子女，因此无耳垂为隐性性状；4. 兔的白毛和黑毛，狗的长毛和卷毛都是相对性状；5. 表型相同的生物，基因型不一定相同，基因型相同时表型也不一定相同。

设计意图：通过学生对判断辨析问题的回答，可以发现学生在学习中存在的问题，就可以有针对性地帮助学生走出认知误区，同时训练学生用批判性的眼光看待问题。

任务 2　基于假说——演绎法梳理豌豆杂交实验和果蝇杂交实验

回顾孟德尔两次豌豆杂交实验的内容，请学生简述实验过程并写出相关遗传图解，根据所写遗传图解，完成学习任务单中的表格（表 2）。完成表 2 后，请学生归纳遗传实验常用材料——豌豆、果蝇的特点。

表 2　基于假说——演绎法梳理豌豆杂交实验和果蝇杂交实验

探究过程	豌豆杂交实验（一）	豌豆杂交实验（二）	果蝇杂交实验
提出问题	P 高茎 ×矮茎 ↓	P 黄色圆粒 ×绿色皱粒↓	P ____（♀）×____（♂） ↓
作出假说解释问题			
演绎推理	F_1 和隐性纯合子测交，子代基因型种类及比例为____；表型种类及比例为____	F_1 和隐性纯合子测交，子代基因型种类及比例为____；表型种类及比例为____	实验 1：F_1 中红眼雌果蝇与果蝇杂交，预期结果____ 实验 2：红眼雄果蝇与实验 1 中 F_1 雌果蝇杂交，预期结果____
实验验证	实验结果与理论预期相符	实验结果与理论预期相符	实验结果与理论预期相符
得出结论	________定律	________定律	基因在________

设计意图：采用列表的方法回顾孟德尔和摩尔根的经典实验过程，梳理基础知识，重新体验科学方法——假说——演绎法的科学思想和一般步骤。

活动 2：分离定律和自由组合定律的比较与验证

任务1　分离定律和自由组合定律的比较

让学生结合摩尔根的实验发现与前面复习的“遗传的细胞学基础”单元中的有关内容，将孟德尔两大遗传定律进行比较，完成学习任务单中的表格（表3），并绘制两大遗传定律的细胞学基础图像（图2）。

表3　两大遗传定律的比较

比较项目	分离定律	自由组合定律
内容	在生物的________中，控制同一性状的遗传因子________存在，不相融合。在时，________的遗传因子发生分离，分离后的遗传因子分别进入不同的配子中，随配子遗传给后代	控制________的遗传因子的分离和组合是________的；在时，决定遗传因子彼此分离，决定的遗传因子________
发生时期	进行_____分裂形成配子时（______分裂________期）	
实质	会随____的分开而分离	同源染色体上的________彼此分离的同时，________自由组合
适用范围	进行________生殖的生物________（填“细胞核”或“细胞质”）遗传	
	由________对等位基因控制的相对性状的遗传	由________对等位基因控制的相对性状的遗传

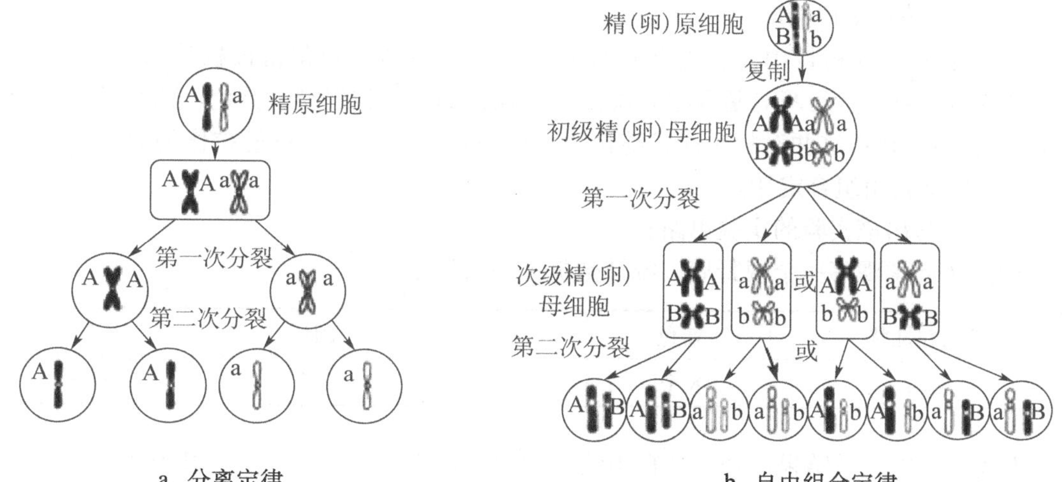

a. 分离定律　　b. 自由组合定律

图2　两大遗传定律的细胞学基础

设计意图：分离定律是自由组合定律的基础，同时两大定律又是建立在细胞学基础之上，只有将两大遗传定律和减数分裂联系在一起，学生才能真正理解其实质，这也是本单元教学的重难点，通过列表比较、绘制图像模型等方式，能更好实现重难点的突破。

任务2　分离定律和自由组合定律的验证

【例1】现有三个纯合品系①aaBBEE、②AAbbEE、③AABBee。（三对等位基因均为完全显性）

实验一：探究 A/a、B/b 这两对基因是否符合自由组合定律，写出实验思路、预期实验结果，得出结论。

实验二：探究 B/b、E/e 这两对基因是否符合自由组合定律，写出实验思路、预期实验结果，得出结论。

若实验一、二的结果均符合自由组合定律，能否据此推断 A/a、E/e 这两对等位基因的遗传也符合自由组合定律？

设置意图：通过任务 1（活动二中）的学习，学生已经明确两大遗传定律及其实质，结合孟德尔实验过程，再进行孟德尔遗传定律的验证对学生而言变得相对简单。

活动 3：伴性遗传及遗传规律的应用任务

任务 1　伴性遗传

【例 2】图 3 为某种单基因常染色体隐性遗传病的系谱图（深色代表的个体是该遗传病患者，其余为表型正常个体）。若图中第Ⅳ代的两个个体婚配生出一个患该遗传病子代的概率是 1/48，那么，得出此概率值需要的限定条件是什么？

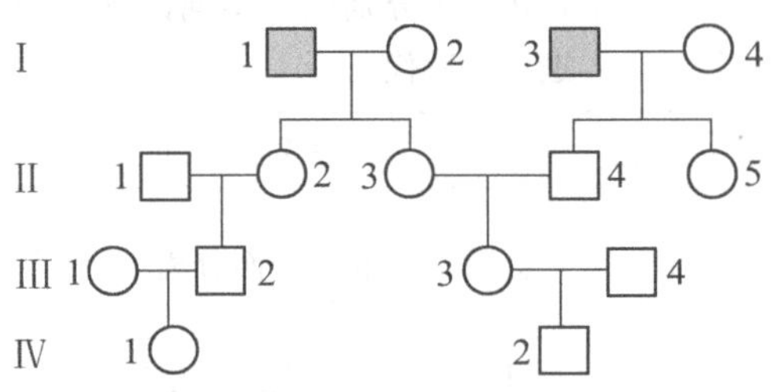

图 3　某种单基因常染色体隐性遗传病系谱图

设计意图：本题考查的是对遗传系谱图中单基因遗传病遗传方式的判断，通过设定相应条件，帮助学生深化对伴性遗传特点的理解，掌握遗传病遗传方式的判断技巧。

任务 2　遗传规律的应用

【例 3】水稻花粉粒中淀粉的非糯性和糯性、花粉圆粒和花粉长粒是两对相对性状，控制这两对相对性状的两对基因独立遗传（非糯性的花粉粒遇碘呈蓝色，糯性的花粉粒遇碘呈橙红色）。请以这两对相对性状纯合的水稻植株为材料，以花粉粒作为研究对象，设计实验，验证自由组合定律。

（1）请写出该实验的实验思路；

（2）某同学观察一个视野后，统计数据如下表所示：

花粉粒性状	蓝色	橙红色	圆形	长形
数目	8 个	11 个	7 个	12 个

上述同学的统计结果能否验证自由组合定律的正确性？________。试说明原因：________________。

（3）结果分析：当花粉粒的表现型及比例为________________时，则可验证自由组合定律是正确的。

设计意图：本题从课本取材，综合考查学生实验设计、对遗传规律的判断能力，综合性强，对思维能力要求较高。通过题目的分析过程，让学生归纳总结开展设计类实验的一般步骤，以题促学，实现教学评价一体化。

上述学习任务完成后，让学生构建出本单元的知识框架（图 4），通过建构概念内容之间的联系，形成知识脉络。

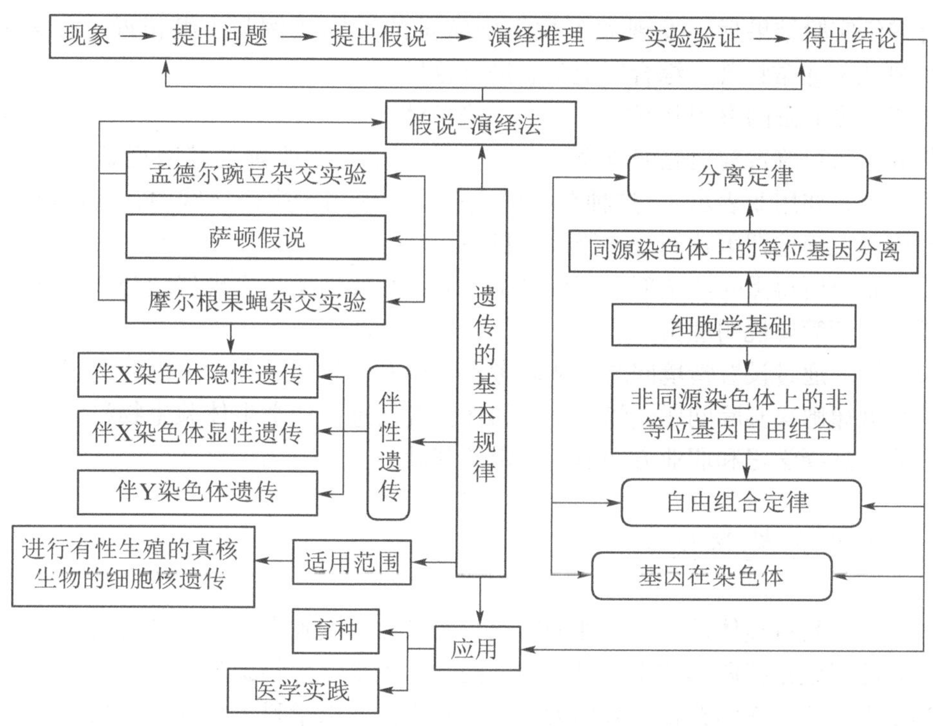

图4　单元知识框架

活动4：知识延伸——遗传实验设计

【例4】（2022年广东高考·节选）《诗经》中以“蚕月条桑”描绘了古人种桑养蚕的劳动画面，《天工开物》中“今寒家有将早雄配晚雌者，幻出嘉种”，表明我国劳动人民早已拥有利用杂交手段培育蚕种的智慧，现代生物技术应用于蚕桑的遗传育种，更为这历史悠久的产业增添了新的活力。回答下列问题：

（1）家蚕的虎斑对非虎斑、黄茧对白茧、敏感对抗软化病为显性，三对性状均受常染色体上的单基因控制且独立遗传。现有上述三对基因均杂合的亲本杂交，F1中虎斑、白茧、抗软化病的家蚕比例是________；若上述杂交亲本有8对，每只雌蚕平均产卵400枚，理论上可获得________只虎斑、白茧、抗软化病的纯合家蚕，用于留种。

（2）研究小组了解到：①雄蚕产丝量高于雌蚕；②家蚕的性别决定为ZW型；③卵壳的黑色（B）和白色（b）由常染色体上的一对基因控制；④黑壳卵经射线照射后携带B基因的染色体片段可转移到其他染色体上且能正常表达。为达到基于卵壳颜色实现持续分离雌雄，满足大规模生产对雄蚕需求的目的，该小组设计了一个诱变育种的方案。图5为方案实施流程及得到的部分结果。

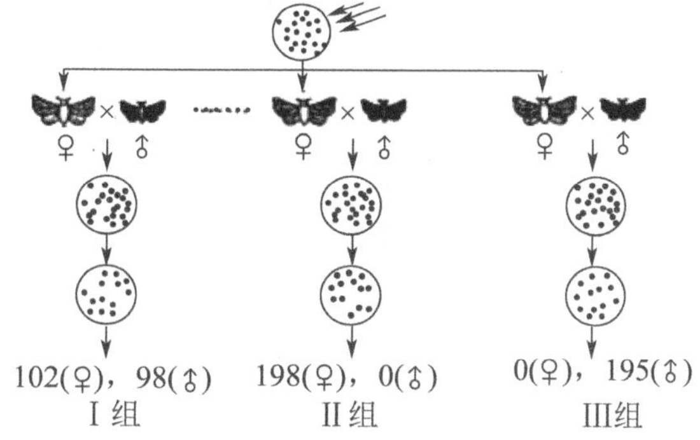

图5　诱变育种方案实施流程及部分结果

统计多组实验结果后，发现大多数组别家蚕的性别比例与Ⅰ组相近，有两组（Ⅱ、Ⅲ）的性别比例非常特殊。综合以上信息进行分析：

①Ⅰ组所得雌蚕的B基因位于________染色体上。

②将Ⅱ组所得雌蚕与白壳卵雄蚕（bb）杂交，子代中雌蚕的基因型是________（如存在基因缺失，亦用b表示）。这种杂交模式可持续应用于生产实践中，其优势是可在卵期通过卵壳颜色筛选即可达到分离雌雄的目的。

③尽管Ⅲ组所得黑壳卵全部发育成雄蚕，但其后代仍无法实现持续分离雌雄，不能满足生产需求，请简要说明理由________。

设计意图：通过设置情境问题，从高考真题出发，教师引导学生以社会工作者的身份思考用遗传规律解决实际问题，培养学生的社会责任感，让学生体验生物科学相关职业的乐趣，为高考选择学习和职业方向奠定一定的基础。

四、大单元教学反思

大单元教学具有整体性和系统性的特点，要求教师做到大视角下统筹安排教学，不让学生觉得复习课就是把所学知识再过一遍，提高学生复习生物课的积极性，同时也能提升教师教学水平。此教学实践正是采用大单元教学模式，以学科大概念为统摄，根据学生的认知基础和《评价体系》要求，精心编排教学活动，实现了学科大概念与具体概念的联系[3]。同时教师在教学过程中结合典型例题促进学生理解并内化概念，取得了良好的教学效果，进一步提升了学生的学科核心素养水平，充分体现了学科育人价值。

参考文献

[1] 崔允漷. 学科核心素养呼唤大单元教学设计［J］. 上海教育科研，2019（04）：1.

[2] 中华人民共和国教育部. 普通高中生物学课程标准：2017年版2020年修订［M］. 北京：人民教育出版社，2020.

[3] 胡有红. 大概念统摄下的高中生物学单元整体教学设计—以“免疫调节”为例［J］. 生物学教学，2022，47（10）：14－18.

基于单元学习任务的高中语文群文阅读教学分析

河源高级中学　刘珊贞

摘要：传统的高中语文教学多采用单篇精读教学，经验丰富的老师们也对单篇教学的模式驾轻就熟了。然而，根据新课标精神，新教材的课文编写不再是单篇成课，而是打破文体限制，按照人文主题和学习任务群两条线索来组织教学内容，根据主题、内容或写作手法聚合文本，倡导大概念、大任务、大单元教学。高中语文教学应该如何转变教学方式才能更好地践行新课改精神？笔者认为群文阅读教学是一个不错的尝试。

关键词：高中语文；群文阅读教学

群文阅读，简单来讲就是多篇文章共同阅读，它不是一篇篇读文章，而是一组组读文章[1]。统编教材总主编温儒敏教授提出了“1 + X”的阅读模式，也就是以一带多，通过精读一篇文章，带动学生去读同类或相关的文章，提高学生的阅读量。群文阅读教学要求教师在一堂课里面至少呈现两篇文章，多则四五篇文章，通过一个或多个议题将这几篇文章有机联系起来，引导学生采用自主、合作、探究的方式阅读学习，从而实现集体建构。

由此可见，在群文阅读过程中，学生不仅增加了阅读量，提高了阅读速度，开阔了阅读视野，而且会自发地思考多篇文章间的内在联系与区别，从而有效促进思维能力的提升和思维品质的发展，极大地提升学生的语文核心素养。因此，对高中语文群文阅读教学展开研究具有极大的现实意义。

一、高中语文群文阅读教学实施存在的难点

群文阅读教学要求教师引导学生就某议题对多篇文章展开分析、比较、讨论，最后达成共识。

从学生层面来说，群文阅读时容易出现以下问题：因缺少对单篇文章的精读细讲，学生对单篇文章阅读理解不到位，不能体会到文章所蕴含的真正意义；某些阅读基础较弱的同学甚至对单篇文章内容不熟悉，注意力难以集中，就更加谈不上对多篇文本进行辨析、展开讨论了；某些同学纠结于单篇的局部鉴赏，缺少整体聚合思维，不能跳出单篇文本去比较鉴赏多篇文本[2]。因此要开展群文阅读，一方面要求学生利用好课余时间，广泛阅读，加强阅读训练，加快阅读速度，提升阅读能力；另一方面要让学生开展前置学习，先熟悉基础文本，对文本有初步的认识和体会，能够初步探查多篇文章间的联系。

从教师层面来说，一方面，某些教师习惯了传统的单篇阅读教学模式，惯于围绕“知人论世、感知文本大意、探究文本主题、赏析文本艺术特色、联系现实探讨文本意义”这几个方面展开教学。他们认为传统的教学模式循序渐进，针对文本精读细讲，讲一篇学生懂一篇，而开展群文阅读教学时，因担心学生无法理解，所以直接把群文阅读简化为多篇

精讲。另一方面，习惯于按照传统模式教学的教师，现在要自主选择多篇文本进行群文教学，如何选择文本、如何设置议题，也成为他们最大的难点。

二、高中语文群文阅读教学实施的要点

（一）选择结构化文本进行群文阅读

供群文阅读的多篇文本是一个整体，它们不是随意选择的，而是按照一定的原则选取的。具有能够建立某种联系的多个文本，并能组合为一个整体的结构化文本，可以从以下几个角度选取合适的文本进行建构。

以单篇为基准，围绕作者、主题或文体选择与其有关联的文本[3]。如学习《逍遥游》一课时，可以为学生提供节选的其他部分，庄子的《秋水》《养生主》《马蹄》等精要篇目，一些对庄子的评价的原文重点句段，有关庄子研究的一两篇论文，后人写庄子的一篇散文。如学习《归去来兮辞》时，可以为学生提供陶渊明的自传《五柳先生传》，陶渊明诗歌选读，关于陶渊明的两篇论文《陶渊明及其诗文的生命价值和文化意义》《陶渊明诗文中特殊意象赏析》，关于陶渊明的散文随笔若干篇。通过这样的以一带多，必然能极大地拓展学生的视野，全方位地提升学生的语文能力。

以单元任务教学为着眼点，将一个单元中的若干篇目或整个单元当成一个整体进行群文阅读。新教材的单元设计本身就围绕人文主题和核心任务精选篇目，这些篇目在主题或写作特色等方面有很多的联系。例如必修上册第一单元围绕“青春诗情”选取了《沁园春·长沙》《立在地球边上放号》《红烛》《百合花》等篇目，乍看起来这些篇目作者不一、体例不一，有诗歌、小说，诗歌还分词和现代诗，但它们同属于“文学阅读与写作、中国革命传统作品研习”这一学习任务群，它们都是关于青春的表达，而且为了传达青春的激情，都呈现了意境美、语言美、修辞美。

（二）选择可讨论的议题启发学生思考

群文阅读需要在议题的引领下，通过辨识与提取、比较与整合、评价与反思，以及创意与运用等，促使学生在多文本阅读过程中关注其语言特点、意义建构、结构特征以及写作方法等，从而使阅读由原有的读懂“一篇”走向读通“一类”。因此，必须选择有讨论性的议题，激发学生的阅读兴趣，引导学生思考探究，最终达成共识，才能凸显群文阅读的独特价值。如我校某教师在教授《祝福》一课时，联系了《孔乙己》《装在套子里的人》进行群文教学，通过设置议题“挖掘社会根源，侦破案件真相”，将三篇课文很好地联系了起来。通过议题“案件陈述”，让学生用自己的话语创设案发现场情境，引导学生对小说故事情节进行梳理、概括，不仅激发了学生的兴趣，而且提升了学生的语言表达能力；通过议题“案件推理，寻找真凶”，引导学生探究社会环境对人物命运的影响，加深了其对社会、人生的理解，也提升了思维品质和审美品位。又如某教师在对《阿房宫赋》和《六国论》进行群文教学时，通过议题“两篇文章都谈到了六国灭亡的原因，他们的观点有何差异，为什么”，引导学生在对文本的比较阅读过程中，把握作品各自的主要观点，并体味文本写作的针对性，认识历史的复杂性，培养学生多元思考、全面思考的思维

品质。

单篇阅读是群文阅读的基础，群文阅读是锻炼学生思维的重要方式。教师在群文阅读教学中，一定要结合教材和学生实际，选好文本，设置好议题，通过梳理整合、拓展联系、比较异同等，促使学生在多文本阅读过程中关注其语言特点、意义建构、结构特征以及写作方法等，从而使阅读由原有的读懂“一篇”走向读通“一类”。

参考文献

[1] 庄文伟. 高中语文“群文阅读”教学刍议［J］. 中学课程辅导（教师教育），2020（19）：25－26.

[2] 倪文锦. 语文核心素养视野中的群文阅读［J］. 课程·教材·教法，2017（6）：18－23.

[3] 王玉秀. 高中语文群文阅读教学实践初探［J］. 新课程，2020（42）：32－35.

粤北山区高中体育教学中立德树人教育现状与路径探究

——以河源市为例

河源高级中学　王成国　欧武兵

摘要：立德树人是新时代中国特色社会主义教育现代化的根本要求，是素质教育的根本目的。体育教学能在立德树人教育中发挥重要作用。本研究运用文献资料法、个案法等研究方法，对河源市高中体育教学中立德树人实施现状、存在不足和发展路径等进行研究。结论认为：1. 体育教学中立德树人教育内容包括合作精神、竞争精神、规则意识、责任感、意志品质和尊重他人等6个维度。2. 学生对体育教学立德树人教育不够了解，但大多认同其必要性。3. 教师对体育教学立德树人教育的理解有待提高。4. 体育立德树人教学中存在教学能力不强、施教内容不全、施教方法不多等不足。5. 提升体育立德树人教育效果，实施路径包括提高教师施教能力、在不同环节融入教学内容、根据实际选用教学方法。同时，本研究还提出以下建议：1. 提高体育教师对体育教学立德树人教育的认识和重视。2. 采用多种浸润形式，提高学生对体育教学立德树人教育的理解。3. 着眼新时代，在体育教学中融入社会主义核心价值观等内容。

关键词：体育教学；立德树人

一、研究目的

党的十八大以来，习近平总书记多次强调立德树人，要求“落实立德树人根本任务”[1]。立德树人是新时代中国特色社会主义教育现代化的根本要求，围绕“如何培养人、培养什么人”的重大问题，以“立德”为根本，以“树人”为核心，符合人才培养规律和社会发展趋势[2]，是人民满意教育的根本要求，是实施素质教育的根本目的[3]，也是各级各类教育的共同使命与责任。体育教学作为学校教育的重要课程，不仅能够让学生强身健体，也能在承担立德树人根本任务中发挥重要作用[4]。本研究探讨高中体育教学中立德树人教育的实施现状、存在不足并提出发展路径，为提升体育教学立德树人实效，更好地培养社会主义合格建设者和可靠接班人提供参考。

二、研究方法

（一）研究对象

本研究以河源市高中学校体育教学中立德树人教育实施现状为研究对象，以河源高级中学、紫金中学、龙川一中、连平中学、和平中学、东源高级中学、埔前中学及古竹中学8所高中500名高二学生及16名体育教师为调查对象。

（二）研究方法

1. 文献资料法

以“立德树人”“体育德育”等为主题词，在中国知网进行文献检索与查阅，为研究奠定理论基础。

2. 访谈法

设计访谈提纲，以8所高中共16名体育教师为访谈对象。

3. 问卷调查法

设计学生问卷初稿，经过效度和信度检验后，采用当场发放当场回收方式，对8所高中的高二学生共发放500份问卷并全部回收，剔除无效问卷20份，得到有效问卷480份，有效回收率为96%。

4. 调查法

在2021年10月—2022年3月间，先后到8所高中进行实地调查或网络交谈，观摩和记录体育教学立德树人教育实施情况。

5. 数理统计法

通过Excel表格对数据进行统计，为研究奠定数据基础。

6. 个案法

通过笔者所授田径课程，在体育教学中实施立德树人教育，以案说理，从特殊到一般，探究体育教学立德树人教育的共性问题。

三、结果与分析

（一）概念界定

本研究中体育教学“立德树人”的内涵界定，基于以下四个参考来源。

1.《国务院办公厅关于强化学校体育 促进学生身心健康全面发展的意见》（国办发〔2016〕27号）中，将体育德育内容规定为“规则意识、合作精神、意志品质”[5]。

2.《义务教育体育与健康课程标准》（2011）中，水平四的“良好体育道德”的表征为“公平、诚实、友爱、礼貌、尊重”等[6]。

3.《普通高中体育与健康课程标准》（2017）中，对足球德育要求为“合作能力、拼搏精神、文明礼貌、遵守规则；克服困难、坚持不懈、挑战自我、竞争精神、相互尊重；勇敢顽强、坚韧不拔”[7]。

4. 硕士论文《高中体育教学中德育渗透的研究》[8]将立德树人内容概括为合作精神、竞争精神、规则意识、责任感、意志品质和尊重他人等6方面。

综上，结合河源市高中体育教学实际，本研究中“体育教学立德树人”内涵包括合作精神、竞争精神、规则意识、责任感、意志品质和尊重他人等6个维度。

（二）河源市高中学生体育立德树人教育现状

1. 学生对体育教学立德树人教育的了解

如表 1 所示，对体育教学立德树人教育“十分了解”的学生为 45 人（占比 9.4 %），“较为了解”的 74 人（占比 15.4 %），“基本了解”的 83 人（占比 17.3 %），“不了解”的 150 人（占比 31.3 %），而有 128 人表示“不知道”（占比 26.7%）。说明较多学生对立德树人教育不太了解。究其原因，可能是学生未意识到自身学习的主体地位，或是学校和体育教师立德树人教育工作做得不太到位，有待加强。

表 1　学生对体育教学立德树人教育了解情况（N,%）（N=480）

十分了解	较为了解	基本了解	不太了解	根本不知道
（45，9.4%）	（74，15.4%）	（83，17.3%）	（150，31.3%）	（128，26.7%）

2. 学生对体育教学立德树人教育的基本态度

如表 2 所示，认为体育教学进行立德树人教育是“十分必要”的学生有 155 人（占比 32.3%），认为“较有必要”的 145 人（占比 30.2%），认为“有必要”的 160 人（占比 33.3%），认为“不太必要”的 18 人（占比 3.8%），认为“没有必要”的 2 人（占比 0.4%）。可见，多数学生认同体育教学中立德树人的必要性，为实施教学奠定了较好基础。

表 2　学生对体育教学立德树人的基本态度（N,%）（N=480）

十分必要	较为必要	有必要	不太必要	没有必要
（155，32.3%）	（145，30.2%）	（160，33.3%）	（18，3.8%）	（2，0.4%）

3. 学生对体育教学立德树人教育内容的需求

如表 3 所示，学生对体育教学中立德树人教育内容需求方面，从高到低依次为意志品质、拼搏精神、合作精神、规则意识、尊重他人和责任担当。究其原因，高中生的认识较为理性成熟，能深入体会体育教学的育人价值，也了解自身品德陶冶方面的不足，希望通过体育教学加以弥补。

表 3　学生对体育教学立德树人教育内容的选择频次（N,%）（多选题）

合作精神	拼搏精神	规则意识	责任担当	意志品质	尊重他人
（195，16.5%）	（302，25.6%）	（140，11.8%）	（85，7.2%）	（355，30.1%）	（102，8.7%）

（三）高中体育教师立德树人教育教学现状

结合实地访谈和网络交流，本研究获取了高中体育教师对体育教学中立德树人教育的基本认知情况。

1. 对体育教学立德树人教育的基本认知

首先，在概念内涵方面，16 名高中体育教师中有 6 人（占比 37.5%）了解比较全面，明晰立德树人的内涵和在体育教学中落实的方法。4 人（占比 25%）基本理解，但表述不够清晰。另有6人（占比37.5%）（主要是县城教师和50岁以上教师）不太理解。说明体育教师对体育教学中立德树人教育的理解程度有待提高，尤其是县域高中教师和年长教师。

其次，在实施的必要性方面，16名高中体育教师全都认为在体育教学中进行立德树人很有必要，也认同体育教学的立德树人功能。但有12人（占比75%）表示，体育教学立德树人教育的理论和实践操作有较大偏差。由于各种原因，立德树人教育实施不够全面深入。

最后，在施教内容体系方面，16名高中体育教师均选择“竞争精神”，13人（占比81.3%）选择“合作精神”，12人（占比75%）选择“规则意识”，9人（占比56.3%）选择“意志品质”，4人（占比25%）选择“责任感”，只有2人（占比12.5%）选择“尊重他人”。这说明体育教师对体育教学立德树人的认识停留在传统认识方面，对“责任感”和对人的尊重的认识方面不太到位。究其原因，可能是体育教师长于体育专业素养，对思想道德修养、文化学习等方面关注较少，导致难以满足立德树人要求[9]。

2. 立德树人教育教学行为

（1）对立德树人教学目标的预设。由访谈得知，体育教师对“规则意识”教学目标的设定频度最高。其次为“合作精神”和“责任感”，而其余德育教学目标的设计频度都比较低。说明体育立德树人教学目标设置不充分、不完善，不能全面地引领立德树人教育教学工作的实施。

（2）对各项目立德树人功能的认知。河源市高中体育教学模块主要包括田径类（径赛：100米、400米、中长跑等；田赛：推铅球、立定跳远等）、体能类（男生引体向上、女生仰卧起坐、跳绳）、球类（篮球、足球、乒乓球、排球、羽毛球等）。通过访谈可知体育教师对各项目立德树人功能的认识情况，具体情况如表4所示。

表4 体育教师对不同模块教学立德树人功能的认知

序号	教学模块	教学内容	立德树人功能
1	田径类	100米	规则意识、意志品质、竞争精神
		400米	
		中长跑	规则意识、意志品质
		推铅球	规则意识、意志品质、竞争精神
		立定跳远	
2	体能类	引体向上	规则意识、意志品质、竞争精神
		仰卧起坐	
		跳绳	
3	球类	篮球	规则意识、意志品质、竞争精神、尊重他人
		足球	
		排球	
		羽毛球	
		乒乓球	

（3）个案：田径教学立德树人教育施教过程

以笔者承担的中长跑课程教学为例，说明立德树人教育教学过程和内容安排（表5）。

表5　中长跑课程立德树人教育教学过程

<table>
<tr><th>课程部分</th><th>教学行为</th><th>立德树人效应</th></tr>
<tr><td rowspan="3">1. 开始部分</td><td>集合整队，师生问好</td><td>规则意识、尊重他人</td></tr>
<tr><td>清点人数</td><td>规则意识</td></tr>
<tr><td>了解见习原因，安排见习生</td><td>尊重他人</td></tr>
<tr><td rowspan="2">2. 准备部分</td><td>徒手体操、动态拉伸（体委领做）</td><td>责任感、规则意识</td></tr>
<tr><td>追逐游戏</td><td>规则意识</td></tr>
<tr><td rowspan="10">3. 基本部分</td><td>用王春雨（东京奥运会女子800米决赛中第五）设置情景</td><td>文化自信</td></tr>
<tr><td>介绍中长跑的作用与意义</td><td rowspan="3">规则意识</td></tr>
<tr><td>讲解示范摆臂、抬腿和落地动作</td></tr>
<tr><td>学生徒手模仿</td></tr>
<tr><td>生生互动，相互纠错</td><td>合作精神、尊重他人</td></tr>
<tr><td>50米慢速摆臂、抬腿和落地动作</td><td>规则意识</td></tr>
<tr><td>小组慢速练习400米跑、体验动作</td><td>合作意识、规则意识</td></tr>
<tr><td>轮换等待的小组学生做拉拉队员</td><td>合作精神</td></tr>
<tr><td>分组练习1000米</td><td>合作精神、竞争意识</td></tr>
<tr><td>表扬优秀小组和每组获胜学生</td><td>合作意识、竞争精神</td></tr>
<tr><td rowspan="4">4. 结束部分</td><td>组织失利学生总结原因并鼓励</td><td rowspan="2">意志品质、责任感</td></tr>
<tr><td>体能锻炼（波比跳）</td></tr>
<tr><td>师生、生生、自我评价</td><td>合作精神、责任感</td></tr>
<tr><td>教师小结，布置课后作业</td><td>规则意识、责任感</td></tr>
</table>

（四）高中体育教学立德树人教育中存在的不足

1. 立德树人教育教学能力不够强

体育教师虽对立德树人教育有一定了解，但不够深入，没有形成完整的立德树人教育观念，对具体内容认识不全面，尤其对责任感、意志品质、尊重他人三方面的认知不足。在具体施教行为中，明显对这三方面涉及较少。

2. 立德树人教育施教内容不够全

体育教师立德树人的施教主要内容为规则意识、竞争意识，关于责任感、尊重他人等意识的培养较少。通过课堂观摩和网络交流得知，体育教师对新时代要求的社会主义核心价值观、四个自信、人的全面发展等内容的教育了解较少，说明立德树人教育内容有待优化。

3. 立德树人教育施教方法简单

教师实施立德树人教育方法比较单一，以讲授法为主，且大多是强制性要求，较少采用“很好”“加油”等鼓励性言语，创新不够，不能有效激发00后学生的兴趣，导致教学效果不佳。

（五）提升高中体育教学中立德树人教育实效的路径

1. 提高教师师德水平与立德树人施教能力

提升师德水平。只有教师德高身正，方可深刻影响学生。所以，一方面，体育教师自身要强化职业忠诚度，不断提升政治修养、道德水准和专业水平，树立优秀的体育品德[10]。另一方面，学校要经常组织学习，包括体育教师同行间的交流、跨学科课程观摩，相互学习提高。体育教师要在充分认识立德树人教育意义的基础上，向学生合理施教，做到知行合一。

提高施教能力。在新教师岗前培训、老教师在职教育中都要注重加强对教师立德树人认识和实践能力的培训。学校和体育课组要组织教师开展校本研修，提高教师结合学校实际情况开展立德树人教育的意识、积极性和能力。

2. 在不同环节中融入立德树人教育

立德树人教育应贯穿于体育教学全过程。如课程开始部分的师生问好环节可让师生间相互尊重，课堂常规能体现教师的关爱。课程准备部分可通过游戏培养学生的规则意识、合作精神等。课程进行过程中教师有更多机会和途径将立德树人教育有机渗入各个环节。课程结束部分的教师小结可提高学生的自尊和尊重他人意识，学生互评环节能培养学生的责任感和合作意识。所以，教师应重视所有环节，达到立德树人教学的最优效果。

3. 与时俱进，合理融入新时代思想政治教育

身处中国特色社会主义新时代，体育教师应与时俱进，加强政治学习，更新观念，在教学中有机融合社会主义核心价值观、中华体育文化自信、科学人生观等内容的教育，更好地培养社会主义合格建设者和可靠接班人。

4. 根据实际情况选用教学方法

（1）游戏竞赛法。教师创编新颖的体育游戏或者适当改变篮球、足球等项目的技术规则或竞赛方法，要求所有学生参与，提高教学的趣味性和立德树人教育的教学效果。

（2）榜样示范法。榜样可以是身边同学或学姐、学长，贴近生活，使学生有明确的努力方向。也可以是著名运动员（如苏炳添）或团队（中国女排），让学生在榜样的示范中接受教育、提高认识。

（3）互动法。教师尊重、关爱学生，可培养学生尊重他人的品质。学生间的互动，如照顾受伤同学，可培养责任感；指导纠正同学的错误动作，可培养合作精神。教学比赛可培养学生的合作精神、竞争意识等。

（4）“互联网＋”。教师应在“互联网＋”时代背景下，充分考虑“00后”学生心理特征，改善教学方法。如通过在线学习，了解运动员的拼搏进取、团结合作等优良品质，培养学生竞争意识、意志品质、爱国精神、家国情怀等，提高立德树人教育的实效性。

四、结论与建议

（一）结论

1. 高中体育立德树人教育教学内容包括合作精神、竞争精神、规则意识、责任感、

意志品质和尊重他人等6个维度。

2. 河源市高中学生对立德树人教育不够了解，但多数学生认同体育教学实施立德树人教育的必要性。

3. 河源市高中体育教师对体育教学中立德树人教育的理解有待提高。体育教学中立德树人教学目标设置不充分、不完善。

4. 河源市高中体育教学中存在立德树人教育教学能力不够强、立德树人施教内容不够全、立德树人施教方法不够多等不足。

5. 提升河源市高中体育教学立德树人实效的路径包括：提高教师道德水平与立德树人施教能力、在不同环节中融入教学内容以及根据实际情况选用教学方法。

（二）建议

1. 运用多种教育方法，提高体育教师对体育教学实施立德树人教育的认识水平、理解能力和重视程度，提高立德树人教育方法的运用能力。

2. 通过多种教育方式来影响学生，提高学生对体育学习中立德树人教育的理解程度。

3. 结合新时代大背景，在体育教学中融入社会主义核心价值观、四个自信等内容的教育。

参考文献

[1] 习近平．决胜全面建成小康社会 夺取新时代中国特色社会主义伟大胜利——在中国共产党第十九次全国代表大会上的报告［M］．北京：人民出版社，2017.

[2] 冯刚，史宏月．新时代立德树人的理论内涵及其价值意蕴［J］．社会主义核心价值观研究，2019，05（5）：41－49.

[3] 张志勇．立德树人是教育的根本任务：深入学习习近平总书记教育思想（三）［N］．中国教育报，2017－8－09.

[4] 严圣禾，党文婷．充分发挥体育立德树人作用［N］．光明日报，2021－12－09.

[5] 国务院办公厅关于强化学校体育 促进学生身心健康全面发展的意见［DB/OL］．http：//www. gov. cn/zhengce/content/2016/05/06/content_5070778. htm.

[6] 中华人民共和国教育部．义务教育体育与健康课程标准［S］．北京师范大学出版社，2011.

[7] 中华人民共和国教育部．普通高中体育与健康课程标准（2017年版）［M］．北京：人民体育出版社，2018.

[8] 申文艺．高中体育教学中德育渗透的研究：以临汾市乡宁县第三中学为例［D］．上海：上海体育学院，2021：15.

[9] 敦勤．高中体育教学中开展立德树人的实践与思考［J］．教育界，2021（21）：64－65.

[10] 蒋春娟．“立德树人”视角下高中体育课中的德育透视探究［J］．家长，2021（11）：14－15.

高中数学项目式单元整合教学策略研究

河源高级中学　曾垂乐

摘要：高中数学教学培养的主要方向是提升学生的数学思维，养成良好的数学思维习惯。通过扩宽数学学习的维度，扩大学习范围，学生能够适应个人自身发展，满足社会对人才的需求，同时也是学生能力提升、品格培养的重要方法。通过高中数学项目式单元整合教学策略研究，提高不同学生数据分析能力、数学运算能力、逻辑推理能力、数学抽象学习能力等。本文将以高中数学人教版教材为例，对高中数学项目式单元整合教学策略进行研究，并且针对高中学生在数学学习领域的难点和痛点提出具体方法与策略，希望对学生日后学习有所帮助。

关键词：高中数学；项目式教学；单元整合；基本策略；研究探讨；提升对策

高中数学项目式单元整合教学作为一种创新的教学方式，结合了基础教育课程和普通高中课程修订工作的改革，通过分层教学的实施，将传统的教学进行创新，形成良性的循环体系，以改善课堂的学习氛围，调整学习方法，让不同阶段的学生都能有所收获。精细化教学各个环节，充分完善课程标准。育人教育不能急于求成，需要分阶段、跨学科、分细则制定要求。按照高考新课改的要求，结合多年的教学经验与数学教学中的难点，针对高中数学大纲，笔者进行了深入的分析和总结，现综述如下：

一、高中数学项目式单元整合教学策略研究的概述

高中数学项目式单元整合教学是以培养学生的“关键能力”为教学的最终目标而发展起来的，它是一种能力本位教学法，是通过师生共同实施一个相对独立完整的项目而开展教学活动的一种教学方法[1]。结合目前高中数学教学实际，对学生进行全面评估，结合学生的基本情况以及学生对知识掌握情况，进行针对性的项目式教学。在教学的过程中，根据学生学习的不同阶段因材施教。高中数学项目式单元整合教学策略研究的最终目的是减轻学生压力，提高学生学习效率，帮助学生达到数学学习的预期效果。通过遵循一定的阶梯性学习规律，尽量减少学生之间的差距，结合老师对教学任务的评判以及对学生评判存在的问题，进行科学地教学，将学生的学习内容进行整合，在项目化的教学方式下更好地提高学生的学习兴趣，提高学生的数学学习能力，最终提升学生的数学综合素养。

二、提升高中数学项目式单元整合教学能力的策略

（一）借助工具对数学问题进行渗透和解答

面对枯涩难懂的数学问题，教师如果能借助各类实用的教学模型及实物，就可以使原

本抽象的知识活灵活现、生动形象地在课堂上展现。在高中数学项目式单元整合教学过程中，教师可以根据学生接受能力的高低，选择不同的模具[2]，更好地发挥项目化整体教学的优势，充分地利用现有的教学材料，进行整体化的数学知识教学和总结，更好地实现高中数学的教学目标。

例如，当讲到“离心率”这一抽象的概念时，教师应充分利用数学教具，比如计算器、数位表等，让学生在具体的操作实践中学习和感受，对于接受能力强的学生，教师可以引导其选择数位表等可以提升分析能力的教具进行学习。对于接受能力相对较弱的学生，教师可以选择计算器这种比较实用的工具进行教学。教学的目的是以开发引导学生进行数学项目式单元整合教学策略研究为主，对于基础偏弱的学生，以让学生掌握必要的知识点，可以灵活应用为主。教师运用不同的教学模式，拓宽学生的眼界。高中数学项目式单元整合教学模式，以不同的形式寓教于乐，激发学生不断总结知识。通过实践学习带来收获，提炼数学课本上的核心知识点。

（二）扩宽数学教学的维度并融入项目化教学课堂

高中数学教学的维度需要教师在课堂教学中潜移默化的融入与拓展，以更好地帮助开展数学教学工作，全面提升高中数学教学的质量。“润物细无声”是最高的教学境界[2]。教师通过课堂有限的教学时间，将高中教学的维度进行扩展，不仅包括对学生的划分，还包括对教材知识难易程度的扩展。将分层后的知识点自然而然地融入教学中，让学生不仅仅局限于数学理论知识的学习，更让其对数学充满好奇与探索欲。我校高中数学的教学维度是进行项目式整合教学最关键的一个步骤，因为每一个项目里教学在单元整合的过程中都有其重点，结合每一个单元的重点内容和关键信息进行梳理式的教学，可以对知识进行更科学的归纳总结，让学生在学习的过程中有更加统一的认识，尤其是相似的知识点，可以进行区分和记忆。

例如，鼓励有天赋的学生大胆探索一些难度较大的数学问题，对于理解能力稍弱的学生，将一些逻辑性比较强、难度比较大的题进行分层次、分步骤讲解，有经验的老师会将它转换成通俗易懂的，或者是简单的知识点进行深入讲解。将抽象的数学符号和数学公式与实践相联系，让高层次的理论知识转化成我们容易接受和理解的生活常识，支持落地式学习，坚决杜绝空中楼阁，让不同学生在项目式的学习中更加轻松有条理、更加清晰有逻辑、更加顺畅。让学生在项目式整体化的学习过程中，真正地接受学习，并在基础学习的层次上有不同程度的提升，通过对基础问题的反复总结和对深度问题的思考，总结出更多的数学学习方法，让抽象的数学知识点在学习和记忆上有更多的突破。

（三）注意项目化教学过程中的阶梯性

高中数学项目式单元整合教学，遵循阶梯性原则，将所学知识进行阶梯性划分，是项目化整体教学效果有效提升的重要步骤[1]。不同学生的理解能力和接受能力不同，在自己能力范围内去学习理论知识，学生才能得心应手。阶梯性的学习，可以有效避免一些学生因为理论知识教授的跨度太大而影响自己的学习进度，导致产生厌烦情绪，降低学习的积极性，进而影响老师的教学效果。

例如，在学习各类函数以及应用时，对于基础偏弱的学生，应要求其掌握幂函数的基本知识；对于中等水平的学生，应要求其在掌握基本知识点的基础上，可以灵活地运用，发掘出更多的解题技巧。对于学有余力的学生，可以进行知识面的深层次拓展。通过这种阶梯性教学，帮助每一位学生在自己的基础上纵向提升。高中数学项目式单元整合教学，就是基于不同学习阶段的学生以及阶梯性的教学目标，以单元为出发点进行知识的梳理以及整合的过程。

（四）给予不同学生进行区分式的项目化教学

教学目标分层化管理是高中数学项目式单元整合教学的关键环节[1]。任何整体式单元整合教学工作的开展，都需要通过一个个小的教学目标分层次逐步实现。学生综合素质包括上课效率以及学习效率的提升，是教学目标实现的重要体现。项目化整体教学，基于每一个单元的教学目标进行知识的梳理，形成一定的知识框架和知识结构图，帮助学生树立整体化的学习目标和方法，可以实现学生的分层教学以及项目化单元的教学目标，让整个教学过程层次更加清晰，条理更加清楚。

例如，在进行几何图形的教学这一课时，根据学生综合素质的差异，我们分别结合学生层次以及教学目标实行区分式的项目化教学。将班级内的学生分为 A 级、B 级和 C 级三个等级。A 级学生对于数学核心知识点的掌握比较熟练，立体感比较强烈，对知识点的运用能力较强，可以灵活地解决各类题型，而且 A 级学生的知识面以及运算能力都较强。B 级学生对数学新知识点的掌握程度为中等，对教学内容基本上能够全部理解，但是不能灵活地运用。C 级学生对数学知识的掌握程度较低，学习数学有很大困难，而且学习兴趣不高，对几何图形的空间模式感更是毫无概念，无法利用公式来计算相关题目。对于 A 级学生，除了要教授课本里要掌握的知识点，还要分层次扩展课本之外的知识，通过对知识的拓展和延伸，提高学生的数学能力。对于 B 级学生，通过分组教学，一方面提升学生的立体感，另一方面分层次、分阶段教会学生解题方法。整个教学过程中，学生需要团结配合，分中有合、合中有序，以保证教学成果。

总而言之，通过改进相关教学策略，高中阶段的数学课程无论是在教学方法还是在教学形式上，都有很多新的突破和改变，以便更好地完成高中阶段的数学方法渗透以及数学技能传输，包括培养学生的数学思维。教师把握好的教学方法，可以有效地减少学生的学习压力，更好地帮助学生在有限的时间内高效学习和提升学习能力，从而顺利完成高中阶段数学学习以及实现数学综合能力全面发展。

参考文献

［1］刘权华．高中数学单元教学设计存在的问题及对策［J］．教学与管理，2019（4）：55－57.

［2］包悦玲，赵思林，汪洋．高中数学单元教学研究综述［J］．内江师范学院学报，2020，35（10）：18－22.

学科大概念统领下的高中地理项目式学习教学实践

——以“正午太阳高度的变化”为例

河源高级中学　陈璐

摘要：新课程以学科大概念为核心，提倡基于真实问题开展项目式教学，以促进学科核心素养的落实。本文以人教版选择性必修1中的“正午太阳高度的变化”为例，尝试从“厘清概念层级结构，提炼大概念”和“制定项目式学习目标，设计学习任务”两方面展开项目式学习教学设计，以“观察与调查—提出问题—建立知识联系—设计与实施探究—发展解释和设计方案—修订与完善”为步骤，探讨项目式学习探究活动的实施方法，使学生能对地理问题有全面认识和综合思考，促进大概念的形成。

关键词：大概念；项目式学习；正午太阳高度

一、学科大概念统领下的高中地理项目式学习的内涵与价值

大概念是指反映专家思维方式的概念、观念或论题，它具有生活价值。[1]学科大概念，是指反映学科本质及其特殊性的、构成学科框架的概念，是学科知识的精华所在，是最有价值的知识，是最能转化为素养的知识。[2]《普通高中地理课程标准（2017年版2020年修订）》在学科课程标准的修订中明确提出，“进一步精选了学科内容，重视以学科大概念为核心，使课程内容结构化，以主题为引领，使课程内容情境化，促进学科核心素养的落实”，在教学与评价建议中提倡教师开展基于真实问题的项目式、主题式、单元式等教学。“项目式学习”是指基于课程标准，以小组合作方式对真实问题进行探究，从而获得学科知识的核心概念和原理，发展创新意识和一定学科能力的教学活动。[3]

在地理学科中，由大概念统领地理项目式学习，以活动体验为学习载体，以解决问题为学习路径，实现赋予意义的地理认知过程，让教师和学生“像地理学家那样思考问题”，可成为促成地理学科核心素养落地的一种有效方式。以大概念作为项目式学习设计的起点与终点，贯穿问题解决的学理主线与进阶过程，遴选核心问题与关键任务，可改变任务探究过程中“只见树木不见森林”的碎片化学习状况，避免陷入面面俱到的琐碎与顾此失彼的矛盾中，从而聚力达成项目既定的素养目标。[4]下面，本文将以人教版选择性必修1中的“正午太阳高度的变化”为例，探索学科大概念统领下的高中地理项目式学习教学设计路径与实施方法。

二、“正午太阳高度的变化”项目式学习教学设计与实施

福建省厦门市教育科学研究院的陈诗吉老师提出，地理项目式学习的教学设计路径是制定目标（问题）—设计任务—探究活动—评价反思。在学科大概念的统领下，上述路径

背后还有“确定大概念—分解大概念—形成大概念—完善大概念”的暗线。本文从方便设计和教学实施的角度出发，尝试从“厘清概念层级结构，提炼大概念”和“制定项目式学习目标，设计学习任务”两方面展开项目式学习教学设计，以“观察与调查—提出问题—建立知识联系—设计与实施探究—发展解释和设计方案—修订与完善”为步骤探讨项目式学习探究活动的实施方法。

（一）厘清概念层级结构，提炼大概念

大概念是一个相对概念，其大小的相对性体现在其统摄的内容范畴上。若统摄的内容范畴依次是地理学、中学地理课程、某单元、一课时，则大概念依次为地理学大概念、中学地理课程大概念、单元大概念、课时大概念。[5]“正午太阳高度的变化”是地球运动产生的地理现象，正午太阳高度的变化又引起了太阳辐射在地球表面的时空分布差异，从而对人类活动产生深刻的影响。结合这一学习内容蕴含的学科本质与学科思维，在厘清相关概念层级结构（图1）基础上，本文将“地球运动影响人类活动”作为单元（项目）大概念。

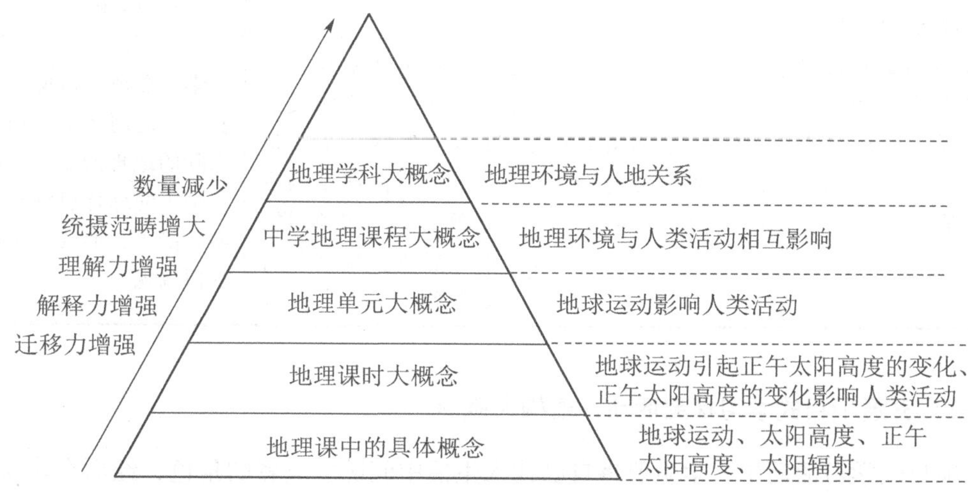

图1　项目相关的多层级结构的概念体系

（二）制定项目式学习目标，设计学习任务

大概念往往比较抽象，学生难以理解，因此，在教学中需要在大概念的统领下，制定项目式学习目标，设计学习任务，让学生在解决任务的过程中获得学科知识的核心概念、原理，发展能力，从而理解项目所蕴含的大概念。“正午太阳高度的变化”对应的课标是“结合实例，说明地球运动的地理意义”，要求学生能总结地球运动产生的自然现象，如正午太阳高度的变化规律，还要能感悟身边的现象，运用规律解决实际生活问题。结合以上分析，制定项目式学习目标和学习任务，如表1所示：

表1 “正午太阳高度的变化”项目目标和学习任务

项目目标	学习任务	具体要求	设计意图
1. 能够用观察、测量、实验等方法认识地理现象和规律，发现问题，并能够与他人合作设计地理实践活动方案。（地理实践力） 2. 能够从空间和实践综合的角度分析正午太阳高度的变化及其对不同区域人类活动的影响。（综合思维、区域认知） 3. 能够辩证看待自然环境对人类活动的各种影响，能理解自然环境是人类生存、发展的基础。（人地协调观）	任务1：观测正午太阳高度	观察某日学校所在地太阳高度、正午太阳高度、一天中不同时间物体影长，测量正午时物体影长，计算正午太阳高度角	通过实地观测，调动学生直观感知，更好地理解正午太阳高度的概念及内涵
	任务2：实验探究正午太阳高度的变化规律	制作地球运动模型，通过实验模拟地球运动，记录某地标志杆影长年变化情况，并绘制示意图，总结某地正午太阳高度年变化规律	通过制作地球运动模型，将现实抽象的地球运动转化为模拟的地理教具动态演示，可帮助学生理解不同视角下地球运动的特点以及正午太阳高度变化的原因和规律
	任务3：运用正午太阳高度的变化规律，解决生活相关问题	观察生活中与正午太阳高度变化相关的现象，发现问题，运用正午太阳高度的变化规律，分析问题，提出能改善生活的行动方案	学生在现实情境中探寻真知，运用所学知识解决实际的地理问题，同时培养学生的综合思维和地理实践能力，形成正确的人地协调观

（三）开展项目式学习探究活动，建构大概念

在项目式学习活动中，学生要将自己代入生活中问题解决者的角色，经历在真实世界中的观察与调查、提出问题、建立知识联系、设计与实施探究、发展解释和设计方案等步骤，并对成果进行修订与完善（表2）。在探究活动的过程中，教师引导学生运用地理的思维方式，建立与项目相关的知识结构，使学生达成对地理问题的全面认识，训练其综合思维，促进大概念的形成。

表2 “正午太阳高度的变化”项目式学习探究活动

探究实践活动	实施过程
观察与调查	1. 选择有阳光的一天，观察不同时间（正午、下午）太阳高度及影长，拍摄有阳光和物体影长的实景图，画出正午太阳高度示意图 2. 选择有阳光的正午，测量物体影长，计算正午太阳高度角 3. 观察生活中与正午太阳高度相关的现象（正午前后太阳光线从教学楼南面的窗户照射到室内，影响教室投影仪的观看效果），小组同学交流观察结果

续表

探究实践活动	实施过程
提出问题	1. 一年中什么日期的正午太阳光对教室投影仪观看效果影响最大？ 2. 其他地区（比如北京）的教学楼是否也有同样的问题？
建立知识联系	探究正午太阳高度的时空变化规律
设计与实施探究	1. 根据前面所学地球运动的特点相关知识，学生小组合作，制作地球运动模型 2. 通过实验模拟地球运动，准确记录学校所在地标志杆在二分二至日正午时的影长，并记录从春分日到夏至日、从夏至日到秋分日、从秋分日到冬至日、从冬至日到次年春分日时，正午时分标志杆影长的变化 3. 通过影长的变化总结标志杆所在地正午太阳高度年变化规律，并绘制示意图表示 4. 改变标志杆的位置，重复以上实验步骤，对比不同地区正午太阳高度年变化规律 5. 总结正午太阳高度的时空变化规律及产生的原因
发展解释和设计方案	发展解释：学校所在地（23°43′N，114°43′E）在一年中冬至日正午太阳高度角最小，太阳光照射进教室的面积大，对投影观看效果影响较大 设计解决方案： 1. 为达到遮阳和采光的效果，学生提出安装可伸缩式遮阳棚 2. 为了全年正午都能有较好的遮阳效果，同时要经济实惠，需要考虑定制最适合的遮阳棚宽度。结合正午太阳高度的变化规律可知，如在冬至日时，遮阳棚的宽度能够遮挡太阳光，便可实现全年遮挡阳光的目的 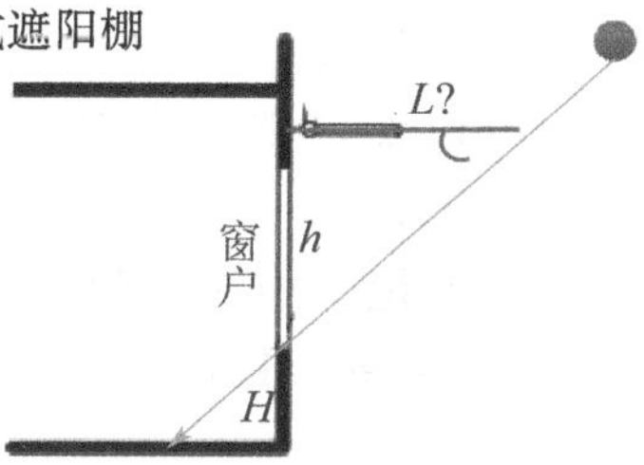 3. 通过绘制学校冬至日正午太阳照进教室的示意图，测量窗户的高度，可知遮阳棚的宽度等于窗户高度比冬至日正午太阳高度的正切值，用公式表示为 $L = h/\tan H$，L 为遮阳棚的宽度，h 为窗户高度，H 为冬至日正午太阳高度，计算出的结果为 1.84 米 图 2　学校冬至日正午太阳照进教室示意图 4. 其他地区的教学楼是否存在同样的问题，要考虑当地正午太阳高度的变化。以北京地区的学校为例，北京冬至日的正午太阳高度角比河源冬至日的正午太阳高度角小，如果要定制遮阳棚，宽度应该比河源地区的宽
成果修订与完善	1. 小组提出定制合适的教室遮阳棚的行动方案 2. 针对行动方案中只考虑了一年中正午的遮阳进行进一步的完善

三、总结与反思

学科大概念统领下的高中地理项目式学习促进了学生的成长，让学生不仅充分理解了地理知识的内在关联，提升了其观察思考、实验探究、解决问题的能力，而且大大激发了他们学习地理的兴趣。同时，项目式学习能够让学生实现深度学习，让学习真实发生，为学生未来发展赋能。项目式学习也促进了教师的发展，改变了教师的身份，教师从知识的传授者变成了学习的促成者，师生关系也有了明显改善，二者和谐相处，双向成长，“教学相长”的教学生态正在形成。

与此同时，学科大概念统领下的项目式学习在教学实践中也遇到一些困惑，比如：新课程和现行教材中都没有直接给定学科大概念，怎样更科学地确定项目所蕴含的大概念？如何以大概念为具体指引，构建合适的项目评价方式，对项目作品进行反思和完善？如何有效监督和控制学生的个体活动，提高反馈效率？这些问题还有待我们在后续的教学实践和研究中解决。

参考文献

[1] 刘徽．大概念教学：素养导向的单元整体设计［M］．北京：教育科学出版社，2022：5.

[2] 中华人民共和国教育部．普通高中课程方案（2017 年版）［M］．北京：人民教育出版社，2018：4.

[3] 胡红杏．项目式学习：培养学生核心素养的课堂教学活动［J］．兰州大学学报（社会科学版）．2017，45（6）.

[4] 陈诗吉．学科大概念统领下的地理项目式学习设计策略［J］．福建教育，2021（10）.

[5] 李春艳．中学地理“大概念”下的单元教学设计［J］．课程·教材·教法，2020，（9）：96－101.

高中化学“沉淀溶解平衡”的项目式教学

——以“模拟草酸钙结石的形成”为例

广州大学附属东江中学　刘杰

摘要：以“模拟草酸钙结石的形成过程及预防措施”为主题，开展高中化学“沉淀溶解平衡及应用”的教学，学生通过完成“关于河源市肾结石病高发成因的调查活动”“模拟肾结石的形成过程及预防措施”“设计电镀废水处理方案”“生活污水处理工艺的实践活动”四个项目化任务，理解“沉淀的溶解平衡”“沉淀的溶解、生成与转化”。教学中培养学生的文献检索能力、实验探究能力以及综合实践能力，助其形成健康生活与科学用水的生活习惯。

关键词：项目式教学；肾结石；沉淀溶解平衡

一、项目主题分析

现有研究表明，项目式学习能提高学生联系生活、解决问题的能力，提高学生的信息素养，增长学习经验，也能促进学生化学学科核心素养的发展[1]。与传统教学相比，项目式学习的课堂气氛更融洽，可以有效提升课堂效率。在高中化学反应原理体系中，“沉淀溶解平衡”包含了沉淀的溶解平衡、沉淀溶解平衡的应用（沉淀的溶解、生成及转化等）等内容，该内容的学习可帮助学生从微观上认识固相与液相的相互转化过程，有助于学生发展“宏观辨识与微观探析”“变化观念与平衡思想”及“证据推理与模型认知”等化学核心素养[1]。

二、项目教学目标

（一）素养目标

学生通过调查河源市肾结石病高发成因、模拟草酸钙结石的形成过程、设计实验去除电镀废水中铜离子与亚铁离子、参观生活污水处理工艺及制作“科学用水与健康生活”手抄报等项目式任务，发展宏观辨识与微观探析、证据推理与模型认知、科学探究与创新意识的核心素养；学生通过参观污水处理厂，了解硬水软化及工业废水处理工艺的社会价值，形成一定的科学态度与社会担当。

（二）评价目标

通过本次项目式任务，教师可以评价学生对沉淀溶解平衡必备知识的掌握能力、是否具备学以致用的关键能力、是否认识到沉淀溶解平衡对人类生产生活的意义，体现高中化学核心价值。

三、项目任务及教学流程

表1　项目任务及教学流程

项目任务	学生活动	教师支持	设计意图
任务一：关于肾结石病的调查活动	调查内容： 1. 河源市肾结石病易发病地区 2. 肾结石的化学组成、形成原因、形成过程 3. 肾结石患者的生活习惯（饮水量、憋尿习惯，喝茶、喝草药等）、临床症状、治疗方案 4. 如何避免患肾结石病	通过微信群发布项目任务与相关资料，为学生提供知识与技术支持，帮助学生解答相关疑点	培养学生利用网络搜集信息、现场调查走访、知识归纳总结的能力
任务二：模拟水溶液中草酸钙结石的形成过程	学生自主学习《沉淀溶解平衡》内容，查阅草酸钙的溶度积常数，分别配制 2.0×10^{-2} 与 2.0×10^{-5} 的草酸钠溶液、2.0×10^{-2} 与 2.0×10^{-5} 的氯化钙溶液，编号分别为 A、B、C、D，取等量的 A、C 溶液混合，观察现象，取等量的 B、D 溶液混合，观察现象	教师提供草酸钠与氯化钙固体（分析纯）、纯净水、滴瓶、1 L 容量瓶等实验药品及仪器	学生通过阅读教材，理解溶度积的概念、沉淀生成的条件，发展学生宏观辨识与微观探析、科学探究与创新意识的核心素养
任务三：模拟化学工艺去除废水中的 Cu^{2+}	1. 学生根据铜盐的溶度积与常见的化学试剂价格，选择经济、环保的实验方案 2. 学生根据实验方案去除 Cu^{2+}	1. 教师提供铜盐的溶度积常数及常见化学试剂的价格 2. 教师根据学生的方案提供化学试剂	学生通过设计实验方案去除溶液中的 Cu^{2+}，并进行实验活动，促使学生理解沉淀转化具备的条件，发展学生科学探究与创新意识的核心素养
任务四：污水处理厂综合实践活动	学生前往河源市市区城南污水处理厂开展社会实践活动，制作“科学用水与健康生活”手抄报	教师协调河源市市区城南污水处理厂，负责相关事项的沟通	学生通过对污水处理厂格栅、初次沉淀池、二次沉淀池、生化池、出水口工艺流程的学习实践，形成“科学用水与健康生活”的生活理念

四、项目实施过程及学生学习成果

（一）关于肾结石病的调查活动

广州大学附属东江中学高二（18）班、高二（19）班部分学生在查阅肾结石相关资料的基础上，调查了河源市肾结石病的易发病地区，形成了16份调查报告，如图1所示。调查结果表明，肾结石高发病因与个人的生活习惯（如喝水少喝茶多）、水质（钙离子浓度较高）、家族身体特质有关。预防患肾结石的措施包括合理膳食、多喝水、多排尿、多运动等。

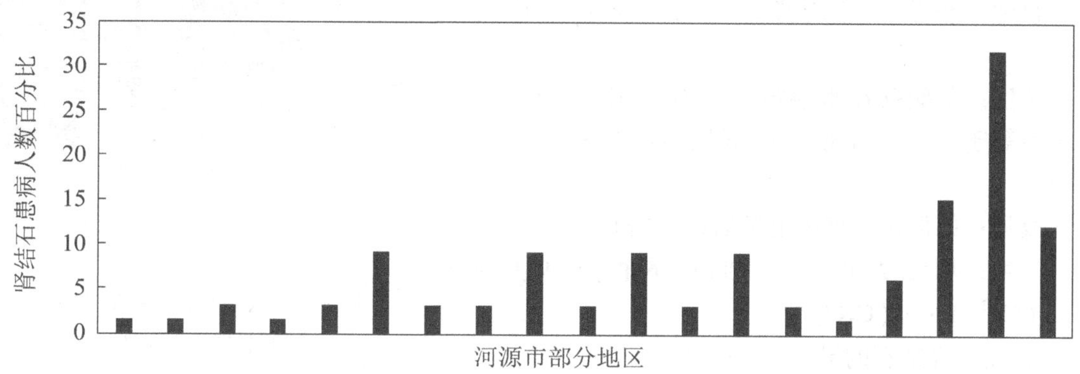

图1　部分学生关于河源市肾结石病高发的调查活动

（二）模拟水溶液中草酸钙结石的形成过程

1. 创设问题情境

教师：引入高二（19）班某组同学的调查数据表、高中生物教材中肾脏的结构与尿路结石形成图片（如图2所示），学生阅读课本后思考：草酸钙结石是如何在肾脏中形成的？在什么情况下不会形成草酸钙结石？

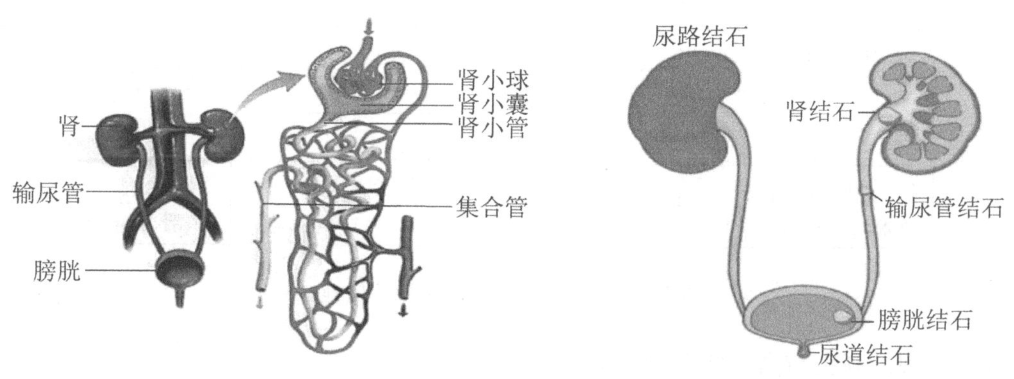

图2　人体肾脏结构及尿路结石形成示意图

学生：若肾脏或者尿路中形成草酸钙结石，原因可能是肾脏周围尿液中草酸根、钙离子浓度过高，导致形成草酸钙固体；若肾脏周围尿液中草酸根、钙离子浓度都很低，可能不会形成草酸钙结石。

2. 模拟草酸钙的形成过程

取四支试管，编号分别为1、2、3、4，往试管1中滴加2 mL 0.2 mol/L的$Na_2C_2O_4$溶液与2 mL 0.2 mol/L $CaCl_2$溶液，取试管1中的少量悬浊液于试管2中，加入足量蒸馏水，悬浊液变澄清，说明草酸钙有一定的溶解度（如图3所示）。

教师：产生沉淀的试管1中是否存在钙离子？如何通过实验进行验证？

学生：产生沉淀的试管1中存在钙离子，实验方案为取少量试管1的上清液于试管2

中，逐滴加入0.2 mol/L 的草酸钠溶液，试管 2 中产生白色沉淀。

图 3　模拟草酸钙结石形成的项目式实验活动

教师：根据上述现象，得到的实验结论是什么？

学生：草酸钙在水溶液中具有一定的溶解度，难溶不等于不溶，在难溶电解质溶液中存在溶解平衡。

教师：如何表达难溶电解质的溶解程度？

学生：用溶度积表示，例如，Ksp（CaC_2O_4）= c（Ca^{2+}）·c（$C_2O_4^{2-}$）

3. 预防肾结石的措施

教师：根据溶度积与浓度商的大小关系，结合沉淀的溶解平衡原理与生物知识，如何预防肾结石？

学生：多运动，多喝水。

教师总结草酸钙结石的成因及预防措施（如图 4 所示）。

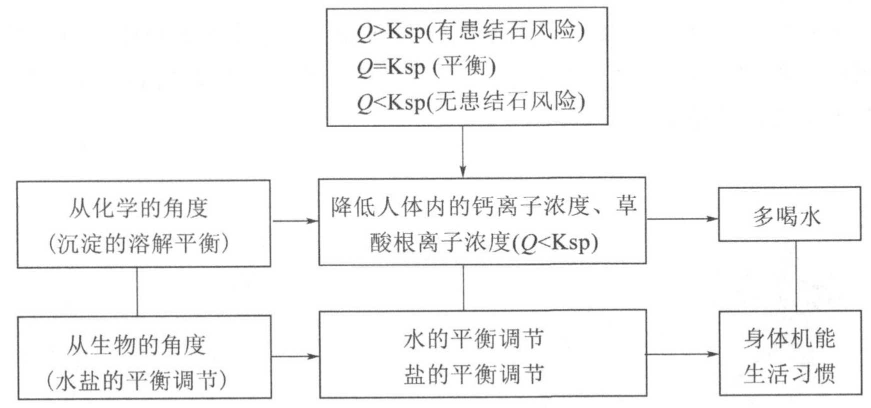

图 4　草酸钙结石的成因及预防措施

学生查阅的高钙与高草酸食物（如图 5 所示）：

a. 高钙食物　　b. 高草酸食物

图 5　高钙与高草酸食物

（三）模拟化学工艺去除废水中的 Cu^{2+}

1. 创设问题情境

结石病与水质有一定的关系，饮用水中如果 Ca^{2+}、Mg^{2+} 含量过高，结石病的发病率也会明显提高。某电镀厂所在的 A 村很多村民得了结石病，村民认为是该电镀厂排放的电镀废水造成的，环保部门接到村民投诉后，对电镀厂电镀废水进行检测，发现废水未达到排放标准，因此责令电镀厂停业整顿。

2. 寻找合适的化学试剂，将电镀废水处理成达标水

经过检测，电镀废水的 pH = 1，$c(Cu^{2+}) = 0.05$ mol/L，为实现电镀废水呈中性、$c(Cu^{2+}) = 0.05$ mol/L，常见的碱性物质价格如下表：

表 2　常见碱性物质价格表

物质	价格
NaOH	2500 元/千克
$Ca(OH)_2$	600 元/千克
液氨	5000 元/千克
碳酸钠	1500 元/千克

学生小组讨论，并通过计算判断：常温下，当电镀废水加碱至中性时，$c(Cu^{2+})$ 是否达到排放标准（25℃时，$K_{sp}[Cu(OH)_2]=2.2\times10^{-20}$）？

【任务一】寻找其他化学试剂除去铜离子。

学生查阅在常温常压下 Ag_2S、CuS、ZnS、PbS、FeS、HgS 的溶度积常数，通过比较分析，用 S^{2-} 沉淀 Cu^{2+} 效果更佳。常见硫化物的价格如下表：

表 3　常见硫化物价格表

常见硫化物	价格
Na_2S	1000 元/千克
PbS	2000 元/千克
HgS	2480 元/千克
Ag_2S	30000 元/千克
ZnS	1680 元/千克
FeS	0.8 元/千克

结合硫化物成本与相关理论进行计算，用 FeS 去除电镀废水中的 Cu^{2+}。

【任务二】分组实验：验证用 FeS 沉淀 Cu^{2+} 的可行性。

通过计算，学生验证用 FeS 沉淀 Cu^{2+} 的可行性，并进行实验活动。

实验原理：$FeS(s) + Cu^{2+}(aq) \rightleftharpoons CuS(s) + Fe^{2+}(aq)$

实验用品：硫化亚铁、0.05 mol/L 的 $CuSO_4$ 溶液、0.1mol/L $K_3[Fe(CN)_6]$ 溶液、

量筒、纸槽、药匙、试管、试管架、一次性注射器、一次性过滤器。

实验步骤：用量筒量取 5 mL 0.05mol/L 的 $CuSO_4$ 溶液倒入试管①，作空白对照；取 1.5 克（约半勺）FeS 粉末移入试管②，再用量筒量取 5mL 0.05 mol/L 的 $CuSO_4$ 溶液倒入试管②，充分振荡后静置；连接注射器与过滤器，拔出注射器活塞，将试管②上层悬浊液倒入注射器中，轻推活塞，将滤液装入试管③；将试管①与试管③进行对比，观察溶液颜色变化；继续往试管③中滴加 2～3 滴 0.1 mol/L K_3［Fe（$CN)_6$］溶液，观察并记录实验现象。

实验现象：溶液从蓝色变成浅绿色；滴加 K_3［Fe（$CN)_6$］后，有蓝色沉淀生成。

实验结论：硫化亚铁可以使铜离子转化成硫化铜。

【任务三】探究如何除去 Fe^{2+}

小组讨论，计算：25℃，pH＝7 时，$c(Fe^{2+})$ 和 $c(Fe^{3+})$ 是多少，并思考如何更好地除去 Fe^{2+}。

学生：由计算结果可知，将 Fe^{2+} 转化为 Fe^{3+} 更容易除去。

从原料价格、引入杂质、反应速率三个方面选择合适的氧化剂，将 Fe^{2+} 氧化为 Fe^{3+}。

总结处理电镀废水的完整工艺方案，如图 6 所示。

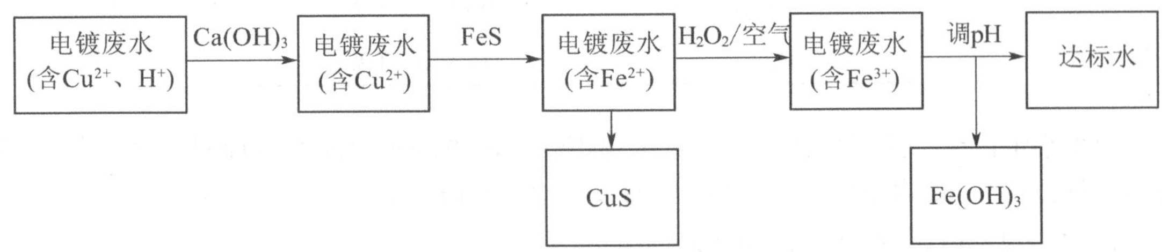

图 6 电镀废水处理工艺流程

（四）污水处理厂综合实践活动及部分学生作品

为促使学生深入了解水处理的意义和价值，广州大学附属东江中学与河源高级中学部分学生在河源市市区城南污水处理厂罗小勇主任的讲解下，了解生活污水处理工艺流程，依次参观生化池、二沉池、湿地公园及出水口（图 7）。

图 7 学生参观河源市市区城南污水处理厂

学生参观完毕后，分组制作了“科学用水与健康生活”手抄报，部分作品如图8。

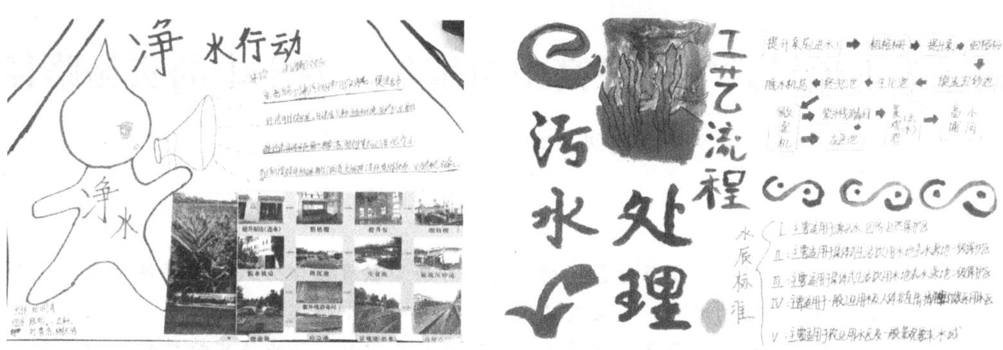

图8　部分“科学用水与健康生活”手抄报

五、项目式教学反思及改进建议

本项目以河源市肾结石病高发原因为真实问题情境，将实地调查、文献查阅、学生实验、综合实践等方式相结合，让学生进行多角度学习与展示，重在培养学生的调查能力、文献检索能力、科学探究能力及综合实践能力。

在最后的社会实践活动中，原计划是让学生去了解工业废水处理方案，由于各方协调因素，最后进行了生活污水处理工艺实践活动，导致学生对水处理工艺认知不够深刻，没有充分发挥社会实践活动的优势。

本项目式学习暴露了学生在文献查阅、现场调查等活动中存在的一些问题。比如，学生在调查活动中调查对象不明确、思路不严谨、调查报告书写不规范等；在实验活动实施过程中，实验方案不够周密细致、实验操作不规范、小组成员之间配合不够默契等；此外，学生的思考不够深入，需要教师多方面、多角度地去引导，学生才能深入思考并探究。

参考文献

［1］中华人民共和国教育部．普通高中化学课程标准（2017年版）［M］．北京：人民教育出版社，2018：3－4.

新课改下项目式学习在高中情境作文教学中的实施路径

河源高级中学　邱彬垠　罗琼

摘要：项目式学习是在新课程改革背景下衍生的一种新型教育教学方式，近年高考中，情境作文命题也成为一个明显的趋势，本文就从项目式学习对高中语文情境作文教学的意义、情境创设的要点、有效评价等方面简要探讨新课改下项目式学习在高中语文情境作文的教学实施路径。

关键词：项目式学习；高中语文；情境作文

2020年5月，教育部下发《普通高中课程方案和语文等学科课程标准（2017年版2020年修订)》，"情境"一词出现了33次，可见"情境"已成为新时代语文课程与教学的关键词之一。近年高考中，情境作文命题也成为一个明显的趋势，基本都是把核心立意放在时代的大背景、大情境下，考查青年学子们的青年意识和大局担当。

新高考趋势下的作文考查更加明确的是，为青年学子未来参与社会生活、参与现代化建设提供思想上、精神上的引领和铺垫。借助情境的创设，更有利于培养青年学子的担当精神、报国情怀，有利于培养其全面发展的核心素养。情境作文能够更好地适应新课标的语文学习要求，有利于青年学子应对未来各种复杂的、真实的、多变的现实情境问题。

由此可见，在新课标新高考背景下，强调情境作文的教学是非常必要的。

一、项目式学习对高中语文情境作文教学的意义

高中生学习时间紧张，学习活动繁多，因此只有在真实、典型、有效的情境中开展项目式学习，才能增强学生的写作积极性、强化写作的针对性、提升写作成就感，从而整体提升学生的知识体系和文学素养，最终促进他们的发散性思维的提升和综合能力的发展。

项目式学习是在新课程改革背景下衍生的一种新型教育教学方式，是近年来被广泛讨论、分析、实践的教育方式，是以解决相关问题为导向的完整连贯的学习流程、学习模式，同时也属于学科整合方式的一种课程形态。它从教育教学理念出发，落实在教育教学实践方式上，以大单元主题为宗旨，大单元任务群为支架，设计语文学习的任务群要求[1]。它能有效融合理论与实践，培养学生发现问题、分析问题和解决问题的能力。

项目式学习的实施路径需要思考、解决的问题包括如何确定项目式学习的关键、如何具体展开和推进、如何评价项目效果等。同时，项目式学习在写作中更需要强化情境任务，设计高水平的、多维度的、启发性的任务，最后凝结成可以立体评估的相关成效与结果。

项目式学习在传统写作命题方式的基础之上，融合创设真实且典型的情境，引导学生思考明确具体而有梯度的学习任务、构建相应的项目背景，增强学生学识、锻炼学生思

维，提高学生听说读写的综合能力。可见项目式学习活动对高中语文情境作文的战略性意义。

二、项目式学习的关键：创设情境

项目式学习应从实际出发，紧扣住情境的关键，打破语文学科写作知识与社会实际之间的壁垒，围绕情境问题的有效解决进行任务设计。因此一定要使学生在情境作文写作中通过审题、立意、思考，联动学科知识和社会情境，学以致用，真正把握项目式学习的源头活水。而项目式学习在新课改背景下的情境作文教学中，实施的关键就是创设典型、有效的情境。

首先，教师应当把握和提取典型生活情境，训练学生临场发挥的写作能力。项目式学习注重让学生置身于情境中，明白只要有一颗善于发现、思考、肯定的心，自己的生活就是有意义的。只要细心关注，生活中很多的情境问题都可以成为作文热点。比如在情境创设中，可以找到青年人共同面临的学习、亲子或交友方面的困境。在项目式学习的实施过程中，教师可以开设"阅读与写作微专题"训练，找到情境阅读与情境写作的衔接点、触发点，也可以通过"情境作文片段练习"，或者考场作文举一反三，找到考题中类似的现象或行为等，加强学生对生活具体情境的真实体验，寻找不同视角，调动学生去观察、去感悟、去写作、去阐发。

其次，社会动态、时政热点也是情境创设中应重点关注的。项目式学习要基于青年学生的生活实际，更应当培养高于他们生活实际的视野和胸襟。学生应当养成关注社会现象、留心社会问题的思维习惯。关注时政热点话题，教师要能够有效引导学生在情境中思考、探究、感悟。比如，在不同年份都有本年度的大事纪，那么这些大事纪都应当成为情境作文教学过程中的关注热点。通过对实际社会问题的分析、思考、解决，能培养青年学子基于情境的思考能力和跳出情境解决问题的能力，让学生的思考有深度和广度，兼具解决问题的理性和效果。因此，教师要注重引导学生感受具体情境，让学生学会置身其中，体验有感而发，进而能更清楚地表达自己的观点，如为什么这样写可以更有层次感更有深度，为什么这样写能让读者产生共鸣。

最后，情境创设也需满足学生个性发展的需要，鼓励学生自主创设具有特色的情境作文话题。在项目式学习的实施过程中，可以让学生自主命题，通过自行创设情境，找到自己感兴趣的领域，比如"个人创意情境""家乡特色情境""兴趣爱好情境"等[2]。也让学生认清自己在写作领域的长处和不足，以此取长补短，找到能够展现个性魅力的生活情境以及能够解决实际问题的社会情境。以前教师在情境作文教学中往往更多是通过社会现象或者有待解决的问题去创设具体情境，仍然是教师以成年人的思维和视角去观察情境的；那么，采取让学生自主创设情境的方法，可以很好地发挥学生的主体地位，激发学生强烈的学习主动性和积极性。通过解决同龄未成年人的情境问题，学生可以快速地提高自己解决实际问题的能力，这有助于学生在情境作文学习中获得满满的成就感。

三、项目式学习的成果：有效评价

语文的学习一般是围绕听、说、读、写展开。项目式学习的过程中，学生的主导地位更加明确，对于听、说、读、写的要求越高，学生收获也会越大。当学生能够根据情境开展自主思考，进行审题立意时，情境作文的写作就属于项目式学习的最终成果。这种文字输出也是一种输出型学习，可以让学生把所学所得进行综合统筹，把解决作文情境问题的能力迁移到社会现实生活中其他类似情境中，这种活学活用的项目式学习，使学生自主开展思考，也培养自主解决问题的能力，这不仅强化了写作意识，也体现了语文学科知识的实用功能。

学习和评价是相互促进的，项目式学习的成果需要得到有效评价。随着情境作文的完成，学生形成了可以有效评估的相关成果。这就需要对成果进行相应的评价，由此催生出一套适宜、有效的评价标准，而这份评价标准的制定也是对情境问题的解决能力、情境作文写作素养的二次反思和提高。项目化学习评价可以让学生查找情境作文写作过程中的不足，鼓励他们补足和改进；项目式学习成果的有效反馈，也有利于形成良好的学习循环。从这个角度而言，有效的项目化评价也应当成为项目式学习的一部分。

结合新课改背景下的高中语文情境作文的相关特点，本文以可视可感、具有明确逻辑性和很强操作性的评价量表作为项目式学习在情境作文教学中的有效评价手段之一，做重点探讨。

表1　项目式学习情境作文教学评价量表

项目	分值	自评	他评	师评
主题鲜明、契合情境	20			
内容充实、阐释内涵	20			
谋篇布局合理	20			
表达通顺、连贯、得体	20			
书写工整、无错别字	20			

以上表为例，这是一份评价量表，可作为项目式学习在情境作文中的学习评价标准。表中的评价项目有主题、情境契合度、文本内容、关键词解析、结构布局、表达能力、书写水平等，五项各自占20分，总100分分值，便于学生理解和操作。另外，评价的角度由“自评”“他评”“师评”三方面组成，覆盖面较广，意味着情境写作的文本要经过三轮不同人群不同视角的评价，能有效帮助学生明确自己的短板项目，判断出自己的擅长项目和学习进步空间。除此之外，如果条件允许，教师还可以发挥家校互联互通的作用，鼓励学生假期时，将作文给家长及其他群体进行项目化评价，建构起多元评价体系，激发学生学习的积极性和成就感。

评价量表应具有清晰明确的评价内容、具体可行的评价标准、有区分度的评价等级或者分数。在传统教学中，评价量表往往由教师给出，而项目式学习是以学生为主体，自然这份评价量表也需要由学生自行讨论“生成”，在这个过程性学习中，学生通过小组合作探究、自行制定评价量表，既可以对小组的整体情况进行认识和评估，又可以在互相切磋的过程中对个人进行多元化、多维度的思考和分析[3]。学生能在小组明确学习的主人翁地位，树立共建共享意识，也能自行查漏补缺，看到自身在情境作文写作过程中的不足，促进写作质量和语文学习质量的提升，从而深度强化逻辑思维能力和语言文字表达能力等。

四、结语

项目式学习活动是一种新型开放式教学模式，情境作文的考查是当下及未来高考命题的大势所趋。在新课改背景下，教师悉心研究项目式学习在情境作文教学中的实施路径，可以有效提升作文教学的效率，培养学生的多元思维能力和临场表达能力，激发学生基于真实情境的真情实感，受到启发性教育。当然，情境的创设也不是越新奇就越好，更不可随意创设随意发散，否则就会适得其反。关键还是要能够使学生产生情境感受，解决社会实际问题，使项目式学习层层递进，使学生的思维和表达能力真正提升。

本文从项目式学习对高中语文情境作文教学的意义、情境创设的要点、有效评价等方面简要探讨新课改下项目式学习在高中语文情境作文的教学实施路径。项目式学习尤其是情境的创设需合理规划、有序推进、多维落实，并配套相应的项目化评价体系，才能有效加强学生思考问题的深度、解决问题的力度，最终落实到青年学子的核心素养层面。

参考文献

[1] 夏雪梅．项目化学习设计［M］．北京：教育科学出版社，2018.

[2] 张雯．项目式学习与初中语文“活动·探究”单元的教学研究［D］．重庆：西南大学，2021.

[3] 赖凤英．基于项目式学习的小学中年段习作教学模式探究［J］．课外语文，2021（3）：21－23.

大单元微专题之小说中环境对人物命运的影响

——精读《祝福》《林教头风雪山神庙》

河源高级中学　陈礼

摘要：新课程重视以大单元群文教学为核心，促进学科核心素养的落实。本文以高中语文统编版教材必修下册中的《祝福》《林教头风雪山神庙》为例，探究“大单元微专题之小说中环境对人物命运的影响”，主要通过精读《祝福》《林教头风雪山神庙》两篇小说，分析小说中自然环境和社会环境等的特点，从而体悟到环境与人物命运之间的相关性。

关键词：小说；核心素养；环境；人物命运

一、自然环境对《林教头风雪山神庙》中人物命运发展的作用

环境可以分为自然环境和社会环境。对一个国家、一个民族来说，社会环境是非常重要的，由社会环境产生的社会传统心理会呈现出持久性的特征。但是对个人而言，突然改变的自然环境，有时是能改变一个人的命运的。比如《祝福》这篇小说中，雪后开春之际的狼无食可觅，叼走了阿毛，改变了祥林嫂的命运。还有《林教头风雪山神庙》中的“雪”对林冲的命运影响，具体如表1：

表1　自然环境描写的作用

<table>
<tr><th></th><th>环境描写内容</th><th>作用</th></tr>
<tr><td>第一处</td><td>正是严冬天气，彤云密布，朔风渐起，却早纷纷扬扬卷下一天大雪来</td><td>这“纷纷扬扬”的大雪让四下里崩坏的草屋岌岌可危，给林冲的生活带来了困扰和麻烦。此时的林冲想着“待雪晴了，去城中唤个泥水匠来修理”，已然忘记先前有恶人来追杀他一事，放松了警惕</td></tr>
<tr><td>第二处</td><td>雪地里踏着碎琼乱玉，迤逦背着北风而行。那雪正下得紧</td><td rowspan="2">突出了风大雪猛的恶劣天气特征。逐渐加大的雪势使得林冲饥寒交迫，只能外出喝酒吃肉御寒。到晚上越下越紧的雪，给林冲造成了越来越紧迫的心理压力，他担心已经崩坏了的草厅被大雪压垮，所以“飞也似奔到草场门口”，结果草厅还真被大雪压倒了
大雪一步一步挤压了林冲的生活空间，让他彻底失去了安身立命之所，最后被逼迫得只能去古庙借宿
这些都是林冲对抗风雪所做的一系列被动防御，却恰恰折射出他处处妥协、忍让、胆小怕事的性格</td></tr>
<tr><td>第三处</td><td>看那雪，到晚越下得紧了</td></tr>
</table>

续上表

	环境描写内容	作用
第四处	林冲踏着那瑞雪，迎着北风，飞也似奔到草场门口	雪喻示着林冲所处的环境一步步趋于恶化，从发配到被追杀再到被纵火，他的命运之“雪”越下越紧，不断压缩他的生存空间，直至最后把他逼到了退无可退、走投无路的地步。瑞雪，就暗示这是一场有着否极泰来、命运发生转变意味的雪
总结：自然环境中的“雪”构成了林冲生存的客观环境，他的反抗意识在高太尉和陆谦等人织成的“漫天大雪”前，微弱至极。但是在古庙里听到了他们的卑劣阴谋后，林冲如坠冰窟，如梦初醒，终于燃烧起复仇和反抗的大火，杀死了仇人		

由此可见，小说中的自然环境描写，尤其是一些突然改变的自然环境，往往与事件的发展、情感的变化和人物的性格有着密不可分的联系。它暗示着人物命运的方向，是人物命运走向的潜在动力。

二、社会环境对《祝福》中人物命运发展的作用

社会环境是指故事发生的时代背景、时空场所和围绕在主人公周围活动的次要人物等要素。这些都直接或间接地影响甚至决定着书中人物的命运。

（一）研读社会环境对人物命运的影响

课前让学生思考：《祝福》中的次要人物有何特点？他们的哪些思想、行为与祥林嫂的命运有关联？这些人为何能左右祥林嫂的命运？

1. 鲁四老爷：自觉维护封建制度和封建礼教，思想迂腐、为人自私，支持祥林嫂婆家的行为。鲁四老爷是鲁镇地主阶级的代表人物。他是“政权”的代表，更是造成祥林嫂悲惨命运的重要人物。

2. 祥林嫂的婆婆：精明能干、冷酷无情的代表，为给小儿子娶妻，逼迫祥林嫂改嫁。祥林嫂的大伯：自私自利，不顾祥林嫂夫死子丧的悲苦遭遇，收屋赶人，使她无容身之地。婆婆和大伯作为祥林嫂曾经的亲人，是“夫权”和“族权”的象征，以封建家长的身份无情地把祥林嫂推向了深渊。

3. 柳妈：受封建礼教迷信思想的严重毒害，为祥林嫂寻找赎罪的办法，劝她捐门槛。柳妈同为受压迫的劳动妇女，以“神权”的封建思想加速了祥林嫂的死亡。

4. 四婶：自私、冷漠，把祥林嫂当个好劳力。嫌弃祥林嫂“不洁”，不准她参加祭祀。

5. 鲁镇人：愚昧守旧又冷漠无情。祥林嫂的痛苦遭遇不仅没有得到他们的同情，反而成了他们的谈资与笑料。鲁镇的年终大典、祭祀活动是“年年如此，家家如此”“这里的人照例相信鬼”“几个本家和朋友……他们也都没有什么大改变，单是老了些”。封建、保守、迷信的鲁镇，充满着自私冷漠、愚昧无知的腐朽气息，这是造成祥林嫂悲剧命运的

社会根源。

6. “我”：具有进步思想的小资产阶级知识分子，为祥林嫂感到不安和不平，却又无能为力。

总结：祥林嫂的命运是一定要走向死亡的，她是非死不可的。曾经的主人和亲人，同情她与嘲笑她的人，凭借着“政权”“夫权”“族权”“神权”四根冰冷的绳索，自觉不自觉地勒向她，摧毁了她的精神和肉体。他们手无兵刃，却织成了一张不可挣脱的如风雪般寒冷的大网，将祥林嫂慢慢地吞噬。

（二）研读人物对社会环境的反作用

祥林嫂在生命向下坠落的过程中做过如下抗争：

第一次得知要被迫改嫁后，逃离婆家到鲁四老爷家。受封建思想“一女不嫁二夫”的影响。这是对“回头人出嫁”的反抗。

第二次是到贺老六家“闹得利害”，一头撞在香案角上。还是对再嫁的反抗。

第三次是在柳妈善意告知后，捐了门槛。这是怕自己因为“不洁”，死后会受到惩罚的心灵抗争。

第四次是碰到了“识字的，又是出门人”的“我”，问“我”灵魂有无的问题。这是对现世的最后抗争。

总结：祥林嫂面对封建礼教的迫害与摧残，不屈从于悲惨的命运，进行了“逃”“撞”“捐”“问”等抗争。但她这一生，都无法摆脱封建思想的桎梏。她成长的社会环境使她用封建思想对抗封建秩序，这是她抗争失败的社会原因。

三、思考《林教头风雪山神庙》中社会环境的作用

阅读《水浒传》第六回到第八回后，可以看到林冲的人物性格是忍耐、软弱甚至是懦弱的。

（一）研读社会环境对人物命运的作用

1. 文中的次要人物与林冲从“极度隐忍”到“逼上梁山”的转变有隐含的关联，由课文中出现的人物和“雪”出现的时机制成图 1，反馈如下：

李小二夫妇：林冲曾有恩于他们，在林冲发配沧州的凄苦生活中，幸得他俩的帮助。李小二将在酒店偷听到的内容告知了林冲，引起了他的警觉。

草料场老军：同为犯人，却也在寒冷的冬天为林冲带来了温暖和慰藉。

陆谦、管营、差拨等人：奸臣高俅的跟班，数次陷害林冲。在课文选段里，他们在店内阴谋欲“结果了”林冲（第一次逼迫）——发配草料场（第二次逼迫）——火烧草料场（第三次逼迫）——山神庙陈述阴谋（第四次逼迫），他们为杀害林冲，步步逼迫。

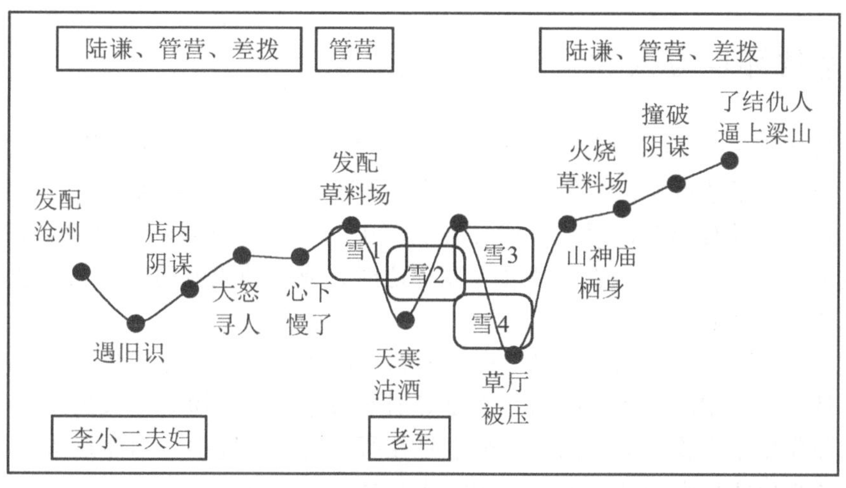

图1　《林教头风雪山神庙》中人物和“雪”出现的时机

2. 林冲背后的社会现实与林冲的命运有何关系？

北宋末年，阶级矛盾异常尖锐，封建统治阶级腐朽残暴，对百姓进行残酷的镇压。以高俅为代表的奸臣胡作非为，为了满足私欲不择手段，视百姓如草芥。正因为如此，才会有卑鄙小人如陆谦等从林冲的挚友变为千里追踪他的杀手，才会有林冲面对自己的上司高太尉委曲求全，不知反抗。

总结：环境推动着人物命运的变化。相对于林冲从“忍”到“狠”行动的明线，陆谦等次要人物的活动则形成了一条步步紧逼、把林冲逼至无处可退的暗线，这条暗线恰恰是林冲最终改变行为的重要原因。

（二）研读人物对社会环境的反作用

林冲面对奸人一次又一次的逼迫，是不是也如祥林嫂一样一次又一次地反抗？其实林冲在发配过程中，一直安心服刑。他认为自己“恶了高太尉”“受了一场官司”，是一个“罪囚”。他忍辱求安，不思反抗，只求安稳结束自己的服刑，三年后能回家与妻子团聚。

第一次反抗，出现在李小二夫妇告知他有人到沧州欲杀害他之后。他上街买了解腕尖刀，前街后巷寻找了三五日。因为没有找到泼贼，“心下慢了”。甚至在被调到了草料场后，他还想着“待雪晴了，去城中唤个泥水匠来修理”。这一次反抗起势大且气势足，但最后却偃旗息鼓，无声无息了。

第二次反抗，出现在大雪压倒了草厅，他到古庙避寒，撞破了陆谦等人的阴谋诡计之后。他发现自己原来一直处于被人精心设计的阴谋之中，终于“忍无可忍，无须再忍”，杀死了陆谦等人，上了梁山。

总结：林冲前半生为小官宦和小市民的内心，遇事但凡有一点点退路他都会想着忍让。但他又与祥林嫂不同，习武的生涯赋予了他武人的血勇，在退无可退之际被逼迫做出“且吃我一刀”的反抗。所以自古以来，人们说到林冲的前半生，一词以蔽之——逼上梁山。最终，他跳出了当时的环境，进入了“梁山”这一新的环境。

四、总结环境与人物命运的关联

本文探讨《祝福》和《林教头风雪山神庙》两篇小说在环境和人物命运关系上有无共同点，时间跨越了数百年，两位作者在描述漫天冰雪的手法上不谋而合：每一个个体命运的冲撞，从来都没有偶然，而是时代环境洪流中的一片必然坠落的雪花。两个主人公，都是在“吃人”的社会这个外在环境步步紧逼之时，或主动或被动地与之抗争。他们所处的社会环境改变了他们的命运。

人既成长于环境，也受制于环境。所有人物对命运的抗争，都是受具体环境的挤压而出现的——社会环境中的经济、政治、文化等因素通过次要人物与主人公发生直接或间接的联系，进而作用于人物命运。而主人公也是在所生活的环境中，与命运进行冲撞，或被环境消解，或得以实现自我的蜕变，从而完成与命运的抗争。

参考文献

[1] 中华人民共和国教育部．普通高中课程方案（2017 年版）[M]．北京：人民教育出版社，2020：5.

[2] 黄韶斌．“学习任务群”基本课型及教学模式建构 ——以高中语文为例 [J]．教师博览（科研版），2018，8（8）：24－26.

[3] 朱丽娟．高中语文单元学习任务的设计策略 [J]．科普童话·新课堂（上），2020（2）：68.

探究语文大单元学习任务与教学内容深度融合路径

河源高级中学　柳燕嫦

摘要：当前的课程标准，要求教师在高中语文的教学工作中，将学科大概念放置在核心位置，使课程内容保持结构性的特征，建设情境化课堂。教师采用语文大单元教学，开展学习任务与人文主题双线组织模式，对单元内的多种文体的课文实施情境化与结构化处理。本文以统编版教材为例，研究在语文大单元教学体系下，应如何实现学习任务与教学内容的深度融合。

关键词：高中语文；大单元教学；教学内容；学习任务

一、大单元教学的基本内涵

（一）教育内容体现人文性与教育性

当前语文教学的内容更注重人文性，以立德树人为教育宗旨，因此教材在将不同体裁的课文串联起来时，往往会选用带有人文特色的母体，如统编版教材必修下册第六单元，选取的课文包括《祝福》《林教头风雪山神庙》《装在套子里的人》《促织》《变形记（节选）》，本单元的人文主题是"观察与批判"，教材"单元导语"中指出，"去观察思考，分析鉴别……关注作品的社会批判性"。"观察与批判"中，"批判"是"观察"的结果，"观察"指向学生的学习活动，"批判"指向议题。虽然"批判"还没有揭示出语文学科核心素养中的关键能力，不足以称为大概念，但交代了这个单元的一个整合点——社会批判性，引导学生感受小说反映社会的深刻性，学习作者批判的眼光，这在过去的教材中是没有出现过的。

本单元属于"文学阅读与写作"学习任务群，新课标在此任务群的要求中明确指出，要"欣赏作品，获得审美体验""提升文学鉴赏经验"等。教材选文均体现了环境对人物性格、命运的影响并形成互动：《祝福》反映了社会各类人对祥林嫂的生命与精神的戕害；《林教头风雪山神庙》与《装在套子里的人》组为一课，分别反映了中国封建统治下官逼民反的现实和沙皇专制统治下可怜虫的现状；《促织》与《变形记（节选）》组为一课，通过人变蟋蟀与甲壳虫，分别反映了官员喜好与社会关系对人的影响。综上，这一单元的人文特性可提炼为"人物与环境共生、互动，体现小说的社会批判性"。

（二）学习任务体现实践性与综合性

教师为学生设置学习任务时，必须全面考虑到知识的传授、能力的培养、情感的激发与价值观的形成。新课标指出："语文学科核心素养是学生在积极的语言实践活动中积累与构建起来，并在真实的语言运用情境中表现出来的语言能力及其品质。"[1]实践也证明，情境任务型学习是实现学生素养提升的有效路径。所以，每一个单元要有一个主任务。

本单元关注社会人生，指向语言核心素养，故而情境主任务要能让学生通过个性化的语言展现自己对于小说社会批判性的理解，从而使他们更好地关注社会人生。笔者在实践的过程中，为了更好地激发学生的阅读兴趣和探究精神，从“主观参与＋客观理解”的角度来观照书本和现实，将情境主任务设定为“小说具有批判性，请你结合本单元篇目进行阐述”。

这一情境主任务从学生接触本单元开始就一直伴随着学生，直到学生完成本单元最后的学习。要完成这一主任务，学生就需要对文本进行深入的分析。在教师的引导和与同伴的交流下，学生可以顺利完成四大单元目标和九个课时目标，最终达到提升核心素养的目的。

二、融合大单元教学的学习任务与教学内容的方法

（一）确定教学目标

为了在大单元教学体系中，将教学内容与学习任务充分融合，教师首先要设立学习目标，通过学习任务来对教学内容展开支配，而后运用教学内容所具有的反作用完成教学任务，对单元教学内容进行分割与再组装，使学习任务与教学内容顺利过渡。在此教学设计过程中，不可直接割裂学习任务与教学内容，而是需要维持两者之间的连贯性，保持语文教学的整体性。[2]本单元提取的人文特性体现在“人物与环境共生、互动，体现小说的社会批判性”，核心素养的目标聚焦于“语言建构与运用”，故而在教学目标的设立过程中要求学生通过品味语言得到对于人物和环境的理解，最终关注小说的社会批判性。同时，根据教学经验和小说知识的建构可知，“情节”是基础，其也应进入目标之列。

基于此，本单元的教学目标设计如下：

1. 理解和挖掘小说人物形象，通过解析典型人物掌握小说思想内容；

2. 关注人物与环境的共生、互动关系，体会环境对人物性格形成和发展的推动作用；

3. 梳理故事情节，掌握事件发展和演变的全过程，并着重理解重点情节段落在交代背景、铺垫下文、刻画人物、表现冲突、揭示主旨方面的作用，品味叙事艺术；

4. 理解世象百态，以正确的立场、理性的思维去洞察小说深刻的批判思想，提升对现实社会观察、分析、批判的能力。[3]

（二）构建任务链条

设置学习任务，发挥作用的主要对象是教学内容，教师传播教学内容，让学生理解并内化教学内容需要通过完成学习任务来实现。

1. 重视生生对话，开展合作学习

单元贯通教学以学习任务为导向，开展自主、合作、探究学习，因而打破传统的教师提问、学生回答、教师评价的“对话”模式，格外关注“生生对话”。笔者在教学设计过程中更为重视任务的综合性、探究性、实践性，提供有争议的、开放性的话题，将学生引入对话的语境中，确保生生对话的有效性。

2. 基于学生疑问，生成学习任务

学生是教学的主要对象，学习任务的设定当重视学生的认知基础，尊重其思考过程中的疑问点，在答疑解惑中激发其探究的兴趣。如：学生在预习作业中针对《促织》《变形记》的情节安排提了不少问题，集中在三方面：①为什么格里高尔一定要变成甲虫？②为什么格里高尔不能变回人而最终死去呢？③蒲松龄为何要给成名一家一个美好的结局？

基于学生的疑问点，笔者创设情境，布置学习任务，假设学生在创意改编过程中，将两篇文本的变形情节互换，引导他们讨论情节置换的可能性，学生经过梳理，发现文本的情节设置有其必然性，不能随意置换，预习疑问也就迎刃而解了。

（三）提供学习支架

开展自主、合作学习，并不意味着教师角色的缺位，教师在教学过程中应当起到引领作用，使学生借助教师提供的支架理解特定的知识，建构知识的意义。教师的支架功能主要体现在两方面：

其一，启发引导。例如，课时三中学生在为祥林嫂之死作“诊断”的过程中，笔者引导学生于无疑处生疑：小说中有人说祥林嫂是“穷死的”，你是否认同这一说法？从“穷”的繁体字（窮）字形角度来理解，“窮”本为形声字，从穴，躬声，若作会意字理解，躬（身）在穴下，有困窘之意。因此，“穷”即“困”，借此启发学生思考讨论祥林嫂之困境。

其二，提供学习材料。例如，课时六中讨论小说中叙事者“我”与作者、主人公的联系。笔者补充“叙事角度”“叙事人称”等叙事理论知识，引导学生认识“第一人称”“第三人称”叙事之差别在于“叙述者的叙述动机不同”，前者“植根于他的现实经验和情感需要”，后者“不是导源于一种内在的生命冲动”而更为客观。经过讨论，学生发现：《祝福》中的那个看似与“鲁镇社会”对立的“我”，本质上与“传统精神”有着内在联系；而《装在套子里的人》中的“我”（布尔金）与别里科夫一样，也是“套中人”，两者均为“不可信的叙述者”。

（四）完善教学评价

1. 设置《促织》文言词句检测。

2. 假如祥林嫂、林冲、别里科夫、成名或格里高尔5人中的1人或几人穿越时空来到当代中国，他们会有怎样的际遇或表现呢？请发挥你的想象力，创作一篇300字以上的文章。

3. 如果你可以改变《促织》的结局，你如何改写？要求：保留文章对于社会黑暗的批判，200字左右。

4. 设置三个国家的人物，任选一个，描写人物生活的环境，建构人物的命运。字数100字左右。

①出生于阿富汗贫民窟的孩子亚伯拉罕……（环境），多年以后……（命运）。

②出生于美国的黑人孩子约翰……（环境），多年以后……（命运）。

③出生于中国贫困山区的孩子王小明……（环境），多年以后……（命运）。

5. 在你生活过的岁月里，一定会有一些人给你留下了深刻的印象，他/她可能就在你身边，或者你只是从电视、报纸、网络上听说过，但是他们让你感动、敬佩、尊重、悲伤、愤怒、鄙夷……请选择一个或一类人，书写他/她（他们/她们）的故事。要求：先列出写作提纲，然后写作，字数不少于800字。鼓励使用多种表现手法（如心理描写、细节描写），设计必要的情节冲突。

在当前的教育背景下，大单元教学有其合理性与必要性，高中语文教师要积极地在单元教学中，融合学生所需完成的学习任务与教学内容，强化课程之间的互动性，打造科学的组织体系，制定有针对性且较为明确的学习目标，促进学生进行语文实践，提升高中语文综合学习水平，更多地领略人文教育的魅力。[4]

参考文献

[1] 李勇．高中语文单元教学设计模式探索［J］．文学教育（下），2020（5）：186.

[2] 黄韶斌．“学习任务群”基本课型及教学模式建构——以高中语文为例［J］．教师博览（科研版），2018，8（8）：24－26.

[3] 裴丽萍．中学语文单元教学中目标教学的实施［J］．文理导航・教育研究与实践，2017（11）：45.

[4] 朱丽娟．高中语文单元学习任务的设计策略［J］．科普童话・新课堂（上），2020（2）：68.

为学生创造沉浸式学习体验

——读《项目式教学》有感

广州大学附属东江中学　杨素清

摘要：在新时代的背景下，新课程改革迫在眉睫，这就要求教师改变传统的教学模式，创新课堂教学方式。项目式教学便是一种新的教与学的模式，它可以给学生带来沉浸式的学习体验，让参与项目的师生都受益颇多。

关键词：项目式教学；沉浸式；教学

外有普希金“读书是最好的学习”的指引，内有孔子“思而不学则罔”的警醒；古有颜真卿“白首方悔读书迟”的劝勉，今有毛泽东“书不可以一日不读”的激励。圣贤名士无不激励我们要坚持学习，提升自己，如今春光融融，正是个适合读书思考的季节。

为了适应新课程改革，促进学生的全面发展，提升自己的专业素质，本人选读了苏西·博斯和约翰·拉尔默撰写的《项目式教学》，看了开篇便有醍醐灌顶之感，仿佛有位导师在身边亲自指导教学，获益良多。本人认真阅读了本书内容，反思自己过去的教学方式，反省自己上课模式，下定决心改善教学方法，并将项目式教学（简称“PBL”）有意识地渗透在日常的教学中。

当下日新月异、纷繁复杂的社会生活，对当代学生提出了全新的要求，除了要掌握科学理论知识外，还要求他们具备适应环境的能力、社会交际能力、语言表达能力、创新实践能力等。基于这一社会现实，作为一线教师的我们不得不改变传统的、以教师为中心的教学模式，向创新型、以学生为中心的教学方式转变。

改变传统教学模式，创新课堂，毋庸置疑将有益于学生综合素质的全面提升，但对于教师来说却是巨大的挑战。如何改变？朝哪方面改变？如何取舍得失这些问题都时刻困扰着我们。快速发展的时代，新课程改革迫在眉睫，教师们为了寻找创新课堂的方法可谓钻头觅缝，所幸在苦苦思考与探索新教法中，项目式教学仿佛东升的太阳，照亮了漫长的黑夜，给我们提供了行之有效的方法。

读《项目式教学》一书让我对项目式教学有了进一步的了解，并尝试把 PBL 教学法运用于日常的授课中。以下将从五个方面浅谈本人的感受与实践。

一、明确项目主题是学习的前提

明确项目主题与学习目标是项目式学习的前提。以课程标准的大概念为基础，分析项目的构成要素，依据大概念与子概念的关系，对教材内容进行重组。从核心素养的角度出发，分析教学内容的价值，让学生运用自己生活经验与体会，进行知识的整合应用，然后确定项目的主题，并明确学习的目标。

例如，根据课程标准与新高考评价体系的内容，要求高中生学习中国古代优秀作品，了解中华传统文化，体会其中蕴含的中华民族精神，从中汲取民族智慧[1]。《红楼梦》作为中国古典文学中最具成就的小说之一，是文学史上的瑰宝，现作为高中语文必读书目，对学生的教育影响意义深远。但是《红楼梦》篇幅长，人物关系复杂，诗文体系庞大，写作笔法细腻，对于大部分高中生来说，阅读困难大。因此，本人设计了整体阅读计划，以“我心中的红楼梦”为学习活动，让学生收集《红楼梦》主要情节、关键人物、重要写作手法、作者等方面的信息，并制定相应的学习任务。

二、任务驱动型问题的重要性

在 PBL 活动中，教师布置驱动型任务，可以提高学生的学习热情，推动学生持续性探究，从而促进学习目标的达成。设置任务要先预设项目的最终成果，然后倒推每个子项目之间的联系，设定学生在解决问题、完成任务时呈现的能力，最后制定教学方案与布置任务。

如在《红楼梦》的整本书阅读中，以教师指导为前提，围绕“我心中的红楼梦”这一主题，设计子项目的学习任务：学生浏览章回目录，概括大致内容；细读前五回，绘制人物关系图；了解作者取名特点，品读背后的寓意；解读判词，制作金陵十二钗花名册；选择书中一人，梳理人物命运；把握主题思想，体会“千红一哭，万艳同悲”的结局意义。设计学生能力范围内的子项目，实现自主、合作与探究的学习模式。

三、落实核心素养是实现创造性问题解决的有效途径

核心素养是育人价值的集中体现，是学生通过学习逐渐形成的正确的价值观念。“实践能力只能在实践中培养”，PBL 教学有助于学生核心素养的培养。学生在教师创设的项目情景或模拟的现实生活场景中将所学语言材料进行综合，创造性地进行表达交流，从项目活动中不断获得相关知识与技能，培养学科思维与探究能力，丰富情感体验，树立正确的价值观。同时学生在做项目的过程中，也增强了团队意识，培养了合作精神和创新精神。

学生作品的呈现也一改往日单一的书面作业，变得多样化。如《红楼梦》整本书阅读的成果展现——绘制人物关系思维导图，写作“我心中的红楼女孩”，制作谐音表格，分享读书心得，以及上台演讲等。同时作品评价也更科学，由单一到多维度，由终结性到过程性，由教师评价到自评、他评、组评，评价更加合理准确。

四、PBL 教学创造了沉浸式的学习体验

PBL 教学转变了传统以教师为主的教学模式，从原来固化、单一的班级授课，逐渐转变为以学生为中心、教师为主导的沉浸式学习方式[2]。学生在情景创设中乐于实践，在任务驱动中激发学习兴趣，在项目的探究过程中开拓创新思维。PBL 教学，实现了“做中

学”“乐中学”的教学模式，学生学习变得更加积极主动，并在不断获取新知识与技能的过程中有所收获，沉浸在学习探索中，让学习成为一种兴趣。

例如，在阅读《红楼梦》初期，许多学生都出现了抵触心理，因小说太长而缺乏耐心、人物关系复杂而思绪混乱、文言词语太多而难懂等，但是通过 PBL 的学习指引，本人组织学生以宿舍为单位去完成各个子项目，最后评选最佳成果并给予奖励。学生们开始相互合作又彼此竞争，逐渐沉浸在《红楼梦》的整本书阅读的学习中，并慢慢被《红楼梦》的艺术魅力所吸引，最终他们有了自己对红楼人物个性与命运的理解，且乐意分享他们的见解与成果。

五、PBL 教学提升了教师的专业素质

传统的教学模式让学生对课堂失去兴趣，缺乏想象力，重复性的教学也会让教师失去动力，变得墨守成规。PBL 教学的出现，要求教师转变传统的思维方式，创新教学手段；要结合实际情况，创设真实情景；要提出驱动性问题，设计完整的教学任务，并充分发挥学生学习的主导作用，激发学生的学习热情。在实现这些目标的过程中，教师会对新课程标准有更进一步的理解，对教材研究会更加深刻，教学手段会更加灵活，教学设计能力也将有所提升。创造沉浸式的教学环境，教师自身的业务水平与能力也得到不断的提升与发展。

面对新时代新要求，教师需要不断完善自己，作为一线老师，本人也开始不断地反思自己的教学，希望作出改变，营造更好的课堂氛围，为学生创造沉浸式学习体验，让学生能够自主学习。在阅读了《项目式教学》后，我终于勇敢地踏出了第一步，在认真钻研教材，反复查阅资料之余，更重要的是要相信学生，大胆放手，让学生积极、主动、独立地去完成各项任务，并大方展现自己的成果。如在指导《红楼梦》整本书阅读中，结合实际学情，设计项目主题与制定子项目学习目标，并组织学生落实。

PBL 教学法是师生共进的教学方法，它为学生创造了沉浸式的学习体验，将给我们的课堂带来巨大的改变。相信在未来的课堂，将会出现异彩纷呈的项目连接，我们拭目以待吧！

参考文献

［1］苏西·博斯，约翰·拉尔默．项目式教学［M］．北京：中国人民出版社，2020.

［2］王宁，巢泉祺．普通高中语文课程标准解读（2017 年版 2020 年修订）［M］．北京：高等教育出版社，2020.

变式教学在研究数列通项公式中的应用

河源高级中学　温石林

摘要： 研究数列通项公式是高中数列的重点内容，也是难点内容，是每年高考的必考题目，由递推公式求通项是高考热点与难点。从近些年新高考情况来看，相关试题难易跨度大，方法灵活。求解数列通项公式的方法有多种，但是学生易混淆，难以找到方法之间的区别和联系，不能从本质上理解不同方法，只是通过题感来记忆。变式教学可以较好地解决这一问题，变式教学不仅可以按照知识方法循序渐进，提高课堂教学的灵活性，也可以培养学生举一反三的能力，提升学生数学核心素养，提高课堂学习效率[1]。教师在平时的教学中，应重视变式训练，不仅自己要变式，也要善于引导学生合理变式[2]。本文以一道简单的等差数列为原题，通过一题多变，不断地改变条件和结构，引出几种不同递推公式结构的数列通项公式的求法。

关键词： 高中数学；数列；通项公式；变式教学

一、变式教学

（一）基本概念

变式教学是指在原命题本质特征的基础上，教师有目的、有计划地改变一些命题的条件或者结论，对命题进行合理转化，以期暴露学生的知识理解盲区。通常可以变换问题中的条件或者结论，或变换问题的内容和形式。变式教学可以使学生不局限于狭窄的教材内容，而是通过举一反三，丰富知识方法，拓宽思路，提高思维能力。

（二）变式教学的基本原则

1. 针对性原则。高中数学课主要分为概念课、习题课、复习课，在概念课和复习课的教学中，可以通过概念变式和习题变式，让学生从不同角度理解概念本身和解题方法[3]。

2. 适用性原则。对于是否需要进行变式，要视内容而定，不可变得过于简单或者不够典型。同时也要遵循循序渐进的过程，根据学情适当铺垫，不可跳跃式变式。

3. 参与性原则。在变式教学中，教师在自己变式的同时，也要引导学生参与，让学生学会变式，然后解决问题，这样学生的思维能力才能得到更大程度的锻炼。

（三）变式教学的意义

1. 激发学生兴趣，引导学生持续保持学习新鲜感。变式教学通过循序渐进的方法，在原题的基础上改变一些条件，从而得到与原题相似但又不同的题目，不管是哪个学习层次的学生，都能够有思路，但又不能完全按照原题方法轻易得出。因此，学生在整个课堂都会集中注意力，而不会觉得知识方法重复或者是完全没联系，从而对整个课堂充满新鲜感。

2. 拓宽学生思维，引导学生从不同角度理解数学概念。通过变化形式，但解题方法类似，可以让学生从不同的角度理解数学相关定义和方法，通过一题多变，学生的思维能够得到较好的训练[4]。

二、变式教学在数列通项公式探究中的应用案例分析

引例：在数列$\{a_n\}$中，$a_1=1$，$n\geqslant2$ 时，$a_n=a_{n-1}+1$，求数列$\{a_n\}$的通项公式。

解：$\because a_n-a_{n-1}=1$，$n\geqslant2$

$\therefore$ 数列$\{a_n\}$是以 $a_1=1$ 为首项，1 为公差的等差数列

$\therefore a_n=1+(n-1)\times1=n.$

点评：这是一道普通的求等差数列通项公式的题，已知首项和公差的条件下，只需代入等差数列的通项公式，即可求出通项公式，基本上学生都可以答对。这道题我们可以理解为是 $a_n=p_na_{n-1}+q_n$（其中 p_n，q_n 为含 n 的一个式子），当 $p_n=1$，$q_n=1$ 的特殊情形，当我们改变 p_n，q_n 的结构时，就会得到完全不同的数列通项公式求法。

通过不断地改变结构，得到不同的递推关系，让学生在不同递推关系的条件下探究数列通项公式，能够激发学生的学习兴趣，拓宽学生的思路，提升学生的思维能力，也可以让学生理解不同方法之间的区别与联系，提高学习效率，形成较为完整的知识方法体系。

1. 令 $a_n=p_na_{n-1}+q_n$ 中的 p_n，q_n 分别为 $p_n=1$，$q_n=1$，可得：

变式 1：在数列$\{a_n\}$中，$a_1=1$，$n\geqslant2$ 时，$a_n=a_{n-1}+1$，求数列$\{a_n\}$的通项公式。

解：$\because a_n-a_{n-1}=n$

$\therefore a_{n-1}-a_{n-2}=n-1$

…

$\therefore a_2-a_1=2$

上述 $n-1$ 个式子相加，得：

$a_n-a_1=2+3+\cdots+n$

又 $a_1=1$

$\therefore a_n=1+2+3+\cdots n=\frac{n\ (n+1)}{2}$

点评：通过令 $a_n=p_na_{n-1}+q_n$ 中的 p_n，q_n 分别为 $p_n=1$，$q_n=n$，可以引导学生探索形如 $a_n-a_{n-1}=f\ (n)$ 结构的通项公式求法，在学生探索的基础上总结出用累加法求数列通项公式的方法。

累加法是研究数列通项的一种重要方法，也是高考中的高频考点。学生在初次接触时，有几个点很容易出错：一是难以识别递推公式结构，特别是当 $f\ (n)$ 结构相对复杂时，想不到相应的方法；二是即使想到用累加法，但在实际操作过程中，容易混淆累加后的项数，或者是 $f\ (n)$ 的表达式。因此在此变式中，应该要重点强调 $f\ (n)$ 的结构和累加后的项数。

2. 令 $a_n=p_na_{n-1}+q_n$ 中的 p_n，q_n 分别为 $p_n=2$，$q_n=1$，可得：

变式2：在正项数列$\{a_n\}$中，$a_1=1$，$n\geqslant 2$ 时，$a_n=2a_{n-1}+1$，求数列$\{a_n\}$的通项公式。

解：$\because a_n-2a_{n-1}=1$

构造数列 $a_n+\lambda=2(a_{n-1}+\lambda)$

$\therefore a_n=2a_{n-1}+\lambda$

$\because a_n-2a_{n-1}=1$

对比系数，得 $\lambda=1$

$a_n+1=2(a_{n-1}+1)$

$\because a_1=1$，$a_n>0$

$\therefore$ 数列$\{a_n+1\}$是以 $a_1+1=2$ 为首项，2 为公比的等比数列

$\therefore a_n=2^n-1$

点评：通过令 $a_n=p_na_{n-1}+q_n$ 中的 p_n，q_n 分别为 $p_n=2$，$q_n=1$，可以引导学生探索形如 $a_n=ra_{n-1}+s$（$r\neq 1$）结构的通项公式求法，在学生探索的基础上总结出用常数型的构造法求数列通项公式的方法。

一阶递推公式在数列中是比较常见的考法，通过构造等比数列，将非特殊数列转化为特殊数列的求解，既加深了学生对特殊数列的概念理解，又培养了其转化化归的数学思想。

3. 令 $a_n=p_na_{n-1}+q_n$ 中的 p_n，q_n 分别为 $p_n=2$，$q_n=n+1$，可得：

变式3：在正项数列$\{a_n\}$中，$a_1=1$，$n\geqslant 2$ 时，$a_n=2a_{n-1}+n+1$，求数列$\{a_n\}$的通项公式。

解：$\because a_n=2a_{n-1}+n+1$

构造数列 $a_n+\lambda n+\mu=2[a_{n-1}+\lambda(n-1)+\mu]$

$\therefore a_n=2a_{n-1}+\lambda n-\lambda+\mu$

对比系数，得 $\lambda=1$，$\mu=1$

$\therefore a_n+n+2=2[a_{n-1}+(n-1)+2]$

$\because a_1=1$，$a_n>0$

$\therefore$ 数列$\{a_n+n+2\}$是以 $a_1+1+2=4$ 为首项，2 为公比的等比数列

$\therefore a_n=2^{n+1}-n-2$

点评：通过令 $a_n=p_na_{n-1}+q_n$ 中的 p_n，q_n 分别为 $p_n=2$，$q_n=n+1$，可以引导学生探索形如 $a_n=ra_{n-1}+sn+t$（$r\neq 1$）结构的通项公式求法，在学生探索的基础上总结出用一次函数型的构造法求数列通项公式。

变式3是变式2的更一般的形式，有了变式2的基础，学生也能较好地理解变式3。此变式较好地渗透了特殊与一般之间的转化思想，也体现了方程思想在数列中的应用。

4. 令 $a_n=p_na_{n-1}+q_n$ 中的 p_n，q_n 分别为 $p_n=-1$，$q_n=1$，可得：

变式4：在数列$\{a_n\}$中，$a_1=1$，$n\geqslant 2$ 时，$a_n+a_{n-1}=1$，$n\geqslant 2$，求数列$\{a_n\}$的通项公式。

解：$\because a_n+a_{n-1}=1$ ①

$\therefore a_{n+1}+a_n=1$ ②

②－①得：

$a_{n+1}-a_{n-1}=0$

$\because a_1=1$

$\therefore$ 当 n 为奇数时，$a_1=a_3=a_5=\cdots=a_n=1$

$\therefore$ 当 n 为偶数时，$n-1$ 为奇数

$\therefore a_n=0$

综上：$a_n=\begin{cases}1, & n=2k-1\\0, & n=2k\end{cases}$，$k\in\mathbf{N}^*$

5. 令 $a_n=p_na_{n-1}+q_n$ 中的 p_n，q_n 分别为 $p_n=-1$，$q_n=n$，可得：

变式5：在数列$\{a_n\}$中，$a_1=1$，$n\geqslant2$ 时，$a_n+a_{n-1}=n$，求数列$\{a_n\}$的通项公式。

解：$\because a_n+a_{n-1}=n$ ①

$\therefore a_{n+1}+a_n=n+1$ ②

②－①得：$a_{n+1}-a_{n-1}=1$

$\because a_1=1$

$\therefore$ 当 n 为奇数时，a_1，a_3，a_5，…，a_n 是以 $a_1=1$ 为首项，1 为公差的等差数列

$\therefore a_n=\dfrac{n+1}{2}$

$\therefore$ 当 n 为偶数时，$n-1$ 为奇数

$\therefore a_n=\dfrac{n-1}{2}$

综上：$a_n=\begin{cases}\dfrac{n+1}{2}, & n=2k+1\\\dfrac{n-1}{2}, & n=2k\end{cases}$

点评：通过令 $a_n=p_na_{n-1}+q_n$ 中的 p_n，q_n 分别为 $p_n=-1$，$q_n=n$，可以引导学生探索形如 $a_n+a_{n-1}=f(n)$ 结构的通项公式求法，在学生探索的基础上总结出用方程组法求数列通项公式的方法。

方程组法是平时较少遇到的，但从实际情况来看，一旦出现在考题中，大部分学生都感到比较陌生，难以得分。大部分学生一看到这种结构，可能会想到累加法，然而它们有着本质区别。方程组法是通过构造方程组，从而得到相邻项之间成等差数列的一种方法，引导学生通过对比累加法和方程组法的异同，加深理解，也让学生体会对比法在学习中的应用。

6. 令 $a_{n+1}=p_na_n+q_n$ 中的 p_n，q_n 分别为 $p_n=(-1)^{n+1}$，$q_n=1$，可得：

变式6：在数列$\{a_n\}$中，$a_1=1$，$a_{n+1}+(-1)^na_n=1$，求数列$\{a_n\}$的通项公式。

解法一：$\because a_{n+1}+(-1)^na_n=1$

$\therefore a_{n+1}=1-(-1)^na_n$

$\because a_1=1$

$\therefore a_2=1$，$a_3=-1$，$a_4=0$，$a_5=1=a_1$，$a_6=2=a_2\cdots$

猜想：$\{a_n\}$是以 4 为最小正周期的周期数列。下面证明：当 n 为奇数时，

$$\begin{aligned} a_{n+4} &= 1-(-1)^{n+3}a_{n+3} = 1+a_{n+3} \\ &= 1+[1-(-1)^{n+2}a_{n+2}] = 2-a_{n+2} \\ &= 1-[1-(-1)^{n+1}a_{n+1}] = 1-a_{n+1} \\ &= 1-[1-(-1)^{n}a_{n}] = a_n \end{aligned}$$

同理，当 n 为奇数时，$a_{n+4}=a_n$ 也成立

$\therefore \{a_n\}$是以 4 为最小正周期的周期数列

$$\therefore a_n=\begin{cases}0, & n=4k \\ -1, & n=4k-1 \\ 2, & n=4k-2 \\ 1, & n=4k-3\end{cases},\ n\in \mathbf{N}^*$$

解法二：$\because a_{n+1}+(-1)^n a_n=1$

$\therefore$ 当 n 为奇数时，$a_{n+1}-a_n=1$

$\therefore a_2-a_1=1$，$a_4-a_3=1$，$a_6-a_5=1$，$\cdots$，$a_{n+1}-a_n=1$

即 $a_2=a_1+1$，$a_4=a_3+1$，$a_6=a_5+1$，$\cdots$，$a_{n+1}=a_n+1$　①

$\therefore$ 当 n 为偶数时，$a_{n+1}+a_n=1$

$\therefore a_3+a_2=1$，$a_5+a_4=1$，$a_7+a_6=1$，$\cdots$，$a_{n+1}+a_n=1$

即 $a_2=1-a_3$，$a_4=1-a_5$，$a_6=1-a_7$，$\cdots$，$a_n=1-a_{n+1}$　②

由①②可知：

当 n 为奇数时，$a_{n+1}+a_{n-1}=2$（$n\geqslant 2$）

当 n 为偶数时，$a_{n+1}+a_{n-1}=0$（$n\geqslant 2$）

$\because a_1=1$

$$\therefore a_n=\begin{cases}0, & n=4k \\ -1, & n=4k-1 \\ 2, & n=4k-2 \\ 1, & n=4k-3\end{cases},\ n\in \mathbf{N}^*$$

点评：通过令 $a_{n+1}=p_n a_n+q_n$ 中的 p_n，q_n 分别为 $p_n=(-1)^{n+1}$，$q_n=1$，可以引导学生探索形如 $a_{n+1}+(-1)^n a_n=c$（c 为常数）结构的通项公式求法，对于递推公式中含有 $(-1)^n$ 结构，可以考虑分奇偶讨论。同时，当一个数列的递推公式比较复杂，没有思路时，可以尝试列举前几项找规律，然后予以证明，这种思维在探索数列通项公式时很关键。在学生探索的基础上总结出用归纳法求数列通项公式的方法。

奇偶分项讨论是数列教学中的一个难点，不管是研究通项公式还是研究其前 n 项和，都是让许多学生敬而远之的一种方法。难点就是找不到讨论标准，或者是找不到各项之间的联系。变式 6 通过最简单的形式的变化，把原题的等差数列与变式 5 的方程组法结合起来，让学生体会题目之间的联系与变化，从而能从本质上理解奇偶分项类型题，加强了分类讨论思维能力的提高。

三、结语

新课标强调培养学生的数学核心素养，这对老师和学生都提出了更高的要求。学生不

能机械地进行题海战术，老师也不能一味地填鸭式满堂灌，需要创新课堂模式，创新教学教法。高中数学内容广、难度大，对思维要求高，变式教学可以让学生在有限的时间内最大程度理解数学概念，掌握数学方法，体会数学思想，提升数学思维，达到事半功倍的效果。举一隅以三隅反，教师要善于自己变式，善于引导学生变式，才能不断提高课堂教学效果。

参考文献

[1] 贾悦琪. 变式训练在高中数学解题中的应用 [J]. 黑河教育，2022 (8)：6 – 7.
[2] 张余军. 浅析高中数学解题教学中变式训练的重要性 [J]. 新课程，2022 (5)：122 – 123.
[3] 姜宪. 高中数学教材习题的开放化训练与变式研究 [J]. 数理天地（高中版），2022 (4)：26 – 27.
[4] 苏标容. 例谈变式训练的教学价值 [J]. 新课程，2021 (8)：90 – 91.

基于大单元教学的高三英语一轮复习实践与思考

河源高级中学　刘玉润

摘要：高三英语常态化复习面临诸多问题，其中最重要的两个方面是复习方法和复习内容。在复习方法上，快速讲解和操练语言知识的方式脱离了实际语境，学生无法真正运用和实践语言。在复习内容上，不断地重复已学过的碎片化知识使教学变得单调乏味，缺乏趣味性和系统性，学生的主体地位得不到体现，综合语言运用能力难以提升。为了解决这些问题，需要教师重新调整复习资料的组织结构，重新制定复习计划路径。本文结合笔者的实际教学，分析这种方式是否能提升学生的综合语言运用能力，有效达成复习目标，并探讨存在的不足。

关键词：高中英语；大单元；高三；一轮复习

一、实施大单元教学的必要性

随着《普通高中英语课程标准（2017 年版）》（以下简称《课标》）倡导“教师要改变碎片化、脱离语境教授知识点的教学方式”“突出以主题为引领、以语篇为依托、以活动为途径的整合性教学方式”（教育部 2020）的要求，六要素整合的英语学习活动观也不断在一线教学实践层面中得到积极有效的探索[1]。在此背景下，教师和学生都应与时俱进，积极思考和探索，适应新时代的高考要求。

当前传统高三英语一轮复习模式存在诸多弊端，具体表现为复习内容碎片化、教学活动模式化、学生主体地位的缺失等。在听、说、读、写等课型中，学生被动接受重复的、枯燥的知识点，机械地在僵化的教学活动中进行反复记背，不仅缺失了对学科学习的热情和动力，教学的效果也达不到预期。要摆脱学生浅表、概念化的学习，脱离“知识孤岛”，对基于大单元教学的复习模式进行探索和尝试势在必行。

二、基于大单元教学的一轮复习实施策略

新教材编排是由易到难进行的，遵循学生认知发展规律，对于高一、高二学生而言更容易接受。同一主题在学习过程中不规则复现，也有利于学生强化认识和记忆[1]。然而对于复习阶段的高三学生来说，时间短、任务重，传统的单元教学的主题分布就过于分散，不利于学生系统强化话题相关的认知和表达。因此在高三英语一轮复习对基础知识的要求下，梳理、整合主题内容，选择话题相关的语料，汇总有效的知识性内容就迫在眉睫了。下面结合笔者教学实践的具体情况，探讨高三英语一轮展开大单元整体复习策略和效果。

（一）基于主题语境，重组复习结构

1. 确定主题，重构单元

高三学生已学完教材新课，理论上不受教材难度限制，重点应放在主题语境的整理归

纳上。笔者所在备课组在集体备课讨论后，根据“人与自我”“人与社会”“人与自然”三大主题，整合多种教材和语料，分成十个主题单元，见表1。由新旧语篇共同组成的复习材料，可以让学生更充分地接触到话题相关语境和表达，起到温故而知新的效果。

表1　高三英语大单元整体复习单元划分

	主题群	主题语境	对接教材
人与自我	1. 生活与学习	1. 个人、家庭、社区及学校生活	B1 Welcome Unit B1 U1 Teenage Life
		2. 健康的生活方式、积极的生活态度	XB2 U3 Food and Culture XB3 U2 Healthy Lifestyle
		3. 语言学习的规律、方法等	B1 U5 Languages around the World
	2. 做人与做事	1. 优秀品行，正确的人生态度，公民义务与社会责任	B3 U2 Morals and Virtues XB3 U4 Adversity and Courage
		2. 未来职业发展趋势，个人职业倾向、未来规划等	XB4 U5 Launching your Career
人与社会	3. 社会服务与人际沟通	1. 公共事业与志愿服务	XB4 U4 Sharing
		2. 跨文化沟通、包容与合作	XB1 U4 Body Language XB2 U2 Bridging Culture
	4. 文学、艺术与体育	1. 小说、戏剧、诗歌、传记、文学简史、经典演讲、文学名著等	B3 U5 The Value of Money XB3 U5 Poems
		2. 绘画、建筑等领域的代表性作品和人物	XB3 U1 Art
		3. 影视、音乐等领域的概况及其发展	B2 U5 Music
		4. 体育活动、大型体育赛事、体育与健康、体育精神	B1 U3 Sports and Fitness
	5. 历史、社会与文化	1. 不同民族文化习俗与传统节日	B3 U1 Festivals and Celebrations B3 U3 Diverse Cultures
		2. 对社会有突出贡献的人物	XB1 U1 People of Achievement
		3. 重要国际组织与社会公益机构	XB1 U3 Fascinating Parks
		4. 物质与非物质文化遗产	B2 U1 Cultural Heritage
		5. 重大政治、历史事件，文化渊源	B2 U4 History and Traditions
	6. 科学与技术	1. 社会进步与人类文明	XB1 U2 Looking into the Future
		2. 科技发展与信息技术创新，科学精神，信息安全	B2 U3 The Internet XB2 U1 Science and Scientists XB4 U1 Science Fiction

续上表

	主题群	主题语境	对接教材
人与自然	7. 自然生态	1. 主要国家地理概况	XB2 U4 Journey across a Vast Land
	8. 环境保护	1. 自然环境、自然遗产保护	B1 U2 Travelling around XB 4 U3 Sea Exploration
		2. 人与环境、人与动植物	B2 U2 Wildlife Protection XB3 U3 Environmental Protection
	9. 灾害防范	1. 自然灾害与防范，安全常识与自我保护	B1 U4 Natural Disasters XB2 U5 First Aid
		2. 人类生存、社会发展与环境的关系	XB1 U5 Working the Land
	10. 宇宙探索	1. 地球与宇宙奥秘探索	B3 U4 Space Exploration XB4 U2 Iconic Attractions

（二）围绕主题要求，确定单元目标

教学目标指引着教学过程的方向，指引着具体教学活动的进行，是教学过程的中心[1]。单元教学目标要以发展英语学科核心素养为宗旨，围绕主题引领的学习活动进行整体设计[2]。教学目标应既包括基于主题的教学目标（如学习有关某个主题的新知识，加深对某个主题的理解），也包括语言目标（如语言知识、语言技能方面的目标）[3]。单元目标设计的关键在于其整体性，教师在制订单元目标时务必以提升学生的综合语言运用能力为目的，同时关注单元目标的层次性（目标要求呈递进关系）与实践性（能够解决现实问题）[4]。

（三）立足单元目标，设计复习材料

笔者所在备课组根据学生的认知规律和学习语言的规律，将一个单元的复习材料划分为四个部分：语料输入、知识建构、技能巩固和重构过关，帮助学生实现认知的螺旋式上升，逐步实现对主题意义的探究和对学科核心素养的培养。

第一部分是语料输入，简要概述已学语篇，选取来自其他版本教材或英语语境的话题相关文本，标亮话题词汇和短语，让学生在语境中感知课标词汇在不同文本中的表达。第二部分知识建构是词汇和短语的整理，在帮助学生理解语料的同时，加强记忆和语境融合，使原本割裂的知识整体化。第三部分技能巩固是单词语法填空练习，灵活地把所学的知识运用到新的语境中，结合高考题型的训练，达到更深理解的效果。第四部分重构过关，结合高考应用文和读后续写的模式，提供语境相关训练，检测学生知识掌握和迁移的程度[4]。

（四）结合复习材料，规划教学内容和活动

一轮复习要达到夯实基础，扎实掌握知识和技能的目标。这就要求以学生为中心设计复习教学路径，引导学生围绕单元主题进行复习，利用整合修改后的教学材料，通过实践来检验、修正所学知识，最终运用所学知识解决新情境中的问题。每个单元安排三个主要教学环节。

第一，基于已学语篇，围绕单元主题语境，让学生基于语篇主题梳理相关语言知识，构建结构化的主题知识，促进语言的整体习得和语篇意义的深层理解，为学生迁移知识结构，创造性地解决陌生情境中的问题提供条件[5]。

在这个教学环节中，教师引导学生复习教材中已学的词汇、短语和句式。每个单元设计一个语境相关的应用文题目，利用 ChatGPT 等 AI 智能工具，联结所有单元关键词，形成新的参考语篇，让学生在任务驱动的课堂复习过程中通过复现、翻译、造句等形式，对所学知识有更深层次的理解，而且能在新的语境中进行听说读写的多维输出。

第二，通过新语篇的引导，创设真实问题情境，引导学生在重构的复习路径中综合运用知识。学生首先要自主梳理已学的语篇知识，在此基础上，以新语篇为依托、以主题为引领、以任务为驱动、以解决问题为目标导向，形成复习路径。在掌握所学知识的同时，丰富主题知识并形成新的知识结构。最终，通过各项语言技能解决新情境中的问题。在这个教学环节中，学生通读并理解新语篇，标出单元词汇并联系语境认知话题词汇和表达。通过相同知识性内容在不同语篇和语境的填空、翻译等题型中的应用，使学生更清晰、准确地感知具体表达在语境中的情感和文化含义。

第三，联系实际，在探究单元主题意义的过程中实现知识的迁移创新，促进语言、文化、思维的融合发展。在这个教学环节中，教师设计话题相关的语境，要求学生进行模仿、续写。学生通过掌握关键词，总结文章的主旨，进行主题作文的写作等，运用所学的主题知识和语言知识，以说、写等形式进行输出，从而实现从“解题”向“解决问题”、从“做题”向“做事”的转变，最终促进学生语言、文化、思维的融合发展。

三、基于大单元教学的一轮复习的效果和思考

截至目前，笔者所教高三班级的大单元一轮复习实践已接近尾声。在这次注重英语学科核心素养培养的整体复习中，我们探究了主题的意义并进行了生成式学习。通过设计多层次的复习活动，我们系统地构建了学科知识，培养了学科素养，并有效地避免了碎片化的知识。总的来看，在整个复习阶段，学生们表现出了更高的学习兴趣、自主性和参与度，相较于传统的教学模式，现在的教学方法效果更佳。此外，结构化的知识学习更易于记忆和应用，学生的语言表达更加丰富和高质量，对所学知识的价值和意义有了更深入的理解。根据学生的反馈，他们通过一个单元的复习不仅提升了语言能力，还更深入地理解了话题背后的深刻内涵。不过，由于缺乏可量化的评估措施，具体效果还需要进一步观察和分析。

虽然大单元教学已经在一线教学中得到了大量的实践和分析，但与之相关的顾虑和疑

问依然存在。首先，从学生角度来说，更多的语料输入是否能达到预期的效果？不同基础的学生对于大单元教学模式的接受程度也大相径庭，如何在这之中取得平衡，成为重中之重。其次，从教师角度出发，新的教学材料和教学模式，是否在教师的能力范围之内？大量的革新内容势必增加工作量，是否会削弱教师创新的积极性？最后，大单元教学的复习效果如何论证也成为悬而未决的疑虑。新的语篇和知识点，能否覆盖所有的重难点？同时，在高三复习的关键阶段，进行创新性教学改革，在一定程度上会产生一定的风险。

四、结语

总而言之，基于大单元教学的实践和思考已经有许多探索的案例，并可以说是得到了阶段性的认可。疑虑虽然存在，但并不意味着否定。在“三新”背景、高考命题的去套路趋势的催化和促进下，教学改革势在必行。高三教师渴求摆脱传统教学困境，切实落实学科核心素养的培养，这需要教师不断地去思考、创新和尝试。只有正视趋势、积极创新，才能更好地应对挑战。

参考文献

[1] 崔允漷. 如何开展指向学科核心素养的大单元设计［J］. 北京教育（普教版），2019（2）：11－15.

[2] 哈蒂，耶茨. 可见的学习与学习科学［M］. 彭正梅等，译. 北京：教育科学出版社，2018.

[3] 王蔷.《普通高中英语课程标准（2017 年版）》六大变化之解析［J］. 中国外语教育，2018（11）：11－19.

[4] 王蔷，周密，蔡铭珂. 基于大观念的高中英语单元整体教学设计［J］. 中小学外语教学（中学篇），2021（1）：1－7.

[5] 王蔷，周密，蒋京丽，等. 基于大观念的英语学科教学设计探析［J］. 课程·教材·教法，2020（11）：99－108.

大单元概念下的高中英语教学策略

河源高级中学　余水明

摘要： 本文基于教学实践，探讨了大单元概念下的高中英语教学策略，着重于整合性教学、启发性思维培养、个性化学习路径设计以及评价与反馈的优化。在整合性教学方面，跨学科融合、项目式学习和多模态教学成为教学的关键策略；启发性思维培养注重问题驱动学习、批判性思维培养和合作学习模式的引入；个性化学习路径设计包括分层教学策略、自主学习模式和差异化反馈机制的制定；评价与反馈的优化主要体现在多元化评价体系、及时反馈机制和学业发展档案的建立。这些策略将有助于满足学生多样化的学习需求，提升英语教学的效果。

关键词： 大单元概念；高中英语教学；整合性教学

在“三新”（新课标、新教材、新高考）的背景下，高中英语教育正面临深刻的变革。本研究聚焦于大单元项目式教学改革，强调教师在提升自身水平方面的关键作用。通过深入研究课程内容，有机融合听、说、读、写，完善教学设计，创设情境式课堂，教学实践与反思并行，旨在提高学生英语水平，为高考奠定坚实基础。本文旨在为高中英语大单元教学改革提供有益参考，促使教学更富有创新性、针对性，从而提升整体教学质量。

一、整合性教学策略

在当前高中英语教学改革中，跨学科融合、项目式学习和多模态教学是关键的整合性策略。跨学科融合拓展了学科边界，项目式学习培养了实践能力，多模态教学激发了多元感知。这三者巧妙融合，不仅能提升语言水平，还能激发学生学习兴趣和对知识的深度理解。

（一）跨学科融合，拓展知识边界

跨学科融合是整合性教学的关键一环[1]。通过将英语与其他学科相结合，例如历史、科学、文学等，教育者能够打破学科壁垒，使学生在掌握英语知识的同时，拓展更广泛的知识领域。以 Chinese Writing System 阅读教学为例，学生不仅需要理解语言结构，还需解读历史事件，提高综合素养。这种跨学科融合的教学方法有助于学生建立知识之间的联系，形成更为全面的认知结构。

（二）项目式学习，培养实践能力

项目式学习是整合性教学的有力工具。将学习内容融入实际项目，学生不仅能够运用英语知识，还能培养实践能力。例如，设计一个英语演讲比赛项目，学生不仅需要考虑语法和词汇的运用，还需关注演讲技巧和表达能力。这样的项目不仅提升了学生的语言水平，还锻炼了他们的沟通和团队合作能力。项目式学习使学生在实践中学习，更好地为将来的职业和生活做准备。

（三）多模态教学，激发多元感知

多模态教学注重通过多种感官途径激发学生的学习兴趣。除了传统的听、说、读、写技能培养，教育者还可以引入视觉、听觉、触觉等多种感知方式。例如，结合图片、音频和视频资料进行教学，让学生在多种感知模式中获取信息。这样的教学方式不仅提高了学生对知识的理解深度，还能够更好地满足不同学生的学习偏好，使教学更具包容性。

在实施整合性教学策略时，教育者需要灵活运用跨学科融合、项目式学习和多模态教学等方式，根据学生的特点和需求，巧妙地将这些策略融入到教学设计中。通过这一整合性教学方法，可以更好地激发学生的学习兴趣，提升他们的语言综合能力。

二、启发性思维培养

在大单元整体教学中，启发性思维培养是提升高中英语教学水平不可或缺的元素[2]。问题驱动学习，激发学生好奇心，批判性思维培养提升分析能力，合作学习模式促进思想碰撞。这三种策略相辅相成，为学生提供有深度和广度的学习体验，为语言学习中的认知和合作能力奠定坚实基础。

（一）问题驱动学习：激发好奇心

问题驱动学习将学习的焦点从知识的传递转向问题的解决。教育者通过提出引人深思的问题，引导学生主动思考、主动解决。以探讨环境问题为例，学生在解决问题的过程中不仅学会了运用英语表达观点，还培养了对环境问题的关注和解决能力。问题驱动学习激发了学生的好奇心，让他们更主动地参与学习过程，从而更好地理解和运用所学知识。

（二）批判性思维培养：提升分析能力

批判性思维培养旨在让学生在学习过程中更具批判性、更有深度地思考问题。通过对文本、观点和信息的审视，学生能够培养分析和评价的能力。例如，在阅读一篇文章时，教育者可以引导学生审视作者观点的合理性，激发他们对信息的批判性思考。这样的培养过程使学生逐渐形成独立思考的习惯，提升分析和判断能力，有助于他们更全面理解和运用英语知识[3]。

（三）合作学习模式：促进思想碰撞

合作学习模式是培养学生合作精神和团队协作能力的有效途径。通过小组合作，学生能够分享思想、互相启发，形成集体的智慧。例如，在解决一个复杂问题的过程中，学生可以相互讨论、协作，从不同角度获取信息，形成更为全面的解决方案。合作学习不仅促进了学生思想的碰撞，也锻炼了他们的社交和沟通能力，使学习过程更加富有活力。

在实施启发性思维培养策略时，教育者需要关注学生的个体差异，灵活运用问题驱动学习、批判性思维培养和合作学习等方式，培养学生主动思考和团队协作的能力。通过这一启发性思维培养方法，学生将更具探究精神，更善于思考问题，从而在语言学习中取得更为显著的进步。

三、个性化学习路径

个性化学习路径设计旨在关注学生个体差异，采用分层教学、自主学习和差异化反馈等策略，为每位学生打造贴近需求的学习环境，促使其在个性化路径中实现更好的学业表现。

（一）分层教学策略：满足不同水平需求

分层教学策略基于学生不同的学科水平，将学生分成不同层次，为每个层次学生制定相应的教学计划。在英语学习中，这意味着不同水平的学生将接受不同难度和深度的教学内容。例如，对于英语基础较差的学生，教育者可以通过更多的练习和案例，帮助他们逐步提高语言基本功；而对于英语水平较高的学生，可以提供更为复杂和深入的阅读材料，激发其更高层次的思考能力。分层教学策略的运用，使得每个学生都能在适合自己水平的学习环境中进步，减少学习差距，提高学习效果[4]。

（二）自主学习模式：培养学习兴趣

自主学习模式鼓励学生在学习中发挥主动性，根据个人兴趣和学科需求进行学习规划。教育者可以为学生提供一定的学习自由度，例如让学生选择感兴趣的主题进行深入学习，或者提供多样化的学习资源供学生选择。在英语学习中，这意味着学生可以选择自己喜欢的阅读材料、写作主题或者参与讨论的方向。这样的自主学习模式不仅能够提高学生的学习积极性，还有助于培养他们对英语学科的浓厚兴趣。

（三）差异化反馈机制：精准指导学生

差异化反馈机制注重根据学生个体差异提供有针对性的反馈。教育者可以通过定期的测验、作业和个别辅导，深入了解每个学生的学科水平、学习方式和擅长领域。在英语学习中，差异化反馈可以包括语法纠正、写作建议以及口语表达的指导。通过这样的差异化反馈，学生可以更清晰地了解自己的学科优势和不足，教育者也能够更有针对性地提供精准的指导，使每位学生都得到更有效的学习支持。

在个性化学习路径设计中，教育者需要关注每个学生的个体差异，运用分层教学策略、自主学习模式和差异化反馈机制，为学生提供更为贴近其需求的学习路径。通过这样的设计，每位学生都能够在个性化的学习环境中充分发挥潜力，实现更好的学业表现。

四、评价与反馈的优化

在大单元整体教学实施过程中，评价与反馈的优化是关键环节。多元化评价体系通过项目作业和实际应用等方式全面了解学生表现，及时反馈机制可以激发学习动力，而学业发展档案则跟踪个体成长，为个性化指导提供科学依据。这一优化不仅使评价更具深度和广度，还促使学生更全面地了解自己的学业水平，形成更高效的学习策略，提高英语学科能力。

（一）多元化评价体系：全面了解学情

多元化评价体系通过多种方式对学生的学科能力进行评估，更全面地了解学生的表现。除了考查语法、词汇等基础知识外，还可以引入项目作业、小组演讲、实际应用等形式。例如，学生可以通过参与英语角、创作英语短片等方式展示语言运用能力。这样的多元化评价既考查了学科知识，又考查了学生的实际应用能力，为更准确的学业水平评估提供了更多维度的信息。

（二）及时反馈机制：激发学习动力

及时反馈机制是评价的重要环节，能够在学生学习的过程中及时发现问题，引导其进行纠正和提升。教育者可以通过定期的测验、作业批改和面对面的反馈等方式，向学生提供具体、明确的反馈信息。这不仅有助于学生及时了解自己的学科优势和不足，还能够激发他们的学习动力，促使其更加专注和努力。及时反馈机制强调教育者与学生之间的沟通，建立了一个更为积极的学习互动环境。

（三）学业发展档案：跟踪个体成长

学业发展档案是一个系统记录学生学业发展历程的工具。通过建立学业发展档案，教育者能够更全面地了解学生的学科水平、学科兴趣和学科发展方向。在英语学习中，档案可以包括语言水平的历史变化、学习计划的执行情况以及个别学科的突出表现。这样的学业发展档案不仅有助于学生认知自我和设定目标，也能够为教育者提供更科学的个体化指导，实现更有效的教学和学习。

在评价与反馈的优化中，教育者需要灵活运用多元化评价体系、及时反馈机制和学业发展档案，以全面了解学生的表现，激发其学习动力，并有针对性地指导个体成长。通过这一优化，学生将更全面、深入地了解自己的学业水平，形成更高效的学习策略，从而提高英语学科能力。

五、结语

在大单元概念下，教师可以更好地把握教学框架，统筹安排教学内容，增强教学关联性和系统性。采用分层教学，满足不同水平学生学习需求，使每个学生在适合自己水平的学习环境中得到更全面的提升。通过自主学习模式，激发学生兴趣，让其更主动地参与学习过程，形成积极的学习态度。启发性思维培养、引入问题驱动学习、批判性思维培养和合作学习模式，使学生在实际项目中培养实践能力，促进思想碰撞，以便更好地应对未来挑战。在评价与反馈的优化中，多元化评价体系、及时反馈机制和学业发展档案的运用，使教育者更全面了解学生表现，为个性化指导提供科学依据。这一整合性教学策略不仅推动了英语教学质量的提升，也为学生全面成长奠定了坚实基础。

参考文献

[1] 中华人民共和国教育部．普通高中英语课程标准（2017 年版 2020 年修订）[M]．北京：人民教育出版社，2020：4.

[2] 王蔷，周密，蔡铭珂．基于大观念的高中英语单元整体教学设计 [J]．中小学外语教学（中学篇），2021（1）.

[3] 王嘉．英语阅读教学中运用自主学习策略培养文化意识的途径探析 [J]．英语广场，2023（31）：132－136.

[4] 叶秀林．大概念视域下的高中英语单元整体教学设计研究 [J]．海外英语，2023（19）：194－196.

大概念视域下的单元整体教学与实施

——以人教版必修第二册 Unit1 Cultural Heritage 为例

河源高级中学　章清波

摘要：基于大概念的单元整体教学是英语学科核心素养落地的关键路径。大概念有助于实现核心素养目标的具体化，为教师重塑教材内容、二次开发教学资源提供有效工具。本文在梳理大概念和大单元的内涵与关系的基础上，结合具体案例阐述利用大概念优化大单元整体教学的有效路径，旨在推动英语学科核心素养落地课堂。

关键词：大概念；核心素养；单元整体教学

一、引言

《普通高中英语课程标准（2017 年版）》（教育部，2018，以下简称《课标》）指出，学科课程标准“进一步精选了学科内容，重视以学科大概念为核心，使课程内容结构化，以主题为引领，使课程内容情境化，促进学科核心素养的落实”[1]。大概念已成为引领各科课程改革的新趋势。然而，大概念在我国英语学科中的具体应用仍处于起步阶段。基于此，本研究从解析大概念与核心素养的关系出发，结合案例阐明基于大概念优化大单元教学的路径，旨在切实提高学生的英语学科核心素养。

二、大概念与英语学科核心素养的关系

《课标》明确指出，英语学科的核心素养目标是“培养学生语言能力、文化意识、思维品质和学习能力”[1]。大概念有助于核心素养目标的实现。大概念反映学科本质，联结学科内容，统摄学科架构[2]。大概念采用的是一种整合性思想，有助于学生将所学内容进行简明扼要的抽象表达，在头脑中形成以意义联结的学科概念架构，从而为已学语言知识的整合性运用提供必要条件。只有当学生意识到了大概念的存在，并学会利用大概念去理解学习内容之间的相互联系，才能够自主分析和推断不同信息，自由“穿梭”在纷繁复杂的信息之间，最终学会独立建构新概念，这对学生的思维品质提出了更高要求。

英语学科的文化知识相较于语言知识，结构不太明显，但并不是毫无结构可言。大概念作为联结学科知识的纽带[2]，可用于联结原本零散分布在不同单元的文化主题，使相关的教学内容得以形成“组块”[3]，有利于学生对学科文化知识与内涵产生更深层次的理解，进一步促使学生追寻文化本质，探究文化异同。通过大概念联结而习得的文化知识更具有持久性，以大概念为核心的教学有助于核心素养中文化意识目标的实现。大概念既是知识，又是工具，不仅有利于学生对知识的理解、建构、迁移，还可以反作用于知识，让学习内容“活起来”。这种方式允许学生将英语与其他学科进行跨学科链接，让已有的知识成为获得更多知识的手段，从而提升学生的学习能力。

三、大概念与单元整体教学

大概念的价值意蕴深厚，但目前英语学科领域利用大概念培养核心素养的实践经验还相对较少。本文从单元整体教学与实施的视角出发，探索运用大概念培养英语学科核心素养、提升英语教育教学效果的有效路径。单元教学是由大概念统摄的、以核心素养为取向的一个或多个单元的整体教学，需对教学目标、教学活动等进行整体规划，具体问题具体分析，对教学内容进行整合。单元整体教学不仅符合语言的学习规律，而且符合学生认知发展规律与生活经验，因此是一个相对完整的学习单位，有助于实现教学设计与核心素养目标的有效对接。

（一）大概念与单元整体教学的关系

单元整体教学需要大概念来统筹。在传统的单元教学中，虽然单元的每个课时之间可以由主题意义这一主线串联，然而缺乏与其他单元联系的大概念作为锚点，使该单元难以与其他单元产生关联，从而减少了学生把所学内容迁移到现实世界的机会。而核心素养导向的教学要求学生学到鲜活的、能与实际生活有密切联系的英语，这就促使教师作为课程的二次开发者，勇于且善于打破教材现成的单元体系结构，通过大概念确定单元整体教学设计，重组教学结构，进而优化教学方式。

（二）大概念与单元主题的统一

《课标》既明确强调了“以大概念为核心”，又指明了“以主题为引领”[1]。可见，只有整合了这两种教学方式，才能真正促进学科核心素养的落实。主题意义是围绕某一主题产生的，往往只适用于某一类话题的场景，在单元内部可以很好地联结相同主题的不同语篇。而利用大概念进行统筹、重塑单元的整体教学内容，具有更广泛的适用性，更有利于知识的迁移。图 1 呈现了人教版高中英语必修第二册第一单元的知识内容结构。总的来

序号	内容/标题	语篇形式	语篇主要内容	教材页码
1	Opening page	名人名言	遗产是过去人类所创造，由现代人类继承并传之后世	P1
2	Listening and speaking	采访	国际青年项目的成员谈论文物保护项目概况，选择泰山作为项目开展地点的原因，他们保护泰山文化遗产的具体做法	P2 – P3
3	Reading and thinking	描述事件发展过程的叙事文本	埃及在修建阿斯旺大坝的过程中，其附近的大量寺庙和文化古迹保护所面临的挑战与问题，以及解决过程和办法	P4 – P5
4	Discovering useful structures	句子	复习、归纳并在交际中正确理解、得体运用限制性定语从句	P6
5	Listening and talking	对话	两位游客和一位导游在参观克里姆林宫、红场和周围建筑时谈论俄罗斯世界文化遗产克里姆林宫、红场的历史文化和现状	P7
6	Reading for writing	新闻报道	敦煌莫高窟文化遗产保护项目概况，及其重要的历史文化价值和制作莫高窟文物数字照片传承历史文化的意义	P8 – P9
7	The Great Wall	视频	介绍中国长城的一些基本概况，同时记叙了专业人士和普通人对长城这个享誉中外的世界文化遗产的保护	P12
8	World cultural heritage sites	说明文	简介联合国教科文组织运行的世界文化和自然遗产保护项目，并以两个中外世界遗产地为例展开说明，即泰姬陵和明清皇家陵寝	P66
1	Opening page	名人名言	文化遗产的内涵	P1
2	Listening and speaking	采访	各国青少年如何合作参与文化遗产保护以及文化遗产保护的意义	P2 – P3
3	Reading and thinking	描述事件发展过程的叙事文本	文化遗产保护面临的挑战和问题，以及解决过程和办法，关注国际合作在问题解决过程中的关键作用	P4 – P5
4	Discovering useful structures	句子	运用定语从句拓展丰富文化遗产的保护方式及其意义	P6
5	Listening and talking	对话	通过旅游或他人旅游经历了解文化遗产的历史文化和现状	P7
6	Reading for writing	新闻报道	用数字技术制作敦煌莫高窟文物图像，引起世界范围内人们对中国历史、文化和传统的关注和了解，理解文化遗产保护的意义，从而更好地增进国际文化交流、理解和合作	P3 – P9
7	The Great Wall	视频	文化遗产的保护和传承需要专业人士和普通人的积极参与和实际行动	P2
8	World cultural heritage sites	说明文	世界文化遗产地具有重要的历史文化价值	P66

图 1　人教版高中英语必修第二册第一单元的知识内容结构

说，主题为英语教学提供话题与情境，而大概念提供教学内容结构化的线索，都旨在为学生搭建核心素养的基础，在学科中培养关键能力。因此，教师应以大概念为逻辑起点，设计教学情境与问题；学生则要以大概念为联结真实世界的桥梁，完成知识的理解、能力的迁移，从而实现单元整体教学与实施。

经过深入研读教材可知，Unit 1 Cultural Heritage 要解决的是文化遗产保护的问题，通过“学会分析问题、解决问题，并付诸行动”这一大概念联系在一起，帮助学生进行更深层意义的构建，更有利于学生将所学知识迁移到真实世界中，真正学会分析问题、解决问题，并付诸行动。因此，单元教学设计应以主题意义为引领，使知识情境化；而大单元设计则需以大概念为锚点，才能使知识结构化。

四、如何利用大概念优化单元整体教学

《课标》在前言部分明确提出，英语教学要“以大概念为核心，使课程内容结构化”，但并未进一步呈现英语学科教材中具体有哪些大概念。究其原因，大概念在英语学科领域多以隐性或至少是半隐性的形式存在，无法像科学学科那样以清单或列表的形式清楚地进行展现。那么，在实际应用场景中，教师应该如何提炼大概念，并以此设计和组织教学，以期实现课程内容结构化，这是本文研究与探索的重点所在。

利用大概念组织单元整体教学设计活动的主要步骤如下：首先，教师深入研读《课标》与教材，提炼大单元的大概念；接着，基于大概念确定单元整体教学的指导思想；随后，搭建单元框架并明确单元教学目标，进而确立单元课时安排；最后，设计基本问题和问题情境。教师在教学过程中要以大概念为统筹，把握教学主线，带领学生围绕不同主题进行多角度的子概念构建，逐步引导学生形成以单元为整体的大概念。

下面以人教版高中英语必修第二册 Unit 1 Cultural Heritage 为例，具体阐述如何利用大概念优化单元整体教学设计。

（一）利用大概念确定指导思想，把握教学方向

单元教学是一种整体的设计，首先需要教师基于大概念确定单元教学的指导思想，以此把握教学的大方向。在此过程中，教师要挖掘教学材料的核心价值，确定指导思想，形成单元内容关联图（图 2）；并在实施期间不断监控活动是否围绕主线展开，适时进行调整、改进。

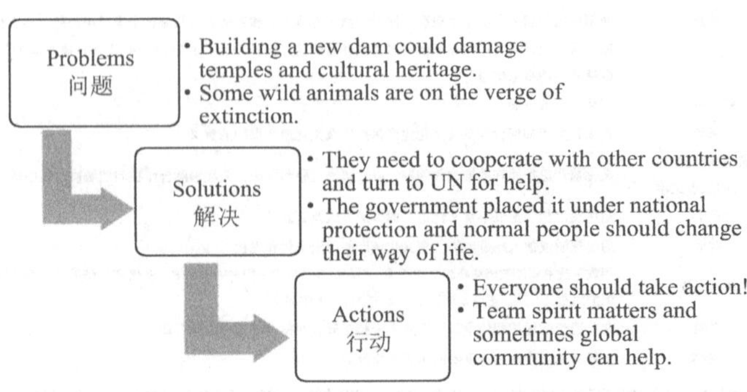

图 2　人教版高中英语必修第二册第一单元的内容关联图

例如，本案例中的指导思想为：教学设计应以“学会分析问题、解决问题，并付诸实践”的大概念为核心，围绕保护文化遗产的主题展开，带领学生思考如何解决文化遗产保护方面的问题，并鼓励学生积极参与、付诸行动。

（二）基于大概念确定单元教学目标和课时安排

大概念不仅可以用于确定单元教学活动的指导思想与教学大方向，还可以用于确定单元教学目标与课时安排。教师应从课程内容出发，仔细研读单元相关的所有内容，提炼子概念，并建立联系，搭建单元内容总体框架，确定单元教学目标，确定课时安排（表1）[3]。

表1　人教版高中英语必修第二册第一单元教学目标与课时安排

小单元	教学目标	课时分配	语篇	课时学习目标
小单元1：认识文化遗产及保护文化遗产的必要性	1. 从阅读和音频文本获取、列举世界文化遗产相关的细节信息以及重要性的相关词块和语句。 2. 通过音频文本归纳、梳理启动对话的功能性语句，并在新语境中启动有关文化遗产历史与现状的对话	第1、2课时	1. Opening page & Work book expanding your world 2. Listening and Talking	1. 识别文化遗产的分类；获取泰姬陵和明清皇家陵寝相关的具体信息；通过阅读文本中与主题相关的句子来概括文化遗产的内涵。 2. 运用听力策略梳理、整合克里姆林宫和红场过去的作用和现状，对比分析与其他著名遗产的异同，进一步探究文化遗产内涵，分析如何有效启动对话
小单元2：描述保护文化遗产遇到的问题和解决方案以及文化遗产保护的意义	1. 梳理、概括阿斯旺大坝修建过程中文化遗迹保护遇到的问题和解决方案。 2. 获取有关泰山和长城的文化知识。 3. 通过分析语篇，获取描述事件的叙事文语篇和新闻报道的结构和语言特点。 4. 认识到国际合作在文化遗产保护中的重要作用，积极思考自己如何力所能及地参与文化遗产保护，并付诸行动	第3、4、5、6课时	1. Reading and Thinking: from problems to solutions 2. Discovering Useful Structures 3. Listening and Speaking 4. Video Time	1. 通过绘制时间线，梳理阿斯旺大坝建设问题、文化遗产保护的重要过程和解决方案；了解文章的结构和语言特点；分析其他国家向埃及项目提供帮助的原因；通过学习阿斯旺大坝精神，加强国际合作意识，树立人类命运共同体意识。 2. 运用观察发现归纳法识别定语从句的形式、意义和功能；使用定语从句以口头和书面的方式更详细地描述人或事。 3. 运用听力策略获取更多关于泰山的知识；联系上下文语境猜词；完成一篇新闻报道，学习其结构和语言特点。 4. 观看视频获取长城的基本信息，包括长度、位置、形状、历史和象征意义；梳理长城存在的问题和保护它的人的故事；运用词块和句子，就为什么以及如何保护像长城这样的文化遗产发表观点

续上表

小单元	教学目标	课时分配	语篇	课时学习目标
小单元3：思考个人如何采取实际行动来保护文化遗产并树立人类命运共同体意识	1. 通过阅读新闻语篇“敦煌莫高窟保护数字项目”内容，获取莫高窟的历史文化价值，树立传播中国历史、中国文化的意识。 2. 赏析承载主题意义的定语从句及其他句子，概括文化遗产保护的意义，增强文化自信，树立人类命运共同体意识。 3. 借鉴新闻文本结构，详细分析莫高窟数字化新闻报道的结构特点和语言特点，运用丰富和恰当的词汇与句法（定语从句）完成一篇关于文化遗产保护的新闻报道。 4. 呈现非物质文化遗产保护的项目成果	第7、8课时	1. Reading for Writing 2. Assessing your progress and Project	1. 概括敦煌莫高窟的历史文化价值；学习新闻报道的结构和语言。 2. 通过模仿阅读文本并用定语从句添加更多细节，写一篇关于个人或团体致力于保护文化遗产的新闻报道。 3. 通过背景知识和相关语句的学习，认识到莫高窟的重要性，并树立保护我们文化遗产的意识。 4. 能就不同的角色（reporter，volunteer，tourist，tourist guide，engineer，CEO of a company，lawyer，official and teacher...）参与文化遗产保护发表观点

单元整体教学目标兼具关联性与建构性，既体现了从单元中提取主题的意义，又凝练了单元的大概念，即学会了分析问题、解决问题，并付诸行动。教师根据大概念单元的整体教学目标设计逻辑连贯、由表及里、由浅入深的教学活动，带领学生生成对大概念的理解和把握，形成对自我、对他人、对社会和对世界的新的认知、态度与价值判断[4]。学生在实践中产生认识，生成大概念；又在实践中改造世界，检验大概念。为了解决问题，学生主动调动已有经验，运用所学知识和技能，去分析、探究、挑战，在解决问题的过程中形成英语学科核心素养。

五、结语

大概念视角下的高中英语单元整体教学的设计与实施，能够提高教师的学科育人意识和能力，充分挖掘单元主题下反映育人价值的大概念，提高教师分析教材、运用教材的能力，从而实现立德树人和学科育人的课程目标；能够引导学生构建更加全面和相对完整的对某一主题的认知，深入理解主题背后的大概念，发展学生的英语学科素养，提高学生的英语学习兴趣以及综合语言运用能力和语言思维能力；能够帮助学生分析教材，整合单元学习内容，编制学习目标，养成良好的英语学习习惯。然而利用大概念优化英语教学并非易事，它对教师的知识水平及能力素养都提出了挑战，需要教师花更多的时间和精力研究课程内容。但是，从达成教育教学目标和提升教育教学效果上看，这些努力都是值得的。英语教师应增强二次开发教材的意识，使教学理论与实践接轨，使教学实践与生活接轨，努力推动课程建设与改革。

参考文献

[1] 中华人民共和国教育部．普通高中英语课程标准（2017 年版）［M］．北京：人民教育出版社，2018.

[2] 王蔷，周密，蒋京丽，等．基于大观念的英语学科教学设计探析［J］．课程·教材·教法，2020（11）：99－108.

[3] 人民教育出版社．普通高中教科书·英语必修第二册［T］．北京：人民教育出版社，2019.

[4] 王蔷，周密，蔡铭珂．基于大观念的高中英语单元整体教学设计［J］．中小学外语教学（中学篇），2021（1）：1－7.

学科核心素养视角下的项目式教学

——读《项目式教学》的启发与思考

河源广赋创新学校　谢稳英

摘要：项目式教学（PBL）是一种注重以学生为中心的教学方式。它秉承“从做中学”的教学理念，主张学生通过小组合作探究，在一系列真实的任务情境下，教师将学生所做项目与他们的文化、生活和未来紧密联系起来，最终以不同形式展示项目成果，并接受反馈与评价、反思与总结。随着新课标的颁布，核心素养的概念也随之出现在人们的视野中。而学科核心素养是学科育人价值的集中体现。将项目化教学理念融入到英语教学实践中，可以为学生创造“沉浸式”英语学习体验，发展学生语言能力、文化意识、学习能力和思维品质等学科核心素养，切实提高学生的英语学科能力。

关键词：英语项目式教学；学科核心素养

21 世纪的素质教育是聚焦核心素养的教育。如今，学生除了具备良好的学科知识和技能之外，还需要掌握思维的工具，需要具有良好的行动、协作能力等各方面素养，以适应不断变化的世界环境。《项目式教学》两位作者苏西・博斯（Suzie Boss）和约翰・拉尔默（John Larmer）在书中提出了令教育工作者深受启发的七大项目式教学实践——从建立适合的课堂文化、进行项目的设计与计划、评估学生的学习，再到为学生搭建有效的学习支架、参与和指导学生学习过程。项目式学习主张以学生为中心的课堂文化，通过开展课堂活动，学生协作进行深入学习，学会批判性地思考。学生具有发言权和选择权也是项目设计要素之一。英语学科核心素养是学科育人价值的集中体现，强调“以人为本”，学生通过学科学习逐步形成正确的价值观念、必备品格和关键能力[1]。可以说，项目式学习的教育理念与新课标下学科核心素养的发展理念不谋而合。简言之，项目式学习为提升学生英语学科能力、实现核心素养的育人目标奠定了坚实的基础。

本文主要从英语项目式教学、英语项目式学习与英语学科核心素养之间的联系展开论述，并通过结合新人教（2019）版高中英语教学实践，思考项目式学习推动英语学科素养发展的路径。

一、英语项目式教学与英语学科核心素养

在《项目式教学》中，为了帮助学生达到项目中确定的有意义的学习目标，在计划项目时，作者提出了“高质量 PBL 计划的核心要素”，包括：解决一个具有挑战性的问题，持续性的探究，项目要有真实性（学习内容与真实世界联系起来），学生对项目要有发言权和选择权，学生和教师在项目中进行反思、批判性反馈和修正，项目化学习成果的公开展示。此外，在“七大教学实践”之一的课堂文化建设中，作者特别指出课堂文化的重要性，如项目墙、学习环境、规程和惯例等，它们可以打造一个具有包容性的“学习共同

体”，向学生传达出一种信念，即“我们是这个特别且优秀的集体中的一份子”[2]，这对项目里入项环节中学生兴趣激发和学生成果展示都具有重要的启发意义。从这些项目设计要素和教学实践可以得知，在英语项目式教学（学习）中，教师在设计某一个英语项目时，应注重考虑以下几个特点：第一，突出以学生为中心；第二，问题驱动与学习目标结合；第三，项目的持续有利于构建知识体系；第四，项目情景具有真实性；第五，以项目促学，有利于教学评一体化；第六，小组合作，有利于全员参与。

《普通高中英语课程标准（2017 年版 2020 年修订）》指出：“普通高中英语课程倡导指向学科核心素养发展的英语学科活动观和自主学习、合作学习、探究学习等学习方式。换言之，除了常规的教学活动，教师应该设计具有综合性、关联性和实践性特点的英语学习活动，使学生通过学习理解、应用实践、迁移创新等一系列融语言、文化、思维为一体的活动，获取、阐释和评价语篇意义，表达个人观点、意图和情感态度，分析中外文化，发展多元思维和批判性思维，提高英语学习能力和运用能力。”[1]不难看出，英语课堂教学要适应时代的发展和需要，既要夯牢学生的语言基础知识、提高他们的语言基本技能，更要培养学生能适应社会发展和终身发展的关键能力和必备品质，即核心素养。

因此，项目式学习是体现核心素养下的英语学习本质的方式之一。英语项目式教学（学习）为新高考背景下学生高中英语学科核心素养的培养提供了一条新路径。

二、如何通过项目式教学发展学生学科核心素养

英语项目化教学又是怎样推动发展学生的学科核心素养的呢？基于上文对英语项目化教学意义以及项目化教学特点的描述，可以提炼出项目式教学的六个关键词，即“项目驱动、真实情景、课堂活动、合作探究、富有挑战、评价反思”[2]。项目式学习的这些特点，为实现学生核心素养的培养目标奠定了坚实的基础。

（一）利用项目驱动，促进成果产出和目标达成

“项目”既是项目式学习的核心要素，也是项目化学习的重要源头。因此，在实施项目之前，教师要认真考虑：如何选择项目，以及应该选择怎样的项目去驱动学生参与到活动当中来？除了借助“项目墙”的作用，作者在《设计与计划》一章中提出寻找优质项目点子的策略，值得学习，如“借鉴与改良、重构、借助头条新闻、将项目与流行文化挂钩、与学生合作设计”等，这些都是我们可以确定的项目切入点。笔者认为，最重要的还是要根据教学实际背景，考虑学情，选择合适的项目，准备好充足的入项活动，向学生介绍项目任务，激发学生热情，让学生能够带着学习目标开启项目学习。

结合新课标要求可知，教学目标的设计必须是“可达成、可操作、可检测”的，并根据教学实际需要有所侧重，要避免脱离“主题意义”或碎片化的呈现方式。此外，新课标也提出“主题语境”“子群语境”的要求。关注语境与语篇，单元前后互相联系，形成项目学习链，可以激发学生认真学习单元“话题”内容，展示项目成果，达成学习目标。项目问题、项目目标和项目成果三者之间是紧密相连的。

在新人教版高中英语选修 3 第三单元 Environmental Protection 的 Project 板块，以笔者设计的单元项目设计——制作有关环境问题的主题墙报“make a proposal on addressing an environmental issue in the community”为例。本单元的主题语境是“人与自然”，子群语境是“气候变化、环境保护”，笔者尝试带领学生制定的项目是“有关环境问题的主题墙设计”，对于高二年级学生来说，他们在高一时已经阅读有关动物保护话题的相关资料，也曾经制作过有关动物保护的宣传海报，但在范围更广的环境保护方面，需要他们根据所学，结合实际，提出自己的建议和操作性强的解决办法，这还是不小的挑战。学生必须熟练掌握环境问题相关主题语境词汇，了解相关背景知识，综合运用文本所承载的语言和知识，才能顺利达到这一要求。

根据维果斯基的“最近发展区”理论，学生有两种发展水平：一种是学生现有的水平，即学生的“已学任务”；另一种是学生可能达到的发展水平，也就是“学生潜力外的未学任务”。在教学过程中，教师通过搭建合适的支架，辅助性教学，帮助学生迁移所学知识，实现向“最近发展区”的跨越。基于此，笔者借助本单元阅读课的读说结合设置项目任务，在导入环节借助多模态的新闻图片，提问“Have you noticed the hot news about the environmental issues?”让学生感知注意、学习理解类似全球变暖 、沙尘暴、水资源短缺等热点新闻，激活学生本单元已有知识，铺垫相关语言知识。在读中环节，教师设置项目阶段任务，如“采访环境保护专家、制作温室效应图表、分析北极熊死亡的因果”等，让学生可以对主题知识滚动训练，运用实践所学知识。最后，学生又凭借“制作有关环境问题的主题墙报”这一项目，加上教师和同伴的“交互作用”以及互联网的“辅助性学习”，学生既获得新知又利用新知，有效实现了对知识的进一步迁移创新，激发潜能，从而实现向“最近发展区”的跨越。这样的“跳一跳，够得着”的设计，既符合新课标“主题语境”“子群语境”的要求，也是培养学科核心素养的重要体现，能够点燃学生的探究兴趣和热情，使之认真学习“话题”和投入“项目”，为项目成果的产出和学习目标的达成奠定基础。

（二）巧妙创设真实情景，为学生搭建学习迁移支架

真实性情景是项目化学习的特征之一。“学生做的项目设计有意义的，也与他们的文化、生活和未来密切相关”。而高中英语新课标也强调，“情景创设要尽量真实，注意与学生已有的知识建立联系”“以主题为引领，创设有意义的情景，依托多种题材和类型的语篇，使学生通过学习理解、应用实践、迁移创新等活动，学习语言和文化知识，发展语言技能，运用语言策略。因此，英语项目化教学中，教师应该特别注重设计符合学生年龄段的学习活动情景”（教育部，2018），使活动具有真实性，尽量联系现实生活，让学生对项目活动内容产生期待。

人教版（2019）高中英语课程单元的“Project”板块的体裁内容丰富新颖，语篇多样，旨在引导学生通过体验、实践、参与、探究和合作等方式，迁移所学的语言知识和技能，运用语言策略，完成一定的项目，展示学习成果。再以笔者设计的单元活动项目“制作有关环境问题的主题墙报”为例：我们在导入部分展示了最近时事新闻中报道的环境问题，同时切入每年6月5日“世界环境保护日”和最近的3月22日“世界水日”，以唤起学生对环境保护的意识。我们将这一情景利用到“有关环境问题的主题墙报制作”这一项目中来，让学生认真思考身边常见的环境问题，同时联系我们的社区生活，思考存在哪些环境问题，并借助互联网收集主题素材，分析原因，提出解决措施。有了前期的“气候变

化”“空气污染”“漓江水污染”的话题储备，学生热切地想得知自己社区或者周边城市有没有类似的环境问题。接着，让学生充当社区环境保护的宣传者，运用所学语言知识，提出可行的建议，帮助解决社区环境问题。通过项目式学习，学生的主人翁意识得以激发，相信这些知识对他们理解真实世界是有意义的。“在真实情景下解决真实问题”的项目化学习任务，使学生能够从低层次学习的“学习理解”跃升到高层次学习的“迁移创新”。

（三）灵活借助课堂活动，整合学习活动六大要素

课堂活动是英语学习的基本形式，是学习者学习和尝试运用语言理解与表达意义，发展多元思维，培养文化意识，形成学习能力的主要途径。新课程标准创造性地提出了指向学科核心素养的英语学习活动，指出所有的语言学习活动都应该在一定的主题语境下进行。教师需要整合课程的六要素，即“以主题为引领，以语篇为依托，将语言知识学习、文化内涵理解、语言技能发展和学习策略运用融合在学习理解、应用实践和迁移创新等三类相互关联的语言与思维活动中”。但传统的英语教学活动仍停留在学习理解活动上，学生获取的多是事实性知识，难以实现“指向核心素养的英语学习活动观”。与之相反，项目式课堂活动很好地反映了“六要素整合的英语学习活动观”，它既基于事实性知识开展学习，又聚焦概念性知识，运用概念来整合思维，进行迁移。比如“环境问题”是一个概念，学生需要抽象表达出环境问题的一般信息，而在学习了环境问题的一般信息，如有关环境问题的类别、起因和影响以及措施后，这些一般信息又会促进学生深入思考理解其他某个特定的环境问题，如水资源浪费、食物浪费等，学生会尝试运用所学知识，表达自己的“成果”。因此，教师在教学中要实现从事实储存式的知识教学到情景迁移式的概念教学，需要精心设计课堂教学活动，小步协调推进，不能一蹴而就。在基于主题和语篇背景下，教师设计好每个阶段的项目学习任务，比如在 *Environmental Protection* 阅读课文中，我们遵循“PWP”阅读模式，设计从“关注时事新闻，激活情景；头脑风暴，读前预测，产生期待；借助活动，进行知识滚动，吸收内化；成果产出，展示交流；多元评价，相互学习，表达自己的观点和态度；适度拓展，迁移创新”。项目流程如图 1 所示。

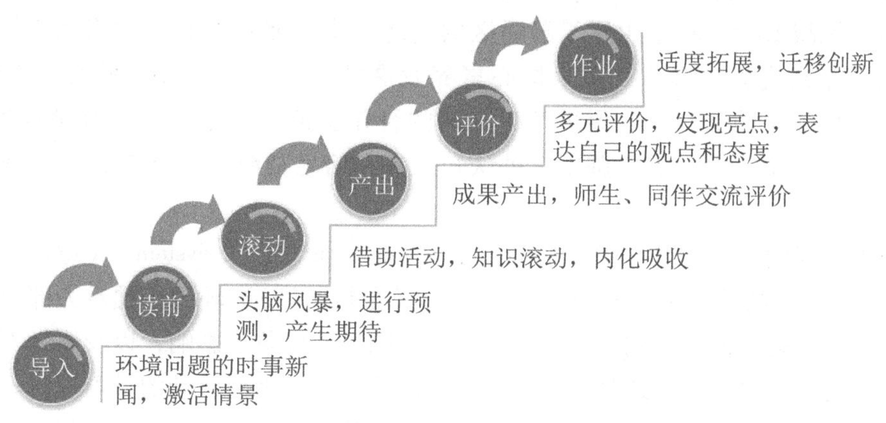

图 1　项目流程

（四）利用小组合作探究，助力群体和个体优势互补

除了设计课堂活动，管理教学活动，教师在项目中安排小组进行合作学习也是重要的环节，可以确保项目的正常进行。新课标也提出，“教学目标要体现对全体学生的基本要求，同时兼顾学生的个体差异，既确保共同进步，又满足个性发展”[1]。项目式教学的课堂组织形式能实现这一基本要求。在项目设计阶段，学生根据各自的优势特长，形成小组，合理分工，在项目中负责不同的任务。项目式学习分组的方式可以是“教师决定”“教师决定，学生参考意见”，或者“教师管理流程，学生决定”。一般遵循“组内异质，组间同质”原则，一方面，“组内异质”可以实现学生相互学习、相互借鉴、取长补短、集思广益，让学生发挥各自的长处，优势互补，形成一个良好的学习共同体；另一方面，“组间同质”体现小组之间的均衡性，可以给小组之间提供一个公平、合理、有序的竞争平台。

在上文案例中，我们主要从学生学情出发，选择“教师管理、学生决定”的学习小组，根据项目内容，将学生分成5个项目小组，分别负责5个不同的环境问题。项目小组分好之后，教师告知其相关的约定、规则等。另外，在与学生介绍项目小组成员角色时，我们没有采用传统的团队角色分工，而是考虑用真实世界里的角色，比如在项目“有关环境问题的主题墙设计”中，我们设计了环境保护专家（负责撰稿，以及与环境相关的语言表达）、环境宣传者（负责主题墙报展示）、社交媒体总监（负责环境新闻搜索记录）及创意总监（负责主题墙制作）等角色。根据项目主题合理设计成员角色，可以进一步激发学生兴趣，让学生合作探索完成项目，培养学生的合作能力，使每个小组成员都可以发挥自己的优势，也有助于提高班级整体竞争意识。

（五）项目设计富有挑战，培养学生主动探究等学习品质

项目式学习的另一核心要素是设计“具有挑战性的疑问或问题”。设计具有挑战性的项目，可以激发学生自主探究、自主学习的兴趣和热情，但同时注意，“不能太难或太简单，恰当的挑战或问题将学生置于舒适区的边缘，由此延展他们的思考力”[2]。新课标特别强调了探究式学习活动对学生核心素养发展的重要意义，可以激发学生学习的兴趣、提高学生课堂的参与度、促进师生之间的合作交流。为了完成具有挑战性的项目，从项目准备到展示，学生需要调用多种认知工具和信息资源，甚至需要利用跨学科知识去完成。

比如上文案例中，小组C负责的项目是“Waste for Sorting System”（垃圾回收分类系统）、小组D负责的项目是“Plastic Pollution”（塑料污染），环境问题对大部分学生而言是比较常见的话题，但具体到某一个环境问题的原因、现象、影响，以及要针对这一具体问题提出自己的解决办法等还是具有一定挑战性的。有了之前活动的学习基础，学生需要自主查找拓展相关信息，延展思考话题内容，整合关键信息，最后展示出来。项目式学习体现了“做中学”的教学理念，富有挑战性的问题有助于培养学生自主探究、自主学习的思维品质。长期下来，学生在做项目过程中形成的自主学习、自主探究的能力，使其在今

后的学习活动中更能发挥学习主体性。图2所示为部分小组通过合作探究共同完成的“有关环境问题主题墙设计”成果。

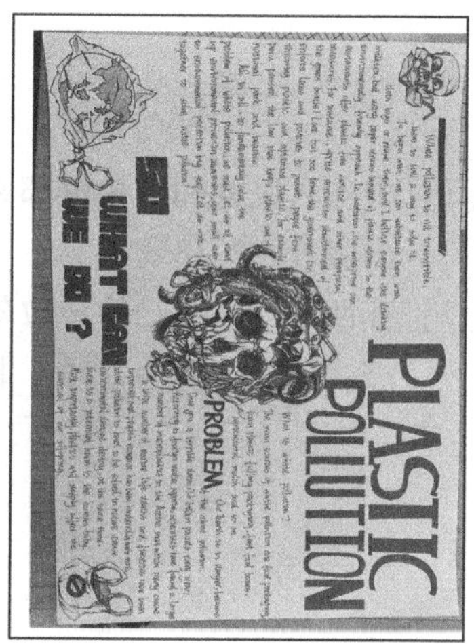

图2　学生小组完成的“有关环境问题主题墙设计”成果

（六）课堂多维评价反馈，发展学生多元思维能力

新课程标准在“评价建议”上，提出“基于英语学科核心素养的教学评价应以形成性评价为主并辅以终结性评价，注重评价主体的多元化、评价形式的多样化、评价内容的全面性和评价目标的多维化”。评估学生的学习成果也是七大项目式教学实践中一个要点。在对学生学习过程和成果展示的评价中，“平衡形成性评估和总结性评估，并给学生提供多方面的反馈，能帮助他们在PBL中实现深度学习和产出高质量产品”[2]，评价的重点应放在学生的成长上。实施项目式教学，以项目为依托，注重评价主体多元化，包括组间评价、教师评价、学生评价、组内评价和小组自评。

上文制作有关环境问题的主题墙报案例中，我们的项目式合作学习设计了“合作小组过程性评价表”“成果展示评价表”，不仅教师参与评价，学生也成为这个过程中的积极参与者，使每个学生都可以获得不同的反馈，更好地实现以评促学、以评促改。在活动结束后，教师对学生完成的项目成果从内容、设计、语言、小组合作表现等方面进行口头上指导性的评价反馈，启发学生学习其他小组的项目内容、设计思路和制作过程，并对照反思自己需要改进的地方。

三、结语

英语项目化教学是属于语言习得领域的项目化学习方式，在英语口语、语法、词汇、阅读教学中都表现出了较好的作用。将项目化教学理念融入英语教学实践中，可以为学生创造“沉浸式”英语学习体验。相比传统的英语教学，项目式教学让学生在真实的情景中学习，学生通过小组合作完成学习任务，在完成任务过程中既习得英语知识、培养语言能力和文化意识，又能拓展思维，促进思维能力的发展。因此，项目式学习对培养学科核心素养，实现英语学科的育人价值具有重大的作用和意义。

参考文献

[1] 中华人民共和国教育部. 普通高中英语课程标准（2017 年版）[S]. 北京：人民教育出版社，2018.

[2] 苏西·博斯，约翰·拉尔默. 项目式教学：为学生创造沉浸式学习体验 [M]. 周华杰，陆颖，唐玥，译. 北京：中国人民大学出版社，2020.

基于大单元教学理念的高中物理单元教学设计

——以“万有引力定律”为例

河源高级中学　廖冠松

摘要：本文根据核心素养要求，提出可以实施的大单元内容开发，完成大单元教学内容设计，进一步明确在进行大单元教学时对课时的划分。并基于提出的教学流程对高中物理必修二的课程内容进行设计实施，总结经验。

关键字：大单元教学；核心素养；万有引力

一、大单元教学理念的提出

大单元教学是在核心素养提出后，在我国教育界新提倡的教学组织形式，目的在于促进学生的深度学习[1]。大单元教学的过程就是使学生进行深度学习的过程，大单元教学是单元教学的进一步发展。大单元教学的设计与实施是为了更好地满足课程标准对中学教学实施的要求，实现促进学生全面发展的培养目标。大单元教学促使教学设计面向学生，使学生所要学习的知识结构化，使课堂的教学过程情境化。教师可以从整体的角度对知识进行分析、重构，全面考虑知识之间的连贯性，能够进行单元教学设计，从整体的角度实现对课程的开发。

二、大单元教学实施目的

（一）改进教学内容结构，促进知识网络化、系统化

传统教学方式往往使得知识较为碎片化，教师注重单个知识点的讲解，学生也无法将知识串联起来。本文通过对于大单元教学在高中物理教学中的应用研究，设计出能够依据物理知识之间的内在联系和学生心理发展规律的大单元教学任务。通过适当的主题，对学生所需掌握的知识进行重组，构建出贴近学生生活的学习情境，帮助学生形成相应的知识体系。

（二）优化教学过程，提高课堂效率

大单元教学可通过对系统原理和优化原理的应用，依据大单元的目标，将学生所要学习的内容进行整合。在进行大单元教学设计时，以主要课程为基础，必要情况下突破学科限制，引入前沿知识，力求实现知识体系的完整性、科学性，提高课堂活力和效率。

（三）培养学生物理学科核心素养

现在的物理课堂虽然强调以学生为中心，但是课堂上留给学生自主学习的时间并不

多。所以大单元教学强调在课堂中引导学生完成特定的任务，让学生在活动中发现物理规律，提高学生的科学探究能力。在教学中合理引入课本之外的知识，丰富课堂活动和内容，培养学生的科学态度与责任感，提高学生的物理学科核心素养。

三、大单元课程的开发流程

根据以上目的，本人在教学实践的基础上，结合实际情况，对所教内容进行二次开发，使之符合大单元教学的要求。此次大单元课程的开发依据为粤教版必修第二册第三章的内容。

（一）单元内容设计背景

2017 年版物理课程标准对“万有引力定律”单元的教学要求主要有三点[2]：

1. 通过史实资料，学生了解万有引力定律的发现过程，知道万有引力定律，认识发现万有引力定律的重要意义。认识科学定律对人类探索未知世界的作用。

2. 学生会计算天体的质量与密度。

3. 学生会计算人造地球卫星的环绕速度。知道第一宇宙速度和第二宇宙速度。

高中物理课程标准中要求学生了解人类对行星运动规律的认识历程，知道地心说和日心说。知道并且能运用开普勒定律解答有关问题。知道万有引力定律的内容和表达式，能推导并且用万有引力定律解决引力计算问题。理解计算天体质量的基本思路。知道万有引力定律在航天技术上的应用。

学生在初中的学习中已经知道地心说和日心说的内容，知道天体基本运行轨迹，知道牛顿发现了万有引力定律，但都还没有系统地、深入地进行学习。

基于高中物理课程标准的要求和学情，对不同的教材内容进行对比，确定大单元教学的具体内容为粤教版第三章的内容，如图 1 所示。

第三章	万有引力定律	51
第一节	认识天体运动	52
第二节	认识万有引力定律	56
第三节	万有引力定律的应用	62
第四节	宇宙速度与航天	67

图 1　高中物理粤教版教材第三章目录

（二）大单元教学单元内容

结合本部分的内容确定大单元的主题为“万有引力定律”。图 1 显示，本单元所学的内容是以万有引力定律为核心展开的。从人类对行星运行规律的认识，到发现万有引力定律，最后运用万有引力定律取得了伟大的成就。因此，确定本单元的活动内容为“万有引力定律的发现与应用”。基于以上内容进行大单元教学设计，基于物理学科核心素养确定大单元的总教学目标，目标内容依据核心素养进行划分，如表 1 所示。

表 1　大单元教学目标

物理观念	通过对天体运动规律的认识，丰富、完善学生对运动观的理解，深化运动与相互作用的概念；通过太阳—行星、月球—地球 、地球—地面上物体之间相互作用的统一，能用万有引力解决简单的天体运动问题
科学思维	通过已有概念、规律，分析物理现象，将复杂运动分解为简单运动，建构模型并解决天体的质量与密度问题
科学探究	在探究和检验万有引力定律的过程中，提高建模能力和科学论证能力，增强证据意识和规律意识
科学态度与责任	体会科学规律发现过程中大胆猜想与严格求证的重要性，通过万有引力定律的发现历程，体会人类认识自然过程的漫长与曲折，通过海王星等事实，体会理论的威力

依据高中物理课程标准的要求，围绕大单元的主题，确定学生所要掌握的本单元的知识。本单元的主要学习内容划分见表 2。

表 2　知识表

概念	日心说、开普勒定律、万有引力定律、第一宇宙速度、第二宇宙速度、人造地球卫星			
公式	$\frac{r^3}{T^2}=k$	$F=G\frac{Mm}{r^2}$	$G\frac{Mm}{r^2}=mg$	$G\frac{Mm}{r^2}=m\frac{v^2}{r}=m\omega^2 r=m\frac{4\pi^2}{T^2}r$
实验	万有引力常数 G 的测量思路			
其他	同步卫星、黑洞、双星系统、人造卫星变轨与能量			

根据知识之间的联系和逻辑设计结构图，如图 2 所示。

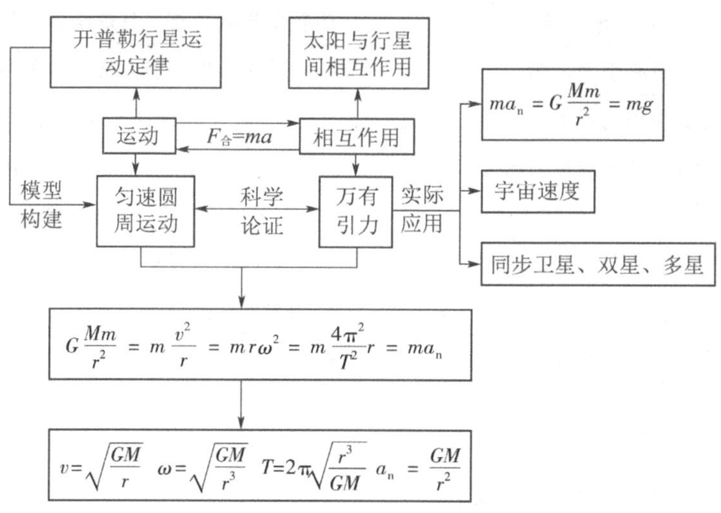

图 2　知识结构图

观察图中内容可以发现，本章主要学习万有引力定律的发现和应用，学习的内容包括开普勒定律、万有引力定律、人造地球卫星的特点等。学生在学习这些基本定律的基础上学习解决相关问题。其中科学探究实验为卡文迪许扭秤实验，测出万有引力常量 G，学生学习以体会该实验的思想和重要性为主。

（三）单元内课时划分

以格式塔理论为指导，根据单元知识逻辑结构和学生的思维发展水平，围绕单元主题，本单元内容的组织形式可确定为由现象到一般规律再到规律的应用。据此单元内容划分为三个分主题，分别是“万有引力定律的发现与适用条件”“万有引力定律的成就”和“万有引力定律在航天技术中的应用”，并在此基础上设计单元任务、课时任务以及学生活动。通过重新构建学生所要学习的内容，吸收前沿科学知识，增大课堂容量，帮助学生形成关于力的系统知识框架，让学生能够在不同情境中对知识进行迁移和应用。同时，在设计任务和活动的过程中重视学生的“最近发展区”，不断培养学生解决问题和知识迁移的能力，促进学生的深度学习。

根据上述内容以及课程安排的要求，本单元的教学内容计划在 8 个课时内完成，如表 3 所示。

表 3　教学内容安排

课时安排	课题	学习内容
1 课时	单元起始课	古人的天体运动观：地心说与日心说
	开普勒定律	开普勒第一、第二、第三定律
1 课时	太阳与行星之间的引力	模型简化：椭圆轨道近似成圆轨道
	行星对太阳的引力	力的作用是相互的
	太阳与行星之间的引力	引用平方反比定律，得出万有引力表达式
1 课时	月—地检验	牛顿苹果的故事、月球绕地球匀速圆周运动
	万有引力定律	适用条件、引力常数 G 的测定方法
2 课时	万有引力与重力的关系	创设（g，R）模型
	计算天体的质量与密度	创设（T，R）模型
	发现和研究未知天体	天王星的发现，计算未知天体的参量
2 课时	万有引力定律与人造卫星的发射	第一、第二、第三宇宙速度
	万有引力定律与航天	卫星的轨道参数的关系、卫星如何变轨
	万有引力定律与现代天文学	双星系统、黑洞
1 课时	习题课	大任务

（四）大单元的教学课例（节选）

基于本单元知识的逻辑特点，将以大项目为逻辑开展大单元主题教学，教学以大任务为核心展开。

本课例以最后习题课为例，该课始终围绕着一个大任务展开：通过作图，找出万有引力充当的角色，是万有引力提供向心力，还是万有引力产生重力？学生把这个任务完成后，解决万有引力的问题也就事半功倍了。

以下是本人的课堂讲解实录：

师：同学们已经学了这章万有引力定律，大家在学习本章或者做题过程中，觉得最难的是什么呢？

生1：计算问题。

生2：我无法理解情境，毕竟天体我们从未接触过。

师：那么，我们必须找到一个解决万有引力定律问题的基本流程：

作图→找到万有引力充当的角色→根据图列式求解。下面请看例题：

（1）为了探测引力波，“天琴计划”预计发射地球卫星P，其轨道半径约为地球半径的16倍；另一地球卫星Q的轨道半径约为地球半径的4倍，P与Q的周期之比约为（　　）

A. 2: 1　　B. 4: 1　　C. 8: 1　　D. 16: 1

师：请一位同学上来作图。

我们发现万有引力提供向心力，该题可使用开普勒第三定律，只需要根据图找出所需的半径与周期即可。如图3所示。

$$\frac{R_1^3}{T_1^2}=\frac{R_2^3}{T_2^2}=K$$

$$\frac{T_P^2}{T_Q^2}=\frac{R_P^3}{R_Q^3}=\frac{16R^3}{4R^3}$$

$$\frac{T_P^2}{T_Q^2}=\frac{16^3}{4^3}$$

$$\frac{T_P}{T_Q}=\frac{8}{1}$$

16R　4R

图3　找出图中所需半径与周期

复习题

（2）苹果自由落向地面时加速度的大小为g，在离地面高度等于地球半径处做匀速圆周运动的人造卫星的向心加速度为（　　）

A. g　　B. $\frac{1}{4}g$

C. $\frac{1}{2}g$　　D. 无法确定

师：请同学上讲台作图，然后使用万有引力定律解题（如图4所示）：

$$G\frac{Mm}{r^2}=mg$$

$$G\frac{Mm_{卫}}{(r+r)^2}=m_{卫}g_{卫}$$

$$g_{卫}=\frac{r^2}{(r+r)^2}g=\frac{1}{4}g$$

苹果　卫星　r　$2r$

图4　使用万有引力定律解题过程

复习题

（3）为研究太阳系内行星的运动，需要知道太阳的质量，已知地球半径为R，地球质量为m，太阳与地球中心间距为r，地球表面的重力加速度为g，地球绕太阳公转的周期为T。则太阳的质量为（忽略地球自转）（　　）

A. $\frac{4\pi^2r^3}{T^2R^2g}$　　B. $\frac{T^2R^2g}{4\pi^2mr^3}$

C. $\frac{4\pi^2mgr^2}{R^3T^2}$　　A. $\frac{4\pi^2mr^3}{T^2R^2g}$

师：此题解题策略是一样的吗？

生：一样的，也是先作图，再列式，找出所求物理量。如图5所示：

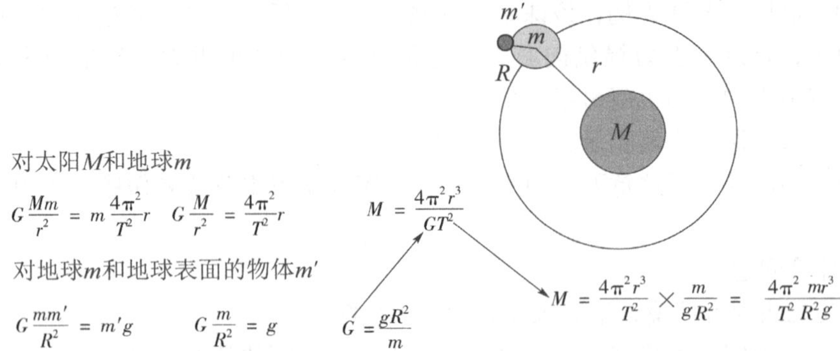

图 5　作图列式解答问题

四、结语

总之，大单元主题教学是助力高中物理教学中核心素养顺利落地的有效教学方法。在开展大单元主题教学来培养学生核心素养期间，需要结合高中生的学情以及单元教学内容，从明确单元教学主题与目标出发，科学设计多样化的单元主题教学活动，才能最大程度地提高高中物理单元主题教学的质量。

参考文献

[1] 崔允漷. 指向学科核心素养的教学即让学科教育“回家”[J]. 基础教育课程，2019(4)：1.

[2] 教育部. 普通高中物理课程标准（2017 年版 2020 年修订）[S]. 北京：人民教育出版社，2020.

“深度学习”的大单元教学设计与实施

——以“氮及其化合物”为例

河源高级中学　彭国清

摘要：深度学习是近年来在基础教育领域兴起的教育教学改革内容，本文以“氮及其化合物”为例，诠释如何在大单元教学中落实深度学习，明确大单元教学设计中的关键因素以及深度学习的意义，让高中的课堂教学更好地落实新课程标准，促进学生化学学科核心素养的形成和发展。

关键词：深度学习；化学核心素养；大单元教学设计；氮及其化合物

深度学习最早是由美国学者在1976年提出的一个概念，其针对的是孤立记忆和非批判性接受知识的浅层学习[1]。国内的相关研究相对起步较晚，但是近几年在这块领域研究的学者逐渐增多，也获得了一定的成果。深度学习在高中教学中的体现主要有几方面：一是将课本知识与日常生活、工业生产、环境保护等相关联，能将理论知识与实际相结合，促进知识的实际应用；二是教学活动主题化，根据知识确定主题，让学生成为课堂的主体，积极主动参与教学活动的讨论和研究，从而解决该主题可能出现的问题，掌握相关的知识；三是将教材相关的知识重新拆解、归纳和组合，让零散的知识关联化、系统化，加深通关知识点之间的联系，进一步强化记忆。

大单元教学设计是模块化学习和主题性学习，其知识关联更加紧密，从知识结构上来讲便于学生建立知识体系，有利于学生的记忆和理解，提升学生的逻辑思维和联想能力[2]。从培养化学学科素养而言，有利于学生在学习知识的过程中提升学科素养。

以“氮及其化合物”为例进行大单元教学设计，首先可以确立一个主题，根据其知识点的分布，以工业制氮肥（硝酸铵）为设计主题，其制备路线如图1所示。

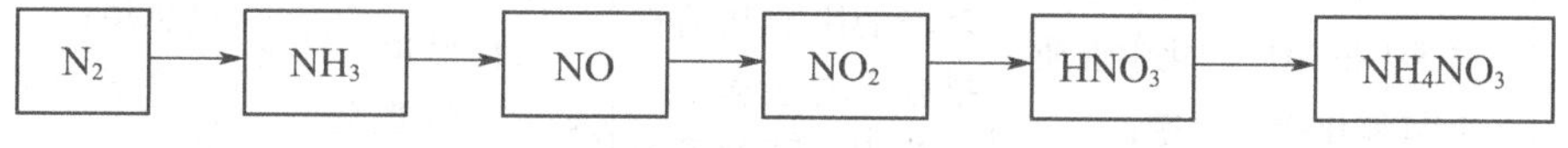

图1　工业制备硝酸铵的物质转化流程图

将制备路线中各物质的性质具体化，以大单元模块的形式设计成适合高中教学的内容和环节，具体设计如图2所示。

化学核心素养包括“宏观辨识与微观探析”“变化观念与平衡思想”“证据推理与模型认知”“科学探究与创新意识”“科学精神与社会责任”5个维度[3]。深度学习要求将培养学科素养在平时的教学中落实到位，因此，课堂教学不仅是知识的传授和学习过程，更应该是围绕如何提升学生学科素养而进行的学习活动。深度学习是为了更好地从课堂教学中落实素养的提升，从而督促教师在进行教学设计时把控全局，有意识地设计相关学习活动和环节，在教授知识的同时提升学生的学科素养，真正做到立德树人。

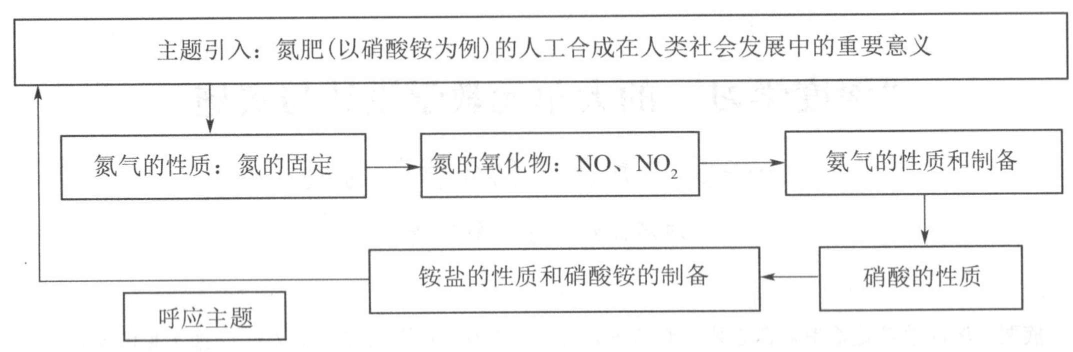

图2　以工业制备硝酸铵为主线的大单元教学设计流程图

以“氮及其化合物”为例进行大单元教学设计，落实深度学习要求，其主题的意义是让学生体会到化学学科在人类社会发展中的重要作用和价值，最终目的是培养学生的科学精神和社会责任感，树立起用知识去推动人类社会和谐发展的思想意识。具体的教学活动和对应的化学核心素养如表1所示。

表1　氮及其化合物大单元教学设计

课时	教学内容	设计意图	学生活动	核心素养
第1课时	①通过图片了解自然界中“氮循环”的过程； ②通过视频了解氮肥在农业生产中的意义； ③引出硝酸铵工业制备的流程，引出氮的固定； ④过渡到氮气的化学性质和用途	通过实际生产活动，让学生体会化学学科的魅力和价值，引出大单元设计的主线，让学生掌握氮气的化学性质	阅读材料和观看视频；分组讨论、发言；整理笔记；练习巩固	①变化观念与平衡思想； ②科学精神与社会责任
第2课时	①NO和NO_2的物理性质； ②NO和NO_2的化学性质； ③氮氧化物的用途； ④氮氧化物对环境的影响以及预防治理措施	掌握NO和NO_2的性质，了解其对环境的影响和治理措施，增强学生环保意识，同时了解氮的氧化物的用途，能够辩证看待物质存在的意义	观看视频、讨论发言；整理笔记；练习巩固	①变化观念与平衡思想； ②科学探究与创新意识； ③科学精神与社会责任
第3课时	①氨气的物理特性以及喷泉实验； ②氨水的成分； ③氨气的性质； ④氨气的用途	通过分组实验培养学生的实验操作能力和严谨的科学态度，掌握氨气的物理特性和化学性质	观看实验视频；分组实验并讨论、发言；整理笔记；练习巩固	①宏观辨识与微观探析； ②科学探究与创新意识

续表

课时	教学内容	设计意图	学生活动	核心素养
第4课时	①常规的氨气实验室制备方法，包括实验原理、装置的选择、净化方法、收集方法、验满等； ②拓展氨气实验室制备的其他方法	通过分组实验加强学生实验能力的培养，掌握实验室制备氨气的常用方法	分组实验、讨论发言并给予评价；整理笔记；练习巩固	①证据推理与模型认知； ②科学探究与创新意识
第5课时	①硝酸的物理性质； ②硝酸的化学性质； ③硝酸的存储、运输和用途； ④硝酸的工业制备	掌握硝酸的物理特性、化学性质和用途，掌握工业制硝酸的流程；了解硝酸制备对环境的影响以及防治方法	观察硝酸并归纳物理特性；观看实验视频，小组讨论并归纳现象、得出结论；整理笔记；练习检测	①变化观念与平衡思想； ②证据推理与模型认知； ③科学精神与社会责任
第6课时	①铵盐的物理特性； ②铵盐的化学性质； ③NH_4^+ 的检验方法； ④硝酸铵的制备	掌握铵盐的性质和铵根的检验方法，掌握硝酸铵的制备流程，突出化学学科的实用性，培养学生学习化学的兴趣	分组实验，描述现象并得出结论；讨论硝酸铵的制备过程以及可能出现的问题，并提出解决方案；整理笔记；练习巩固	①变化观念与平衡思想； ②科学探究与创新意识； ③科学精神与社会责任

大单元教学是落实深度学习，培养学科核心素养的有效方式，其核心是选择合适的主线，而主线应该具备一定的要素。首先，主线应该让学生对学习产生兴趣，可以是具有实用性的物质、社会热点、生活中常见的物质或者在人类社会发展中具有重要意义的事件，能够引起学生学习的兴趣；其次，主线应该尽可能将相关内容或者物质包含在内，保证知识体系结构的完整性；最后，主线要起到对知识点的串联作用，相同的知识点可以根据不同的需求采用不同的主线。比如，在“氮及其化合物”的大单元设计中，可以利用自然界中的“氮循环”作为主线，也可以用“硝酸铵”或者“硝酸”的制备作为主线，还可以用“氮的氧化物治理”作为主线。

选择好主线，要对主线的内容进行合理的设计和课时安排，课时之间的连接要符合逻辑和学生的认知规律，在教学设计中要合理设置学生活动，让学生成为学习的主体，这既是深度学习的要求，也是大单元教学取得良好效果的重要因素。

参考文献

[1] 胡久华，罗滨，陈颖．指向“深度学习”的化学教学实践改进 [J]．课程·教材·教法，2017，37（3）：90－96.

[2] 王晓军，刘子沐，郑华，等．化学学科核心素养引领下的水溶液大单元教学设计与实践 [J]．化学教育（中英文），2021，42（17）：50－56.

[3] 中华人民共和国教育部．普通高中化学课程标准（2017 年版）[S]．北京：人民教育出版社，2018（4）：33－35.

基于项目化学习的学历案研究

——以“健康生活·体液免疫”教学设计为例

河源高级中学　刘芳

摘　要：项目化学习要求学习者根据实际有意义的驱动性任务进行各种研究性活动。学历案关注学生的学习经历，促使“真学习”的有效发生。将项目化学习与学历案有机结合，可以记录学生完成任务的过程，发展学生的潜能，让学习“看得见”。本文以健康生活项目下的“健康生活·体液免疫”一课为例，围绕着“狂犬病毒”情境，设置驱动性任务，让学生在学习目标的实现过程中获得解决相关问题的能力。

关键词：项目化学习；学历案；体液免疫

一、问题的提出

（一）项目化学习

项目化学习指学生运用自己所具备的知识、能力与创造性思维，围绕着与学科或跨学科有关的学习任务进行深入持续的探索，从而形成对核心概念的深度理解[1]。“双新”（新课程与新教材）背景下的课程教学不仅要提高学生的关键能力，还强调对学生核心素养的培育。项目化学习作为深度学习、整合学习的一种学习方法，可在一定程度上推动学生核心素养的发展。

（二）学历案

“学历案”从字面意思解读为“学习经历的文本”。制定学历案时，教师首先要对学习成果设定预期，根据设定的预期成果确定合理的评价办法，然后根据评价指标规划相关的教育教学过程。也就是说，要站在学习者的能力起点，围绕某个主题，从期待学生能够“学会什么”出发，规划并开展“学生何以学会”的教育过程，从而使得学习者可以独立地构建解决问题的思维路径。学历案的设计重视学生知识的生成过程，有利于落实对学生核心素养的培养。

（三）基于项目化学习的高中生物学历案设计

基于项目化学习的高中生物学历案设计要求教师从知识的全面性、层次性和学生的思维方式入手，根据高中生知识水平和心理特征，设置进阶性学习任务，力求课堂上“真学习”的有效发生，把培养学生核心素养落到实处。在设计驱动性学习任务时要紧紧围绕评价学习目标需达成的指标，特别注重学生学习“体验”的设计、任务完成的解决过程，从而促进学生深度学习，实现“真学习”。

二、学历案的呈现与评估

（一）学习主题

体液免疫是高中生物教材选择性必修1第4章第2节的内容。

（二）课标要求

大概念：生命个体的结构与功能相适应，其内部结构必须和谐统一，以共同完成复杂的生命活动，并借助相应的调控机制维持稳定状态。[2]

重要概念：免疫系统能够抵御病菌的入侵，识别并清除机体内衰老、死亡或异常的细胞，实现机体稳态。[2]

次位概念：阐明特异性免疫是通过体液免疫和细胞免疫两种方式，针对某些特定的病原体所发生的免疫应答。[2]

（三）学习目标

1. 学生理解免疫系统对病原体的识别。
2. 学生对图文进行深度剖析，简述体液免疫的过程，构建机体调节的稳态观。
3. 学生构建体液免疫模型。

（四）评价任务

1. 学生完成核心任务 1，达成目标 1。
2. 学生完成核心任务 2～6，达成目标 2。
3. 学生用卡片构建体液免疫模型，达成目标 3。

（五）学习过程

1. 学习路径

运用抗体、抗原的知识解决具体情境中出现的问题。

解决核心任务：人类怎样形成抵御狂犬病毒的能力

↓

①狂犬病毒进入体液后能被哪些免疫细胞识别（说出免疫细胞的名称）？这些免疫细胞为什么能识别狂犬病毒？

②参与体液免疫的细胞有哪些？这些细胞有什么作用？

③B 细胞活化需要接受两个信号的刺激，这两个信号分别是什么？

④B 细胞接受两个信号刺激并受到细胞因子的作用，增殖分化成为什么免疫细胞？

⑤抗体是由哪种免疫细胞产生和分泌的？

⑥抗体是如何消灭抗原的？

↓

小组合作，共同构建体液免疫模型

↓

完成核心任务：人类怎样形成抵御狂犬病毒的能力

↓

构建体液免疫的概念

2. 学习重难点：理解参与体液免疫细胞的作用；构建体液免疫模型。

3. 课前：阅读教材第 71 页至第 73 页，回答以上①～⑥问题。

4. 课中：

情境导入：播放关于“流浪狗”的视频。主要包括以下内容：在户外常常能够发现流浪狗的身影，这其中有着相当大的隐患。犬是狂犬病毒的重要宿主，狂犬病一旦病发，死亡率百分之百。人类被犬咬、抓伤后，应及时接种狂犬疫苗并加以防治。针对现在宠物狗数量不断增加和流浪狗到处可见的现状，管理部门需要出台降低狂犬病发病率的方法，请你给管理部门提出建议。

资料1：狂犬疫苗说明书

【成分和性状】

本品系用狂犬病病毒固定毒株（aGV）接种于生物反应器微载体培养的Vero细胞，经培养、收获、浓缩、灭活病毒、纯化后，加入蔗糖、人血白蛋白冻干制成。为白色疏松体，复溶后为澄明液体。不含任何防腐剂。

有效成分：灭活的狂犬病病毒固定毒株。

辅　　料：蔗糖、人血白蛋白、氧化钠、氯化钾、磷酸氢二钠、磷酸二氢钾。

疫苗稀释剂：灭菌注射用水。

任务1：疫苗的化学本质是什么？

资料2：狂犬疫苗接种后抗体检测分析

【中图分类号】　　【文献标识码】　　【文章编号】

狂犬病病毒是弹状病毒科狂犬病病毒属的一种嗜神经性病毒，通过动物咬伤、抓伤感染而引起狂犬病，属于人畜共患急性传染病，传染源为犬、猫、猪、牛等温血动物，该病毒以侵犯中枢神经系统为主，没有特效药物治疗，病死率为100%，当前我县被猫、狗等动物咬伤者数量呈逐年上升趋势，为防止狂犬病的发生，我们对2010年1月—2010年12月871例疑为被狂犬咬伤者进行伤口彻底清洗后再进行人用狂犬病疫苗的注射，并于全程注射后15天抽血，进行狂犬病抗体的检测，现将结果报告如下：

①调查对象

2010年1月—2010年12月被猫、狗等动物咬伤者全程注射疫苗（5针）完毕后第15天抽取的静脉血871例。

②材料与方法

a. 人用狂犬病疫苗及人狂犬病病毒IgG抗体检测试剂盒

供应人用狂犬病疫苗（Vero细胞）由长春生物科技股份有限公司提供，人狂犬病病毒IgG抗体检测试剂盒由宁波天润药业有限公司提供，皆于2～8℃环境运输及保存，并在有效期内使用。

b. 方法

对疑为被狂犬咬伤者及时进行伤口彻底清除后，于当天（0天）、3天、7天、14天、30天各注射1针狂犬病疫苗，全程注射（5针）完毕后于第15天抽取静脉血2.0ml进行狂犬病病毒（IgG）抗体的检测。对接种失败者即抗体检测阴性者，于咬伤后第48天、55天各再加强注射1针人用狂犬病纯化疫苗，于第七针注射后第7天再次进行狂犬病病毒抗体检测，如为阴性，则再加强接种狂犬病疫苗，直到抗体检测为阳性为止。

c. 判定标准

ELISA法检测被检者狂犬病病毒IgG抗体，检测过程由专业人员按说明书规范操作，显蓝色程度已达到或超过阳性对照孔者判定为阳性或强阳性，不显色或低于阳性参照孔者判定为阴性。

③结果

a. 一般情况：共检测血清样品 871 例，抗体阳性 864 例，总阳性率为 99.20%（864/871），7 例狂犬病毒抗体阴性者经加强接种 2 针人用狂犬病纯化疫苗后，再次抽取血清检测狂犬病病毒抗体，结果显示全部阳性。

b. 性别分布情况：871 例观察对象中，男性阳性率为 99.12%（452/456），女性阳性率为 99.28%（412/415），男女抗体阳性率差异无显著性（$P>0.05$）。

任务 2：人体接种狂犬疫苗后为什么能产生抗狂犬病毒的免疫力？

任务 3：人怎样形成对狂犬病毒的抵抗力？（核心任务）

通过解决课前预习的几个问题来完成任务 3，小组活动构建体液免疫模型，再构建体液免疫概念，最后检测本节课内容的学习情况，并形成课堂小结，如图 1 所示。

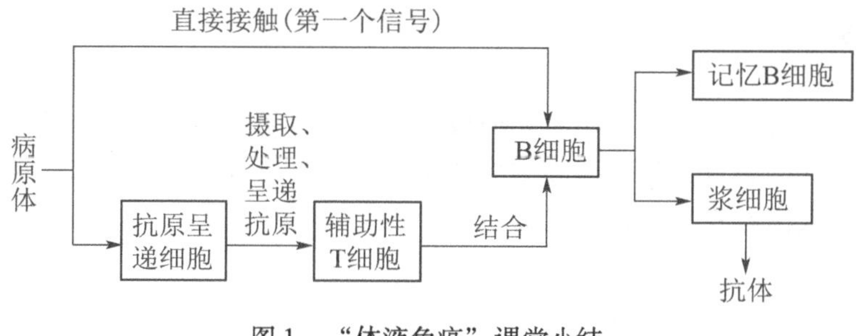

图 1　“体液免疫”课堂小结

5. 课后

①思考：为什么一个疗程要多次接种狂犬疫苗？

②当抗原进入细胞之后，抗体能否发挥作用？如不能，机体会做出什么反应对付抗原？

（六）学后反思

表 1　学后反思评价表

能力点	非常好	好	一般	差	你的计划
免疫细胞识别己方和敌方的免疫机制					
参与体液免疫细胞的作用					
B 细胞活化的两个信号					
体液免疫过程					

三、研究的意义

（一）关注学生的潜能挖掘

本研究设计学历案时，以项目化教学为导向，着眼于学生达成学习目标选取的途径、学习效果的实现以及真实学习过程的发生。以学生认知的最近发展区为起点，设计具有引导性、驱动性的任务，训练学生问题探究的思维，从而培养学生的高阶思维，让学生提升解决实际问题的能力。只有在深度学习中学会思考，做到“真学”，学生的潜能才能被充分挖掘出来。

（二）实现“学—教—评”的一致性，让学习看得见

学历案设计时，首先要设定好学习目标，然后相对应地确定合适的评价指标。开展课堂教学时，以评价办法为依据，实现“学—教—评”的一致性，有效杜绝学生“虚学”“假学”的现象，让学生的学习在教育教学中真正发生。

参考文献

[1] 夏雪梅．素养时代的项目化学习如何设计［J］．江苏教育，2019（22）：7－11．

[2] 中华人民共和国教育部．普通高中生物学课程标准（2017年版2020年修订）［S］．2版．北京：人民教育出版社，2020：5．

基于项目式学习的教学设计

——以“水盐平衡调节”为例

河源高级中学　谢燕燕

摘要：本文对水盐平衡调节机制的教学设计，主要是以肾结石成因研究为主线，设置问题串，采用创设情境、任务驱动、模型构建等方式，引导学生建立调节机制模型，培养学生的科学思维，提升其生物学学科核心素养。

关键词：模型构建；水盐平衡调节；项目式学习；科学思维

一、教材分析

本节课是人教版高中生物学选择性必修一第三章第三节《神经调节与体液调节的关系》的内容，在神经调节、激素调节相关内容的基础上，以水盐平衡调节机制为载体，引导学生整合知识。课程内容符合高二学生认知结构以及思维发展特征，有助于学生获得健康生活的知识，形成正确的态度、认识和行为习惯，树立尊重生命、热爱生活的人生观，改善公民个体的健康状况，进而促进整个社会的健康发展。

二、教学目标

1. 通过课前收集资料，学生对河源地区结石病发病情况以及发病机制有了初步了解；通过分析肾结石的成因，构建人体水盐平衡调节的概念模型。（科学思维）

2. 通过回忆旧知识，思考问题串，学生运用稳态与平衡观，阐述饮水过少时水盐平衡调节机制。（生命观念）

3. 通过分析调节机制中的调节方式，让学生初步建立批判性思维。（科学思维）

4. 通过联系化学学科的知识，建立跨学科联系，培养学生知识迁移能力，渗透健康教育。（科学思维）

5. 运用所学知识，构建“吃高盐食物时，机体如何调节盐平衡并导致肾结石”的过程示意图，崇尚健康的生活方式。（社会责任）

三、教学过程

（一）课前调查、查找资料

教师活动：布置任务，让学生在学校或者社区展开调查，在河源市肾结石病的高发地区，从肾结石的化学组成、形成原因、形成过程，肾结石患者的生活习惯（饮水量、憋尿习惯、喝茶等）、临床症状、治疗方案以及肾结石预防中任选一个角度进行小组合作学习并整理成报告。

学生活动：查找资料；小组合作进行调查活动。

设计意图：在生活中发现问题——河源市肾结石病高发与生活习惯有着密切联系，调动学生学习积极性并渗透健康教育。

组织形式：查找资料；小组合作探究。

（二）创设情境，设疑引入

教师活动：评价学生的课前调查报告，并补充资料。根据真实数据，肾结石在南方的发病率达5%～10%，且发病患者呈现年轻化的趋势。请同学们回答：肾结石是什么？

学生活动：基于前期调查报告和所学化学知识，解释肾结石是什么。

教师活动：肾结石形成的矿物质可以有哪些？

学生活动：回答肾结石的类型。

设计意图：通过前期学生活动，创设符合学生生活体验的真实情境，激发学生的学习积极性及兴趣。

组织形式：师生互动。

（三）肾结石的成因分析

教师活动：草酸钙结石是五种肾结石里最为常见的一种，占肾结石的80%以上。草酸可降低矿物质元素的生物利用率，在人体中容易与钙离子形成草酸钙而导致肾结石。请同学们思考，人体草酸的来源是什么？

学生活动：回答生活中含草酸的食物有哪些。

教师活动：提供资料1（表1），人体的草酸来源有一部分是代谢产生，一部分是通过食物摄入（补充高草酸食物）。请同学们思考：苋菜中的草酸如何进入人体？

表1　高草酸食物中的草酸含量（mg/100g）

欧芹	1700	可可粉	623	四季豆	360	菊苣	210
四季葱	1480	甜菜叶	610	莴苣	330	松子	198
马齿苋	1310	大豆蛋白	496	豆腐	275	茄子	190
苋菜叶	1090	杏仁（烤）	469	腰果（烤）	262	大豆粉	183
菠菜	970	羽衣甘蓝	450	红薯	240	白芸豆	78
甜菜	675	抱子甘蓝	360	榛子	222		

学生活动：苋菜中的草酸进入人体的途径：苋菜—消化系统—小肠绒毛上皮细胞—组织液—血液。

教师活动：通过草酸摄入过程，引导学生了解内环境的概念、血浆的化学组成、内环境的理化性质。

学生活动：结合教材，回答内环境指的是细胞外液构成的液体环境；血浆的化学组成有水、蛋白质、无机盐、其他物质等；内环境的理化性质包括渗透压、酸碱度和稳度。

设计意图：回顾内环境知识，引导学生将肾结石形成情境与所学知识联系起来，在遇到相似情境时能理性分析，将知识迁移至生活中。

组织形式：师生互动。

教师活动：提供资料2——草酸在人体内不容易被氧化分解掉，经代谢作用后形成的产物属于酸性物质，积累过多可导致人体内酸碱度失去平衡。结合以上材料，引导学生思考：当酸性物质（如乳酸）或碱性物质（如 Na_2CO_3）进入内环境后，会与缓冲物质发生怎样的化学反应？人体如何把代谢产物排出体外？

学生活动：小组讨论，并描述人体酸碱平衡的维持机制（图1）。

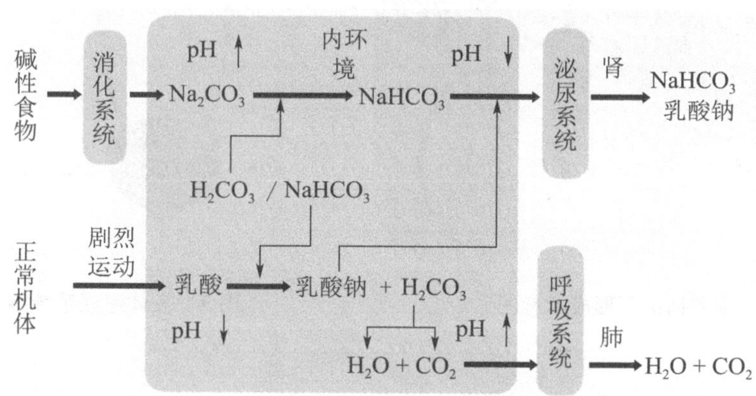

图1　人体酸碱平衡的维持机制

教师活动：根据刚刚的讨论，我们知道草酸不易被人体吸收，草酸将会在血液中与游离的钙离子结合形成草酸钙，草酸钙将在肾脏中沉淀，进而形成肾结石。草酸钙溶解度低，如果肾脏中尿量少，草酸钙容易析出沉淀；如果肾脏中尿量多，草酸钙不容易析出沉淀。因而，草酸钙结石的形成与尿液的形成可能有一定的关系（图2）。结合所提供的情境，请同学们讨论并描述肾脏中尿液的形成过程。

学生活动：结合泌尿系统的结构图（图3），小组讨论并说出尿液的形成过程：机体内，血液经肾小球的滤过作用形成原尿，原尿经过肾小管、集合管的重吸收作用，最终形成终尿排出体外。其他小组作评价与补充。

教师活动：草酸钙经过代谢，在终尿中形成。一次性摄入过多草酸，会导致终尿中的草酸钙含量高。还有什么因素可能导致终尿的草酸钙含量升高？（提供学生的调查报告）

学生活动：阅读材料，回答问题。

教师活动：同学们回答的都很正确。饮水过少，尿液中的草酸、钙等离子浓度过高或者溶解度降低，引起结石。请同学们以小组为单位，构建“当饮水过少，机体调节水平衡并导致肾结石”的过程示意图。

学生活动：阅读教材，小组讨论，构建水平衡的调节过程模型（图4）并展示，其他小组作评价与补充。

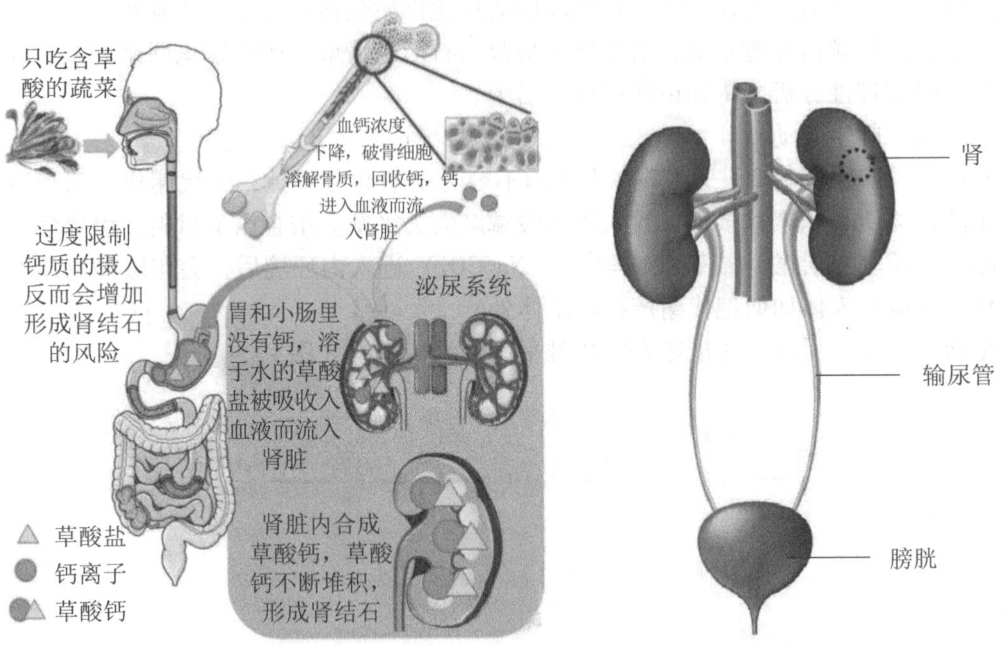

图2　草酸钙结石形成示意图　　　　图3　人体泌尿系统结构模式图

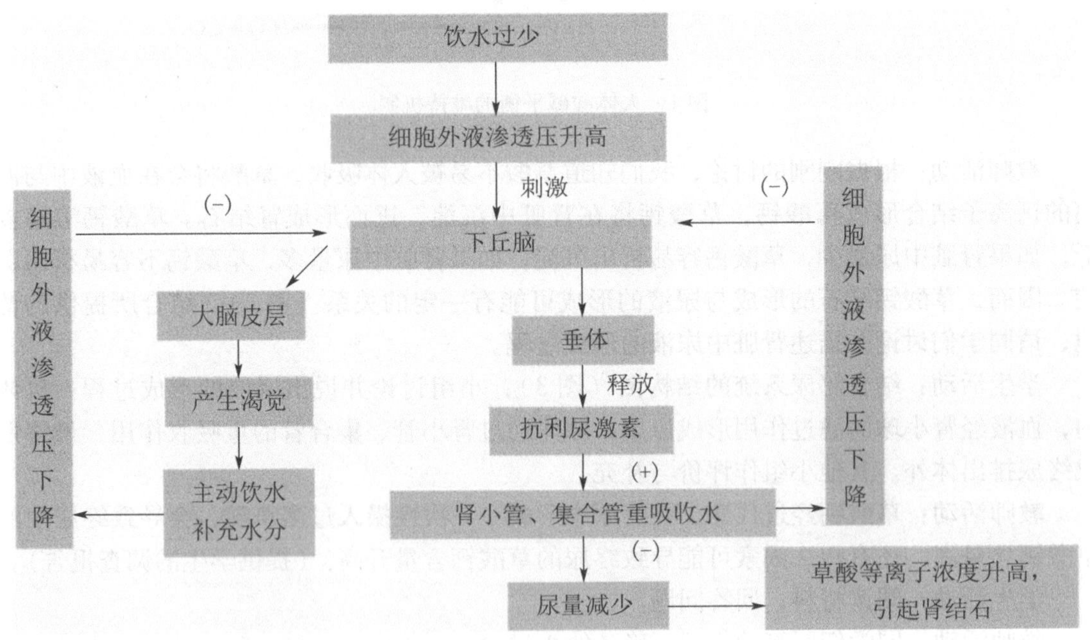

图4　水平衡的调节过程模型

教师活动：结石的形成除了与草酸含量高有关以外，还与尿液中钙离子浓度升高有关。根据资料，多吃盐会增加钙流失，肾脏每排泄 1000mg 的钠，同时损耗大约 26mg 的钙。高钠摄入增加钙的排泄，导致尿钙浓度增加，增加肾结石风险。请同学们结合情境，构建“吃高盐食物时，机体如何调节盐平衡并导致肾结石”的过程示意图。

学生活动：结合资料，小组讨论，构建盐平衡的调节过程模型（图5）并展示，其他小组作评价与补充。

教师活动：通过这些情境的学习，相信同学们对于肾结石的成因有了更深刻的了解，那么现在请同学们解释为什么肾结石的发病患者呈现年轻化的趋势。

学生活动：基于肾结石的成因分析回答问题。

设计意图：通过合作探究构建模型，培养学生建模思维和合作探究的能力。

组织形式：小组合作，学生评价。

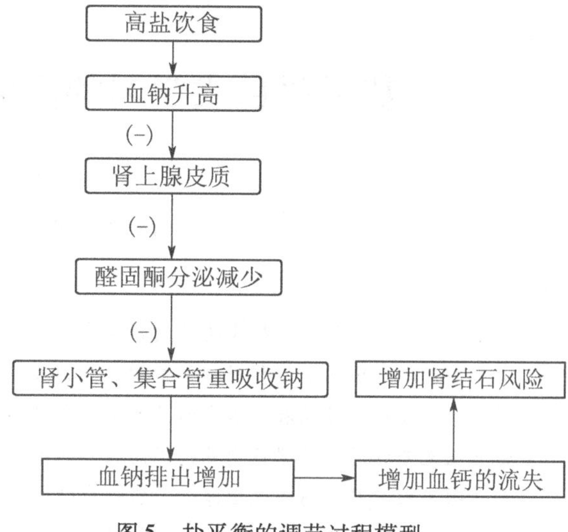

图5　盐平衡的调节过程模型

（四）肾结石的预防和治疗

教师活动：要预防肾结石，我们从化学角度来分析。草酸钙存在沉淀溶解平衡，要使草酸钙沉淀溶解，就需要不断减少溶解平衡体系中的相应离子，使平衡向沉淀溶解的方向移动，就能达到使沉淀溶解的目的。请同学们思考：生活中有什么行为能够减少尿液中的草酸、钙等离子的浓度？

学生回答：基于生活经验回答，其他同学作补充。

教师活动：总结化学角度预防肾结石的两大方向：减少草酸的摄入和减少钙的流失。结合学生报告，阐述肾结石的发病是多因素的结果，预防要从改变饮食、生活习惯开始。肾结石患者的治疗也有很多方法，包括药物治疗、手术治疗等。如果患者体内是小石头，也可以通过多饮水、多运动或改变作息来治疗。

设计意图：加强生物和化学的学科融合，培养知识运用能力，渗透健康教育。

组织形式：师生互动。

四、教学反思

项目式学习过程中，学生前期的自主学习非常重要，教师需要对学生自主学习过程进行持续关注与指导，引导学生思考解决问题的方法。自主学习过程中，可增加文献阅读、调查走访、组间讨论等环节，促进学生间的思维碰撞与合作交流。整体而言，本节课聚焦本地特色，跨项目合作，创设教学新情境，使学生走出课本、走近生活，关注生物学与化学学科、注重知识与社会实际的联系，有利于促进学生生物学学科核心素养的形成。

基于项目式学习的高中地理课堂教学设计

——以“水循环”为例

河源高级中学　江志彬

摘要：项目式学习是一种建构性的教与学方式，教师将学生的学习任务项目化，指导学生基于真实情境提出问题，利用相关知识与信息资料开展研究、设计和实践操作，最终解决问题并展示和分析项目成果。本文以“水循环”课堂教学为例，通过对万绿湖水循环案例的分析，让学生充分利用各种课程资源，提高在不同情境中思考并运用理论知识解决实际问题的能力。基于项目式学习的高中地理课堂，能够有效地提高学生的自主学习能力和学习效率。

关键词：项目式学习；高中地理；水循环

《普通高中课程方案（2017年版2020年修订）》中提出了地理学科的核心素养——人地协调观、综合思维、区域认知和地理实践力[1]。这些素养强调了学生要通过地理学科的学习，掌握解决实际问题所需的地理知识，并具备关键的地理能力和地理思维方式。教师通过项目式学习教学方法设计情境、布置任务，引导学生合作探究，不仅可以帮助他们解决具体的学习问题，而且还能培养他们自主运用地理知识解决实际问题的能力和创造性思维[2]。

一、基于项目式学习的教师教学活动及学生学习活动过程

（一）基于项目式学习的教师教学活动

课前活动：在前期准备阶段，教师需要根据教学目标、课程标准以及学生的学情来确定具体的教学内容。通过对教学内容的深入分析和理解，教师可以制定一个详细的项目大纲，明确项目的目标、任务和时间安排。同时，教师还需要搜集相关的资料，对项目大纲进行完善和补充，确保项目的科学性和可行性。在中期实施阶段，教师需要试行项目，设计教学情境，策划教学活动，并编制导学案等教学材料[3]。通过制作课件、录制微课等方式，教师可以为学生提供丰富的学习资源和支持，帮助他们更好地理解和掌握地理知识。同时，教师还需要对项目实施过程中可能出现的问题进行预测和准备，以确保项目的顺利进行。在后期评价阶段，教师需要对项目的可行性进行确认，并准备学生学习任务检查清单、评价量表等相关评价材料。通过对学生的表现进行综合评价，教师可以了解学生在项目学习中掌握知识的情况和学习成果。同时，教师还可以根据评价结果对项目进行反思和总结，为今后的教学提供改进和优化的方向。

课堂上：观察学生的项目学习进度，积极与学生讨论项目和问题，及时解答学生的疑惑，引导学生自主解决问题。对于学生无法解决的问题，师生共同寻找解决方案。同时，

参与学生项目成果的汇报与评价，根据学生的学习结果，和学生一同对知识进行深入内化和升华。

（二）基于项目式学习的学生学习活动

课前活动：在接收到教师下发的学习任务后，学生积极预习教材内容，以对教材内容有一定的了解。他们通过互联网、学校图书馆以及相关教材，积极搜集与任务相关的资料。之后通过观看教师录制的微课和相关课件，能够自主学习，深入理解并掌握相关知识点。

课堂上：每一个学习小组对自己的项目进度和成果进行汇报。通过成果汇报，他们能更好地理解地理知识点，将其内化，从而形成自己的地理知识体系。在汇报过程中遇到困惑时，他们会及时与教师进行探讨，共同寻找答案。各小组会基于项目成果进行互评，这有助于他们相互学习、互相借鉴，同时也锻炼提升了他们的批判性思维和评价能力。

二、基于项目式学习的课堂教学设计案例（以“水循环”为例）

（一）教学目标

1. 学生了解水循环的概念和重要性。
2. 学生了解水循环在自然界中的过程。
3. 学生理解水循环与环境保护的关系。
4. 学生学会运用地理知识分析和评价万绿湖的水循环情况。
5. 培养学生的动手能力和团队合作意识。

（二）教学步骤

1. 导入：引发学生学习兴趣，播放一段关于万绿湖的视频，让学生描述对水循环的理解和感受。

2. 知识探究：通过讨论和解释，引导学生了解水循环的概念和过程。让学生自主研究水循环的主要过程：蒸发、降水、水汽输送、下渗和径流，并使用流程图解释这些过程。

3. 地理实践：将学生组成若干小组，每个小组负责研究分析广东省河源市万绿湖的水循环情况。学生可以使用互联网搜索相关资料，调查当地的水资源和水环境状况。他们需要回答以下问题：

（1）万绿湖的水源是什么？水是如何进入湖泊的？

（2）万绿湖的水循环是否受到人类活动的影响？如果是，有哪些影响？

（3）有没有任何保护措施来维护万绿湖的水循环？

4. 呈现与讨论：每个小组将他们的调查结果呈现给全班同学，并进行讨论。学生可以使用图表、图片或幻灯片来展示他们的发现，其他学生可以提出问题或分享自己对这个问题的见解。

5. 团队合作：让学生重新组成新的小组，每个小组包括来自之前的不同调研小组的学生。他们需要合作讨论，总结出改善万绿湖水循环的建议和措施。学生需要考虑环境保护的因素，并提出他们的观点和意见。

6. 学科整合：将地理学科知识与其他学科知识进行整合。学生可以探讨万绿湖周围的生态环境、生物多样性以及人类活动对这些因素的影响。

7. 总结：教师提醒学生关注水循环的重要性，以及思考每个人应该如何保护水资源和环境。鼓励学生思考在日常生活中如何节约用水，并提出具体的行动计划。

（三）教学评估

1. 学生小组呈现的内容和讨论的问题的质量和深度。
2. 学生对水循环概念的理解程度，以及他们对万绿湖水循环情况的分析和评价能力。
3. 学生在合作讨论和提出改善措施时的团队合作精神和批判思维能力。

（四）拓展活动

1. 请学生以小组为单位设计一份宣传海报，向其他同学宣传水循环的重要性和环境保护的必要性。
2. 组织学生参观瓶装水生产基地，让学生亲身了解瓶装水生产过程。
3. 鼓励学生参与志愿者活动，在社区中开展水资源保护和环境保护的倡议活动。
4. 鼓励学生进行个人或小组研究，撰写一篇关于水循环在全球范围内的影响和遇到的挑战的论文。学生可以探讨气候变化、干旱、洪涝灾害等与水循环相关的问题，并提出解决方案。
5. 组织学生参观水文测量站，让学生亲身体验和观察水循环。

（五）教学资源

1. 万绿湖视频和图片素材，展示水循环过程和实例。
2. 互联网连接，供学生搜索和收集河源市万绿湖的相关信息。
3. 图表和图像，用于展示学生研究和分析的数据。
4. 幻灯片制作工具，用于呈现学生的调研结果和解决方案。

（六）教学反思

1. 确保学生的调研和讨论在地理知识基础上加以扩展，并能涉及其他学科相关知识的综合运用。
2. 强调环境保护的重要性，鼓励学生思考个人责任和可持续生活方式。
3. 鼓励学生思考和提出创新的解决方案，以改善水循环问题和做好环境保护。
4. 在评估中注重学生的表达能力、团队合作能力以及对水循环理论的理解和运用能力。

通过以上的教学设计，学生能够深入理解水循环的概念和过程，并在实践中运用地理知识分析和评价河源市万绿湖的水循环情况。学生不仅提高了动手能力和团队合作意识，同时也能够认识到个人参与社会环境保护的重要性。

三、课堂实施效果反思

基于项目式学习的地理课堂教学为学生提供了运用理论知识解决实际问题的机会，这种教学方式显著地激发了学生的学习兴趣。从预习到小组完成项目，再到课堂的项目成果分享，学生都是自主进行资料收集、视频学习和思考探讨，真正成为学习的主导者。这种课堂教学模式能够更有效地提升学生的自学能力，培养他们独立和自律的学习习惯。同时，基于项目式学习的教学方式不仅有助于提高学生的知识水平，还能够培养他们的实践能力和解决实际问题的能力，为他们的未来发展打下坚实的基础。在整个教学进程中，除了与团队成员和教师的交流外，学生都是自主学习，充分体现了他们的学习自主性。

总体而言，随着教育对学生能力要求的不断提高，项目式教学将在未来发挥其独特的作用。教师需要依据教学目标和学生的学情来选择和设计合适的教学方法和策略。只有这样，项目式学习才能在高中地理课堂中得到更广泛的应用，为学生提供更丰富、更具挑战性的学习体验。

参考文献

［1］中华人民共和国教育部．普通高中课程方案（2017 年版 2020 年修订）［S］．北京：人民教育出版社，2020.

［2］王凯丽．项目式学习在高中地理课堂教学中的实施研究［D］．大连：辽宁师范大学，2020.

［3］余云，吴慧伟，叶滢．指向地理核心素养培育的教学设计：以“水循环（第 1 课时）”为例［J］．地理教学，2020（13）：21－24.

培养核心素养背景下高中英语大单元主题整体教学探究

河源高级中学　蓝纪红

摘要：在高中英语课堂教学中，教师应充分认识到单元教学是整个课堂教学中的一个重要环节，需要注重每个模块的实际教学质量，并将其与培养学生的核心素养相结合。大单元教学模式的设计，关键在于"整合"，即以主题为中心进行教学。现行英语教材中的内容是依照主题语境，将各种类型的语篇集中成一个大的单元，让学生高效学习。基于此，本文对高中英语大单元教学模式进行深入分析，以下具体展开。

关键词：核心素养；高中英语；单元主题整体教学

核心素养与大单元设计的结合是顺应时代的发展变化以及教材的结构调整所得到的创新性的提法，但是目前在实践中并未得到广泛的应用。其核心是教育观念的变化和以学生为主体的教学模式的转变。培养学生的核心素养是当代教育的中心思想，它始终将学生视为教育教学的主体，把提高学生的综合素养作为教学目标中的重中之重[1]。英语是高中阶段课程教学的必修课，它可以有效地提高学生的语言应用水平，核心素养与语言能力两者的结合能够有效提升学生学习英语的成效。

一、切合主题，将教学内容进行整合

在高中英语实际教学中，教师要明确此单元的教学目标、教学主题，把这个单元的内容按照单元主题进行组织、整合，并把它们联系起来。因此，教师要对英语课本非常熟悉，要掌握各个单元教学的基本内容，并把各个单元的整体教学运用到学生的学习中去。各个课程均由五个部分组成，这五个部分分别从不同的角度去培养学生的能力。因此，教师要明确课程教学的主题，明确主题背后蕴含着的人文情怀、文化底蕴，从而有针对性地培养学生在语言学习方面的听、说、读、写的能力。

例如确定阅读单元主题，大单元教学模式为课堂教学提供具有一定意义的情境与话题范围，不同体裁的语篇主题意义不同。所以可结合四个依据开展大单元英语教学：课程标准、教材内容、学生学情以及核心素养。以议论文为主的大单元教学为例，教师可结合议论文六要素中一个重点着手，确定单元主题。在"人与自我"大主题下，整合语篇，建立"我"爱英语，感受英语文学的魅力主题大单元。例如，在高中英语人教版教材中，*How to become a successful reader* 语篇讲述的是文本阅读策略与方法，*The road not taken* 讲述如何用正确的阅读策略与方法，从不同角度欣赏诗歌。*Why do we learn English literature* 的阅读让学生认识到英语学习的重要性，以此激发学生的学习动机。这三篇文章，在大单元主题意义下，就形成关联。

二、寻找恰当的呈现方式，丰富英语课堂教学

在信息技术快速发展的今天，在中学英语课堂教学中，教师要充分运用现代教育方式，丰富课堂教学。如灵活使用多媒体，就是一种丰富课堂教学的方式。高中英语传统的单元式教学模式，是由老师们根据课本的内容来指导学生学习，教学方法单一，课堂氛围单调。如果在高中英语教学中引入多媒体，可以使教学内容变得生动，将学生们对英语学习的积极性充分调动起来，课堂气氛变得活跃，教学效果也能得到相应的提升。通过运用多媒体技术，教师可以直观地展示英语的教学内容，使学生能够在生动的情景中学习。这种方式使原本平面化的、静态的、抽象的知识变得立体形象。

以记叙文的人物传记类大单元教学为例，选择高中英语人教版 *Nelson mandela—a modern hero* 为代表性文章，此文是以时间为顺序，从侧面反映南非曼德拉的人格魅力。此类大单元英语教学，教师可以引入相关的视频资料，现代化教育技术能够使学生在视觉和听觉上获得不同的体验，从而使他们的学习热情和主动性得到充分的发挥。另外，在英语教学中，教师应注意指导学生进行讨论与交流，分享自己的观点；让学生在网上搜寻材料，充实教材的内容；提高对英语学习环境的体验和代入感，体会英语文化的魅力与特色。

三、用心规划教学活动，锻炼学生的思维

思维品质是核心素养的一个重要组成部分。在高中英语大单元主题教学中，教师通过训练学生思维，让他们在掌握英语学习方法的同时，摸索出英语学习的规律。这就要求教师在课程教学目标的设定中将思维训练囊括在其中，精心策划、设计课堂教学活动，突出锻炼学生的发散性思维，提升学生的思维品质。英语教学应以英语思维为切入点，使其与英语文化背景相融合，让学生体会英语特有的思维模式，以此展开思维训练。因此，应通过强化情境教学，尽可能地还原英语的会话情景。或者从单元话题入手，把英语的文化背景知识引入到学生的英语学习中来。通过模拟现实的情景，可以培养学生在英语学习中的思考能力，使他们更好地理解英语的文化，从而使他们更好地使用英语进行语言交际[2]。

还是以高中英语人教版 *Nelson mandela—a modern hero* 为例，教师为了帮助学生加强对文章结构与细节的掌握，可以设计具体教学过程为：预测训练—略读训练—寻读训练。课前活动环节中，教师可为学生展示与语篇相关的图片，可以是教材中的插图，也可以是从互联网下载的图片，以此引导学生对语篇内容进行预测，激发学生的探究兴趣。如在展示曼德拉的图片后，教师提出问题：Do you know black man? Can you tell me where he came from? Can you tell main characteristics of the man? 通过这些问题，引导学生预测：What's the story about? What can we infer from the title? 此类文章的阅读，关键是掌握文章的线索，所以在教学的时候可以引导学生使用填表格记录法进行阅读。而学生在使用寻读策略的时候，注意关键句与关键段的寻读，在填完表格后可以让学生再自己总结文章的结构与细节信息，为阅读后的写作做铺垫。

综上所述，在新课改不断推进的背景下，基于核心素养培养开展大单元主题整体教学

非常必要。教师应在深入研究教学文本和学情后有效整合大单元内知识架构，建立起各内容的关联，在真实情境中让学生全身心参与和体验各项学习活动，从而发展其语言能力、文化意识、思维品质和学习能力，真正落实“立德树人”的要求。

本文于2022年9月18日在《时代教育》上（刊号CN51－1677/G4）发表

参考文献

[1] 郭毅．核心素养背景下高中生英语阅读能力培养策略探究［J］．校园英语，2020（38）：2.

[2] 吴志青．基于英语学科核心素养的高中英语单元整体教学设计研究［D］．天水：天水师范学院，2019.

基于深度学习的高中英语单元整体教学

河源高级中学　赖晓静

摘要：在高中英语教学中，教师有着全面提升学生知识、技能、情感和价值观的责任。深度学习的提出，对于英语学科核心素养的实现、教师理念和教学方式的转变，以及课程改革向更深层次推进意义重大。在整体教学设计理念指导下，教师可以为学生创设统一的学习情境，结合学生的认知水平和学习需求进行单元整体教学，提升教学效果。

关键词：深度学习；高中英语；单元整体教学

在以往的高中英语教学中，教师为了达到最终的教学目标，通常采用单一的讲授方式，导致教学过程碎片化、浅层化，忽视了培养和发展学生英语思维和认知情感。学生在任务导向下被动地学习，很少有独立思考的时间和空间，这对于提高他们的英语学科核心素养不利。然而，在深度学习中，教师强调学生在学习过程中扮演主导角色，注重将教学内容与学生的实际经验相连接，可以培养学生英语综合能力。深度学习涉及的认知和价值评判能力非常复杂，仅仅通过单个语篇的学习很难达到理想效果。因此，深度学习需要以单元整体教学展开。

一、基于深度学习的高中英语单元整体教学意义

新课标强调语言学习应该是有意义的主题探究活动，并倡导以学生为主体的学习过程。在这个过程中，教师通过学习理解、应用实践、迁移创新等相互关联的环节，巧妙地结合语言与文化思维，并侧重于培养学生的逻辑批判和创新思维，实现学科育人的目标。由此可见，新课标已经体现出深度学习理念的特点。而深度学习则具备以下六大特征：活动与体验、联想与结构、本质与变质、内化与交流、迁移与创造以及价值与评判[1]。高中英语单元整体教学的实施能更好地促进学生从知识到能力，从能力到素养的转化。高中英语单元整体教学聚焦于引领性的学习主题，开展有挑战性的学习任务，并通过一系列的参与和体验式活动，帮助学生掌握学科的基础知识和基本方法，理解学科的基本思想，构建知识结构，评价学习内容和过程。在这个过程中，学生可以综合运用知识和方法，创造性地解决问题，培养积极的内在学习动机。

二、基于单元目标，整体解读教材

单元整合教学是指将单元中的教学内容有机地融合在一起，构建一个完整的学习体系[2]。在高中英语教学中，教师应准确理解教材，因为英语作为语言学科，不仅仅局限于培养学生的语言知识和技能，更加注重完善学生的核心素养。每个高中英语单元都包含阅

读、词汇、听力、语法等部分，因此教师在教学过程中不能孤立地进行讲解，而是应该关注整个单元，帮助学生明确学习目标，从而提高学习效果。

高中英语人教版必修3 Unit 2 Morals and Virtues 借“道德与美德”这一主题展开了相关的内容。*Quote from William Wordsworth* 语篇类型是名人名言（阅读），内容是“一个好人一生最好的部分是细小无名，不被人记得的出于善良和爱的行为”，主题是“如何践行美德以及践行美德的重要性”。*A Moral Dilemma* 语篇类型是对话（听力），内容是“妇科专家林巧稚年轻时在道德困境中做出的选择背后的原因及结果”，主题是“国内著名人物的道德选择”。*Mother of Ten thousand babies* 语篇类型是人物小传（阅读），语篇内容是“妇科专家林巧稚一生中经历的人生选择及背后的原因，以及所表达的道德观”，主题是“国内著名人物的道德选择和道德观”。*Henry Norman Bethune* 语篇类型是人物小传（阅读），内容是“著名医生白求恩的生平及人物评价”，主题为“国外著名人物的道德选择和道德观”。*Chain of Love* 语篇类型是访谈（听力），内容是“受到歌曲启发，普通人之间传递爱心的故事”，主题是“陌生人之间如何传递爱心”。*The Stone in the Road* 语篇类型是寓言故事评论（读写），内容是“不同人物对路中央的石头做出的不同反应以及最终的结局”，主题是“普通人面对社会问题承担责任的重要性”。*Confucius and Ren* 语篇类型是专家访谈（视频），内容是“孔子所倡导的人的思想的内涵及重要意义”，主题是“中国传统文化所推崇的道德观念与美好品质及重要意义”。*The Taxi Ride I'll Never Forget* 语篇类型是记叙文（阅读），内容是“出租车司机通过安静的陪伴激励重症病人的故事”，主题是“普通人如何通过小的善举温暖激励他人”。*The Five Virtues* 语篇类型是名人名言（阅读），内容是“孔子所倡导的仁的理念”，主题是“中国传统文化所推崇的道德观念与美好品质”。通过整体解读教材，教师确立了单元大观念为“构建对 Morals and Virtues 的认知态度和行为选择”，小单元1为“著名人物的无私奉献和普通人之间的善良友善”，小单元2是“面对社会问题承担责任，并肩负起传承中华传统美德的责任”。

三、基于单元目标，设计探究活动

教师结合整体单元教学理念和各个部分的教学内容进行有效设计，以达到教学目标。在主题意义探究中，学生能够梳理文本内容，构建结构化知识[2]。为激发学生探究英语知识的动力，教师可以利用现代化教学设备创造多感官的全方位教学体验，包括视觉、听觉等。此外，教师还可以设计环环相扣、层层递进的问题练习，以促进学生主动进行意义探究和深度思考。

高中英语人教版必修3 Unit 2 Morals and Virtues 单元的语言能力目标是让学生能够理解道德和美德相关的文章内容；文化意识目标是让学生了解古今中外人物的不同道德选择带来的不同结果和影响，继而归纳出不同文化共同推崇的道德观念和美好品质；思维品质目标是让学生能够正确判断文章中的人物行为和背后的价值观，在深入理解文本的同时，联系自身实际，实现知识与思维能力的迁移；学习能力目标是让学生了解中外著名人物的故事，激发英语学习兴趣，多渠道地获取英语学习资源，提升学习效果。第一课时，教师以“What kind of friends do you want to make?”提问引出话题“道德品质”，引导学生讨论优秀道德品质，了解 William Wordsworth 及其名言。教师给学生播放听力，让学生完成表格，同时嵌入式补充完整的故事，帮学生分析出社会所推崇的共同的道德观，从而加深对道德困境的深度理解。第二、三课时教师以复习回顾的方式激活背景知识，引入新知。学生阅读文章，教师引导学生梳理文章结构，用可视化图形呈现，让学生进一步判断并总结出文中人物林巧稚具备的优秀品质。联系现代节目《感动中国人物》，讨论林巧稚是否会中选并分析原因。第四课时教师通过复习回顾的方式激活背景知识，引入话题“Kindness”。教师引导学生思考“Pay it forward”内涵，创设情境，引发学生思考自己身边关于善良和友善的故事。第五、六课时教师创设语境，引入主题意义，激起学生学习兴趣。学生阅读文章完成主旨大意的概括，填写表格。通过问题“How did these people express their emotions?”引导学生进一步梳理文章信息，整合出可以有效突出人物形象的行为，为下一步的写作搭建支架。第七课时教学中，教师展示孔子的名言，以中英文形式呈现，形成文化碰撞的同时，赏析语言的魅力，从而树立学生的文化自信。教师组织学生观看对孔子思想个人看法和评价的视频，通过提问引导学生辩证性思考，将孔子思想与现代社会主义核心价值观建立联系，引发学生的情感共鸣，从而提升思想认识。

四、基于单元目标，开展教学评价

评估是深度学习中的重要环节，不仅包括对学生学习能力的评估，也包括对其学习过程和结果的评价，反映了教师对深度学习目标的不断思考和修正。在教学和评价活动中，教师可以通过观察学生在课堂上的表现来确定评价要点，以多维度的方式来检测学生在主题发展的核心素养培养方面的进展情况，并及时提供指导和反馈，这样可以确保核心素养目标在课堂中得以具体实施。除此之外，还可以引入学生自评表，鼓励学生根据学习目标对自己的学习成果进行评价和反思，为总结经验和改进学习方法提供有益参考。

本单元的教学是按照知—思—行的顺序展开的，在此过程中融入相应的听、说、读、写技能。教师在教学中基于语言能力目标、文化意识目标、思维品质目标、学习能力目标对学生的学习进行整体性的评价，考查学生听、说、读、写、思维能力的发展。通过教师评价，学生可以客观地了解自己的学习情况，更好地认识自己在本单元学习中的优势与不足，有针对性地调整学习策略[3]。而学生自评是培养学生主动思考、自我批评和自我调整能力的有效方式。学生可以反思自己在本单元学习中的学习态度和努力程度，分析导致自己成绩好或者不好的原因，并提出改进的方法。总之，基于单元目标的教师评价和学生自评是提高英语教学效果的重要环节，通过这一过程，教师与学生可以相互交流，共同努力，促进学生的全面发展，提升学习能力。

深度学习是深化课程改革的重要手段，为英语学科实现学科培养目标提供了全新的研究视角。教师通过整合单元教学内容，提炼单元主题的意义，挖掘单元的培养价值，以实现教学的有机衔接，从传授转向应用，从表面过渡到更深层次的探索。这样，学生能够在全身心地参与和体验丰富而有意义的学习活动中完善自身学科核心素养。本文在开展以深度学习为导向的英语教学实践的研究中仍存在不足，期待未来能有更多的研究来探讨深度学习在英语学科中的理论和实践，共同努力实现英语学科的培养目标。

参考文献

[1] 洪秀程．深度学习视域下高中英语大单元教学探究［J］．英语教师，2023，23（13）：134－138.

[2] 陆赟．指向深度学习的高中英语大单元教学路径探究［J］．英语教师，2023，23（9）：86－88，95.

[3] 梁亚平，国红延．指向深度学习的高中英语单元整体教学设计与实施［J］．中小学课堂教学研究，2023（3）：53－57.

线上线下混合式体育教学实践探索

河源高级中学　叶顺玲　邓林琳

摘要：体育教学是学校教育的重要组成部分，能有效提高学生的身心健康水平。本文对高中线上线下混合式体育教学实践的现状、优势、存在的问题和改进方法进行了初步的探讨。通过对当前高中体育教学现状的分析，发现以实践性为主的传统体育教学具有明显的特征，同时也存在着诸多问题。此外，本文阐述了体育课程在线上线下混合式教学中的优势，兼具灵活性与互动性。但是，如为了提升体育课程的线上线下混合式教学实践的层次，教师要有充足的教学资源，营造良好的教学氛围，调动学生的学习积极性。

关键词：体育教学；高中；改进策略

在体育课上，实行线上与线下相结合的教学模式可以更好地满足学生个性化的学习需求。每个人的学习方法和学习速度不一样，所以用传统的教学方法很难使每个人都得到充分的发展。而线上线下相结合教学，则是根据学生的实际情况，以及教师的教学水平决定的。根据不同的课程内容和学习资料，每位参加者都能获得最适合他们的课程指导。实施线上线下相结合的体育课教学模式是对高中体育课程进行改革的有益探索。这不仅可以满足学生的个人学习需求，还能够提高学生的自主学习和合作学习的能力，能够拓宽学生的学习空间、丰富学习资源，从而提高学生的学习兴趣和学习效果。因此，这对高中体育的发展与改革有很大的启发与参考价值。

一、高中体育教学现状分析

（一）传统体育教学的特点

传统体育教学注重运动技能的传授与练习。在传统的体育课堂中，教师通常会通过示范、解说和操练等方式来教授学生体育技能。学生运动技能在反复的训练中不断提升。这样的教学方式注重培养实践能力，有助于学生掌握技能技巧。

传统的体育教育强调的是群体的参与与协作。在传统的学校体育课中，学生一般是以班、组的形式参加体育运动。在小组活动中，需要同学们互相合作，相互配合，共同应对各种任务与挑战。在传统的体育教学中，通过集体活动的方式，对学生进行训练[1]。

传统的体育教学强调对学生的要求，教师往往对学生实施体育纪律教育和管理，学生必须遵守校规；传统体育教学要求学生严于律己，可以培养学生的纪律和自律能力。

（二）线上线下混合式体育教学的优势

线上线下混合式体育教学是一种将传统的体育教学与现代科技手段相结合的教学模

式，具有以下优势：

线上线下混合式体育教学可以丰富教学资源。传统的体育教学受制于时间、空间和师资等因素，无法提供丰富的教学资源。而线上线下混合式体育教学通过引入在线学习平台和教育应用软件，可以提供教学视频、教材资料、学习任务等丰富的教育资源，帮助学生更好地掌握知识和技能。

线上线下混合式体育教学能够创造更好的学习环境。传统的体育教学通常局限于教室或室内体育馆，受环境条件的限制，难以提供多样化的运动场地和训练设备。而线上线下混合式体育教学可以利用网络和移动设备等技术手段，不受时空限制，为同学们提供一个比较广阔的学习环境。[2]学生可以在家中、户外或体育馆等多个场所学习和实践体育知识和技能，提高学习的自由度和灵活性。

线上线下混合式体育教学能够激发学生学习兴趣和积极性。传统的体育教学往往以口头讲解为主，学生参与度和学习热情不高。而线上线下混合式体育教学运用多媒体教学手段和互动学习方式，例如学习游戏、在线讨论和实践模拟等，激发学生学习的兴趣和热情，提高学习效果。

线上线下混合式体育教学的优势主要体现在丰富教学资源、创造良好的学习环境以及激发学生学习兴趣和积极性等方面。随着科技的不断进步和教学模式的不断创新，线上线下混合式体育教学将会在未来得到更广泛的应用和推广。

二、线上线下混合式体育教学存在的问题

（一）教学资源不足

当前在线教育平台上的体育教学资源相对较少，特别是针对线上线下混合式体育教学的资源就更为有限。这主要是因为线上体育教学相对较新，一些教师对于如何利用线上平台进行体育教学还不够熟悉，缺乏相应的教学资源。此外，线上平台上的体育教学资源还存在着质量不高、更新速度缓慢等问题。

教师在线上平台上提供的体育教学资源往往不够丰富和多样化。在线上教育平台上的体育教学资源形式主要以视频、文档和练习题为主，缺乏互动性和实践性的内容。这导致学生在学习过程中缺乏真实场景的体验和实践，无法有效地提高体育技能。

现有的线上体育教学资源更新速度相对较慢。体育教学资源需要教师花费大量的时间和精力去制作和更新，而由于缺乏相应的技术支持，许多教师往往无法及时跟上教育领域的最新发展和变化。这导致线上平台的体育教学资源内容相对滞后，无法满足学生对于新知识和新技能的需求。

由于线上教学平台的限制，教师在教学过程中不能及时地对学生进行个性化的辅导和反馈。同时由于线上教学平台的特点，学生往往是同步进行学习，而无法根据自己的学习进度和能力进行个性化的调整。这就使得教师无法对学生的学习情况进行实时监控和指导，无法及时发现和纠正学生的错误动作。

（二）教学环境限制

在线上线下混合式的运动教学中，教学环境的限制是一个不可忽视的问题。教学环境包括物理环境和学习氛围两个方面。

物理环境的限制是指学校场地设施和设备的不足。由于线上线下混合式体育教学需要线下实践和训练，但学校的运动场地和器材有限，不能满足全部学生的需要。特别是在一些资源匮乏的农村地区，很多学校没有足够的体育场地和设备，这给线上线下混合式体育教学带来了困难。学生可能无法进行足够的运动实践，影响到他们的体育技能和身体素质的提高。

学习氛围也是教学环境的一个重要方面。线上线下混合式体育教学需要学生积极主动地参与和互动。然而在一些学校中，学生的学习态度不佳，参与度不高，他们对体育课不够重视，对体育课的学习缺乏热情和主动性。而且，线上线下混合式体育教学需要学生与教师进行互动和交流，但学生在一些传统的教学环境中已习惯于被动接受知识，缺少与老师和其他同学的互动与沟通，这就造成了线上线下混合式的体育课整体效果不佳。

（三）学生学习态度问题

学生学习态度是影响线上线下混合式体育教学效果的重要因素之一。由于线上线下混合式教学具有一定的自主学习性质，学生需要具备较强的主动学习和自我管理的能力。然而，在实际教学过程中，我们发现一些学生存在学习态度不积极的问题，表现为缺乏学习兴趣、不主动参与学习和对课程内容抱有消极态度。

影响学习态度的一个主要因素是学生的学习兴趣不高。因为体育相对于其他学科来说，更强调实践性和亲身体验，线下实际操作更容易引起学生的兴趣和投入。而在线上学习中，由于缺乏实际操作的机会，部分学生可能会感到乏味和缺乏动力，导致学习兴趣不高。

学生对线上学习的抵触情绪也会影响学习态度。一些学生可能认为线上学习无法获得足够的指导和反馈，自我学习的效果不如传统教学。[3]他们可能会更倾向于依赖教师的指导和集体学习的氛围，而对线上学习抱有抵触情绪，导致学习态度不积极。

学生学习态度问题还与个体差异、学习动机和学习目标的设定有关。有些学生可能更关注其他学科的学习，对体育课程的重要性和意义认识不足，缺乏学习的动机和目标。

三、完善线上线下混合式体育教学措施

（一）提供丰富的教学资源

提供丰富的教学资源是完善线上线下混合式体育教学的关键措施之一。根据线上线下混合式体育教学的特点，教学资源的丰富性对于教学的有效进行至关重要。在线上环境中，教师可以通过提供多样化的教学视频、PPT、学习资料和网络链接等多种形式的教学资源，以满足学生学习和理解知识的需要。而在线下环境中，教师可以通过提供丰富多样的体育设备和器材，为学生提供更多实践锻炼的机会和体验。

提供丰富的在线教学资源可以帮助学生更好地理解和吸收体育知识。在传统体育教学中，学生主要通过教师课堂上的讲解和书本中的文字来获取知识。这种方式往往限制了学生的学习兴趣和积极性。而通过提供在线教学资源，学生可以观看教学视频、浏览学习资料，可以更加直观地了解体育动作和技能的实施方法，激发他们的学习兴趣。

提供丰富的实践教学资源可以让学生更多地参与到实际操作中，增强他们的动手能力与应用能力。在传统教学中，由于课堂时间有限，学生实际操作的机会是比较少的。而在线下环境中，教师可以提供各种体育设备和器材，让学生进行实际动作和技能的训练。通过线下实践的方式，学生能较好地掌握运动方面的知识和技能，提高他们的实际运动能力，也能满足学生个性化的学习需要。[4] 每个学生的学习习惯是不一样的，因此教学资源的多样化可以更好地适应不同学生的学习需求。例如，一些学生喜欢通过观看视频来学习体育知识，而另一些学生可能更喜欢通过阅读资料来学习。因此，提供多样化的教学资源可以让学生根据自己的学习方式和喜好进行选择，从而提高学习效果和主动性。

提供丰富的教学资源是完善线上线下混合式体育教学的重要措施之一。通过丰富的在线教学资源和线下实践教学资源，能够帮助同学们更好地学习体育，提高他们的实际运动能力，并满足不同学生的个性化学习需求。所以，在推行线上线下混合式运动教学的时候，教师应该重视提供优质教学资源，积极寻找和利用各类适宜资源，以提高学生的学习热情与学习效果。

（二）创造良好的教学环境

营造良好的课堂气氛，对于推动线上线下混合式体育教学具有十分重要的意义。良好的课堂气氛可以激发学生的学习热情，提高他们的学习效率。良好的课堂环境可分为物理环境和社交环境。

为学生创造一个安全舒适的学习环境是非常重要的。应及时排除体育教学场地安全隐患，并适宜开展体育运动，为学生提供良好的学习环境。

在体育教学中，教师要重视学生之间的协作与互助。在教学过程中，注重培养学生的合作精神，提倡相互帮助。通过小组活动、合作项目以及比赛等方式，提高学生的竞争意识与合作精神。

在教学过程中，要营造一个良好的学习氛围，把学生的学习兴趣调动起来。教授学生主动学习的方法，激励其积极表现。同时，教师也应该注重培养学生的自主性，让他们主动参与到课堂讨论和学习中来。

（三）激发学生学习兴趣和积极性

激发学生的学习热情是开展线上线下混合式体育教学最重要的方式。在传统的体育课堂教学中，学生在学习过程中常处于“被动”状态，少了“主动”参与。而在线上线下混合式体育教学中，教师要创造积极向上的学习环境，采用适当的教学策略，才能充分发挥学生的学习积极性。

在线上线下混合式体育教学中，教师要结合自身实际，量力而行。合理地设置任务，以此激发学生的学习兴趣。在设置任务的过程中，任务要具有挑战性、交互性，能引发学生的好奇心。例如，在上课的时候，老师可以为学生设计一些有趣的问题或案例，让学生进行讨论和分析，促使他们主动去思考和解决问题。另外，还可以运用游戏的方法，将所学的内容转化为游戏的形式，以增加学生的参与性和兴趣。

在教学中，可采用奖惩制度，以调动学生的学习积极性。可以设置一些小的奖励、学习的目标等，以此来激励学生。例如，对表现好的学生，可以给予表扬，给予奖励。[5]教师应注意及时反馈，以激励学生，增强他们的自信心，提高他们学习的积极性。

在线上线下混合式体育教学中，教师还可以用培养学生对体育运动的热爱和兴趣的方式，激发学生学习的兴趣和热情。可以组织一些体育活动、赛事或者参观实地等，让学生亲身体验并感受到体育给他们带来的乐趣。[6]除此之外，我们也可以通过互联网，让学生了解到一些优秀的运动员，以及他们的事迹和成就，以此激发学生对体育运动的向往与追求。

总之，在线上线下混合式体育教学中，要把学生的积极性、主动性充分调动起来。合理地设定任务、采用多种教学方式、构建奖惩制度，从而激发学生的运动兴趣，进而提高他们的学习积极性，促使他们乐于参加体育运动，促进身心全面发展。教师应当在实际工作中不断创新，为学生创造一种可以激发他们的学习兴趣和积极性的课堂气氛，从而提升体育教学的成效。

四、结论

随着信息技术的发展，线上线下混合式体育教学已经成为一种趋势。通过对高中体育教学现状的分析，我们可以看到传统体育教学中存在诸多问题，而线上线下混合式体育教学有着显著的优势。然而，这种教学模式也面临着一些挑战，如教学资源不足、教学环境限制以及学生学习态度问题。为提高线上线下混合式体育教学水平，要提供丰富的师资资源，创造良好的教学环境，并激发学生学习的兴趣和热情。

为了提供丰富的教学资源，学校应该建设完善的线上平台，包括教学视频、教材、课堂实录等。这些资源能够帮助学生更好地掌握体育知识和技能。同时，学校还可以与其他体育教育机构合作，共享资源，提供更多的学习机会和选择。

创造良好的教学环境对于线上线下混合式体育教学至关重要。学校应该提供相应的设备和场地，保证学生能够进行体育活动。同时，教师应该合理安排课程，保证学生完全参与体育教学。此外，教师还可以通过组织体育比赛、运动会等活动，激发学生的竞争意识，培养学生的团队合作精神。

激发学生的学习兴趣和积极性是开展线上线下混合式体育教学的关键。老师可以根据学生的兴趣、特长进行教学。设置个性化的学习任务和项目，让学生在体育课上找到属于自己的乐趣。[7]同时，教师还可以鼓励学生参与体育社团和俱乐部的活动，培养学生的体育兴趣和爱好。

参考文献

[1] 陈杰．线上线下混合式教学模式在高中体育教学中的应用研究［J］．体育教育，2018

(5)：10 –15.
[2] 王刚，张丽．高中体育教学中线上线下混合式教学模式的研究与实践［J］．体育科研，2017，38（6）：48 –51.
[3] 李娟，马文华．线上线下混合式教学模式在高中体育教育中的应用［J］．科教文汇，2019（2）：63 –66.
[4] 王丽，曹志勇．线上线下混合式体育教学模式的优势与挑战［J］．体育科技，2019（1）：14 –16.
[5] 张斌，梅雪莲．线上线下混合式教学模式在高中体育教学中的探索［J］．体育研究，2018，39（2）：56 –59.
[6] 曾宇，赵石柱．高中体育线上线下混合式教学模式的设计与实施［J］．体育与科技文献通报，2017（3）：78 –81.
[7] 赵鑫，钟伟．线上线下混合式体育教学在高中体育教学中的实践与效果［J］．中国体育科技，2016，52（1）：72 –76.

高中体育与健美操运动融合机制

河源高级中学　叶顺玲

摘要：健美操在高中体育课上的运用，可以为学生减压，培养专注的习惯，并使学生形成优美的体态，从而激发他们的想象力、创造力和激情，使他们的身心得到全方位的发展。本研究旨在探讨高中体育与健美操结合的机理。

关键词：教学意义；高中体育；健美操

随着素质教育的逐步深入和不断推进的教育变革，各学科的传统教学方式受到了巨大的影响，越来越多的人开始质疑传统的运动教育方式是否科学，高中的体育课受到了空前的考验，本文针对这一问题提出了新的思考[1]。健美操运动中具备的明朗音乐节奏，生动的有氧运动状态以及动感的运动方式深受广大高中生的喜爱，把健美操运动与体育课相结合，通过改进锻炼方法，促进学生各个组织和器官的协同发展，以提高他们的肌体健康水平、综合体质和生理状况。

一、健美操运动应用于高中体育的意义

首先，由于高中教学注重提高学生的文化课成绩，高中生在紧张的学业压力下，不能把更多的时间用在体育锻炼上，这就造成了很多学生的体质比较弱，甚至有学生在奔跑的时候突然晕倒，身体素质不佳使高中生的学习、生活受到了严重的负面影响。因此，高中生的身体素质应该得到充分的关注，学校对体育教育应给予重视。

其次，传统的体育教学方法无法引起学生对体育的热情。传统的体育课程多为广播体操和自主运动，在高中阶段，没有针对学生的身体和心理发展特征开设选修课程，未能充分调动学生的学习积极性；同时，传统的体育教育模式多以老师讲解和演示的形式进行，使学生在课堂上学习态度不积极，这就导致无法有效提高高中生的身体素质，这种现象在很大程度上影响了高中体育课的教学效果，从而使高中体育课的实际应用价值大大降低[2]。

最后，健美操有其独特的优点，其特点是将音乐、舞蹈等多种因素融入到体育运动中，使其更具吸引力，满足了高中生的审美心理需要；再加上训练并不简单，也是一种很适合培养学生敢于尝试的精神的运动，在某种意义上，可以调动学生的学习热情，达到锻炼身体素质的目的。健美操运动既能提高学生的审美趣味，也有利于学生的身心发展。

二、高中体育与健美操运动的融合

（一）更新观念，重视健美操教学

转变观念，注重培养学生综合素质，从思想上认同健美操的育人作用。根据学校实际

情况，合理安排健美操设备与器材，为高中体育课的开展搭建一个展示舞台，使学生的健美操活动达到一个较好的水平[3]。比如，可以根据健美操对器材的要求，选用开阔、明朗的健美操场所，并在教学场所配备健美操所需的镜子、扶手等器械，其作用在于使学员能随时从镜中改良自己的运动姿势，了解身体美，并对健美操产生浓厚的兴趣，这样才能更好地提升学生的身体素质和气质，提高高中体育的教学水平。

（二）开展多样化的健美操教学方式

兴趣才是最好的老师，不管是哪一种学科，都必须引起学生的学习热情，为了达到教学的品质与效果，健美操也是一样[4]。针对目前高中体育教学模式过于单一的现状，应根据学生的学习特征，综合运用多媒体和常规的方法进行教学，比如健美操中高难度的动作，教师可以通过课堂上的多媒体反复播放，同时让学生有具体的操作实践，可以按照自己的理解去练习，这既能满足教学要求，又能针对每个学生的实际情况进行专门的培训，让每个高中生都能完成健美操学习，为以后走向健美操运动更高级阶段打下坚实的基础。

（三）优化形体训练

形体训练是健美操中的关键环节，在这个阶段完成基础练习，当在以后的练习中遇到更大的困难时，也能很好地发挥自己的优势，所以这个环节非常关键。老师要在教学中充分地发挥自己的指导与督导作用，首先强化把杆课的训练，将健美操的基础课与规范训练有机地结合起来，让高中生在理论上理解运动要领，在实践中体验到原理的指导性，从而提高他们在形体训练时的协调能力；其次是逐步加大在地面上练习的难度，这个阶段主要是对基础动作进行优化，使整体动作看上去流畅、美观，在这个阶段，学生的肌肉水平会得到一定的改善，所以在训练的时候，教练要根据每个人的身体状态来进行相应的调节。

（四）提高健美操教师的专业素养

目前，我国高中体育健美操课存在体育教师相关职业素质较弱的问题。为了提升体育教师的职业素质，应定期安排体育老师参与、了解健美操运动的最新内容和训练方法。体育教师要根据高中学生的具体情况接受专业培训，及时调整体育课程，运用网络上最新的健美操课程，激发学生积极主动地参与学习健美操。同时，学校应该制定规范，对教授健美操课的老师进行定期检查，如果有不合格的，就要受到相应处罚。只有不断提升体育教师的职业素质，才能提升体育教学的科学性和规范性。

（五）创设快乐情境，感受形体艺术

健美操是一项对学生的体能要求特别高的运动，要求学员全力以赴。老师们可以创造愉快情境，使学员在情境中感受到情绪的变化，从而更好地开展健美操教学[5]。但是，在创造现实情境时，教师还要根据学员的身体素质和心理状况来设计，使之与学生的身体素质和心理状况相适应，防止他们过于疲劳。构建“快乐场地”是构建幸福情境的一种经典方式。教师可以在教学中营造情境，激发学员对演戏的强烈兴趣及表现欲，使其在练习及演出中表现得更为活跃。首先，可以把活动场所设置成一些主题活动场所，比如可以设置成一个演出场所。有的同学登台表演，有的同学则在场边观看。有了“演员”和“听众”的双重角色，这样的“舞台效应”会更为明显，给人以“舞台感”，学生可从中获得更多的满足和快乐。其次，场地布局要与高中生的美学要求相适应。老师可以让同学们主动地去设计场地的空间，例如室内的装饰、地毯的颜色、灯光的颜色以及服装的影响。这会让他们充满了想要表现自己的渴望。在这种情况下，学生可以获得更加真实的情绪感受。与此同时，对于健美操这个形式的艺术，学生也将有新的认识和理解，更能体会到它的美丽与珍贵。

三、结语

高中体育课是培养高中生综合素质的重要课程，而学生的学习能力都很强，所以把体育课和健美操结合起来，可以使现有的教学系统得到进一步的完善。通过健美操运动课程的设置，可以提高高中生的审美心理和审美意识，提高学生的身体素质。通过对健美操运动的自主探索，学生能够体会到运动的魅力，并获得全新的体验。

参考文献

[1] 李昂达．快乐教学模式在高中健美操教学中的实验研究［J］．当代体育科技，2019（14）．

[2] 陈芳斌．高中体育健美操教学中“快乐”体育教法的应用［J］．读与写（教育教学刊），2019（6）．

[3] 郭楠．在高中体育健美操教学和训练中形体训练的运用初探［J］．文体用品与科技，2019（8）．

[4] 赵鑫．高中体育健美操教学中快乐体育教法的应用［J］．科学咨询，2020（24）：266－267．

[5] 卓佳康．试析高中体育健美操教学的优化与提升［J］．魅力中国，2020（7）：121．

新时代青少年学校体育“以体育人”的理论与实践

河源高级中学　李晓琪

摘要：随着时代的进步和社会的发展，青少年学校体育的目标不再仅仅局限于培养学生的体育运动技能，更注重培养学生的全面素质，助力其健康成长。本文通过对新时代青少年学校体育的探讨，提出“以体育人”的理论与实践，旨在通过体育教育的方式塑造学生积极向上、坚强有力、健康快乐的品质，为他们的综合素质发展和人生价值实现作出积极贡献。

关键词：新时代；青少年；体育；策略

青少年学校体育教育是学生综合素质教育的重要组成部分，不仅对学生的身体健康发展起着重要作用，更重要的是能够促进他们的身心和谐发展，塑造积极向上的个性和健康快乐的生活态度。在新的时代背景下，青少年学校体育的目标和任务也在不断调整和更新，需要更加注重培养学生的人文精神和道德价值观。

一、“以体育人”的教育意义

“以体育人”的理论与实践，突破了传统体育教育的狭义界限，将其放在了更宽广的人文教育的视野中。“以体育人”不仅仅是一种技能的训练和发展，更是一种塑造个性和价值观的重要方式。通过体育的方式，学生可以积极参与到各种体育运动和活动中，培养学生对团队合作的重视，提高竞争意识和责任感，以及培养坚韧不拔的品质。“以体育人”不仅要强调体育教育的多元性和个性化，注重挖掘学生的潜能和特长，通过各种体育运动和活动，让学生在实践中不断发现自己的优势和能力，并培养积极乐观的心态和自信心。同时，“以体育人”也应关注学生的自我认知和情感发展，帮助他们认识自己的优点和不足，提供积极的体验，鼓励学生克服困难，培养积极向上的心态。在实践方面，学校可以通过多样化的体育课程设置和活动组织，为学生提供丰富的体育体验和参与机会。体育教师应发挥引导者和示范者的作用，通过正确引导和适当的激励，帮助学生在体育运动中实现个性发展，培养积极的品格和正确的价值观。“以体育人”的理论与实践，可以有效推动学校体育的深入发展，使其在引导学生全面发展和健康成长方面发挥更大的作用。通过体育教育，学生可以塑造积极向上、坚强有力、健康快乐的个性，为他们的综合素质发展和人生价值的实现作出积极贡献。[1]学校体育“以体育人”的理论与实践有望为培养健康、积极、有责任感的新时代青少年提供更好的教育服务。

二、“以体育人”的教学策略

（一）多元化的体育运动和活动

教师可以提供多种体育运动和活动，让学生根据自身兴趣和特长进行选择，有机会发展自己的潜能和能力。教师可以组织各类体育项目和活动，如篮球、足球、排球、网球、游泳、田径、健美操、瑜伽等，让学生从中选择自己感兴趣的运动项目。此外，教师还可以组织体育休闲活动，如轮滑、爬山、郊游、趣味比赛等，旨在满足学生对体育活动的多样需求。提供多种体育运动和活动，学生积极参与其中，不仅可以提高学生的参与度和积极性，还可以使他们充分发展自己的潜能和能力。

（二）尊重学生个体差异

教师应充分尊重学生的个体差异，注重挖掘和发展每个学生的特长和潜能，在教学中注重个性化指导，鼓励学生发挥自己的优势。教师可以通过观察和了解学生的兴趣爱好和潜在能力，识别出每个学生的个体差异，为他们提供相应的指导和培养机会。可以与学生和家长合作，制订符合学生个体差异的学习计划。这些学习计划可以根据学生的学习风格、兴趣和能力进行调整，以最大程度地满足学生的学习需求。根据学生的个体差异，采用不同的评估方式，例如口头报告、展示作品或合作项目等，以更全面准确地评价学生的学习成果，并提供个性化的反馈和建议。通过给予学生选择和决策的权利，鼓励他们主动参与学习过程和决策，从而激发学生的自主学习兴趣和创造力。教师要与学生建立良好的师生关系，增强学生的自尊心和自信心，为他们创造良好的学习氛围，提供支持和鼓励。通过充分尊重学生的个体差异，教师可以激发学生的学习潜能和积极性，帮助他们发现和发展自己的优势和潜能，并为他们的学习和发展提供个性化的指导和支持。[2]

（三）团队合作教学

团队合作的体育项目或活动，可以培养学生的团队合作精神和合作技能。教师可以组织学生进行团队游戏、集体训练等活动，鼓励学生相互协作、互相支持，共同取得成功。教师可以设计团队游戏，要求学生在团队中协作解决问题或完成任务。例如：组织学生进行跳橡皮筋、传球比赛等游戏，要求团队成员之间密切合作，互相配合，以获得最好的成绩。在集体训练中，教师可以通过划分小组、搭建障碍场地等方式，让学生在团队中共同攻克困难，培养团队协作精神。通过参加团队合作的体育项目或活动，学生可以学会互相倾听、合理分工、相互支持，培养学生沟通和协作的能力。在体育教学中，教师还应该鼓励学生互相关心、尊重和接纳他人，培养良好的团队氛围和合作关系。团队合作不仅有助于学生的身体协调能力的发展，更重要的是培养学生的团队意识和团队精神。[3]学生在团队中学会互相理解和支持，并共同解决问题，可以提高他们的组织能力、沟通技巧和解决问题的能力，为将来的社交和职业发展奠定基础。

综上所述，“以体育人”的教学策略旨在通过体育教育的方式塑造学生积极向上、坚强有力、健康快乐的个性。通过多元化的体育运动和活动、团队合作教学，可以培养学生的竞争意识、责任感和坚韧不拔的品质，以及积极乐观的心态，从而可以全面促进学生的综合素质发展，实现个性化的体育教育目标。

参考文献

[1] 江娟，程正义，郭庆，等．“双减”政策背景下新时代学校体育高质量发展的理论与实践思考［J］．沈阳体育学院学报，2022，41（3）：29－36.

[2] 王敏春，岳晓燕．体教融合背景下学校体育的理论与实践研究［C］．中国体育科学学会．第十二届全国体育科学大会论文摘要汇编——墙报交流（学校体育分会）．2022：11865－11867.

[3] 武斌鹏．学校体育运动风险防控的理论与实践研究［J］．当代体育科技，2019，9（1）：98－100.

浅谈新教材背景下高中生美术鉴赏能力培养策略

河源高级中学　孟怡芳

摘要： 随着教育不断朝着现代化发展与进步，人们越来越重视美术教育，美术教材也在不断推陈出新。在高中美术采用新教材的背景下，要求进一步培养学生的审美能力与鉴赏能力，不断提升高中生的美术素养。所以，笔者在本文中分析和研究了新教材背景下开展高中美术鉴赏教学的问题，并提出了相关的策略，以期能够对高中美术教学工作有所参考。

关键词： 新教材；高中美术；鉴赏能力；培养策略

随着新课改的深入实施，高中美术教学模式发生了很大的变化。在以往的教学过程中，教师只是单纯地将美术知识灌输给学生，学生较少进行独立思考与鉴赏。但是随着新课标的实施和新教材的使用，这一传统模式被打破，在新的教学模式下，高中美术教学重点强调培养学生的审美能力与鉴赏能力，而其中的鉴赏能力又是重中之重。因此，教师在教学的过程中，要准确把握新教材的教学内容和教学目标，然后在此基础上转变教学思路，运用多种教学方法，不断提升学生的审美能力和鉴赏能力，推动高中美术鉴赏教学的不断发展和进步。

一、人美版高中美术新教材的特点

人美版新美术教材，贯彻了以学生为本的教学理念，同时也非常具有特色。首先，它打破了传统美术教材的编排体例，没有按照传统时间先后的形式进行编排，而是创造性地采取了按照艺术形式进行分类编排的方式[1]。它第一单元首先是教授美术的基础鉴赏知识，然后在接下来的几个单元中，分别讲授了绘画艺术、雕塑艺术、建筑艺术、民间艺术和中国现代美术，这几个单元分别代表了几个不同的艺术专题。学生通过这样的集中学习，可以对每一种艺术形式进行深入的体会和了解，然后提升对这种艺术形式的审美能力和鉴赏能力。其次，新的美术教材选择了大量的美术图片，可以让学生通过直观形象的方式对美术作品进行鉴赏，同时这也符合高中生的认知特点，能够吸引学生的兴趣，学生在美术图片的吸引下，更加积极地进行鉴赏学习。最后，就是新教材更加富有生活化的气息，更加贴近学生的生活，这样学生会在生活情境下对美术更加有亲近感，从而带着轻松愉快的心情开展高中美术学习。

二、新教材背景下高中美术教学的重要性

随着新课改的深入实施，在高中教学当中，美术教学及其发挥的作用越来越受到人们的重视。通过开展美术教学，学生的美术审美能力和鉴赏能力可以得到不断提高，从而促

进学生综合能力的提升。但是，在当前美术教学中仍存在很多问题有待解决，特别是教师要重视美术教学和对新教材的有效利用。开展美术教学，能够锻炼和培养学生的想象力和创造力，从而提升学生的审美和鉴赏能力。同时，进入高中后，学生面临的升学压力更加大，美术教学可以使学生放松心情，在欣赏美术作品的过程中感到愉悦，从而使压力得到有效缓解，从容面对高中学习。另外，开展美术教学，学生可以对自己的美术能力进行展示，树立美术学习的自信心，从而更好地培养自己的审美与鉴赏能力。

三、新教材背景下高中美术教学实施策略

（一）重视美术教学，开展重点教学形式

随着高中美术教学的发展与进步，对于这门课程，教师在教学时要足够的重视，转变自己的教学思路。对学生的学习情况和教学形式进行准确把握，然后在教学时采取有针对性的教学策略，真正让学生的美术基础素养得到提高，促进学生综合素质的不断发展。特别是在新教材推出以后，教师更要重视美术课程，对新教材进行准确的理解和把握，这样才能对新教材进行有效的利用，使学生在学习时更加积极主动，从而提升教学效果，促进美术教学的发展与进步。

（二）教师要正确认识美术教学发展的重要性

随着新教材的运用，教师在教学时不能只重视当下的美术教学，还要重视美术教学的发展，美术教学只有发展才能进步，才不至于止步不前，成为一滩没有生机的死水。因此在教学中，教师要对美术教学的发展引起足够的重视，对新教材进行深入的钻研和把握，掌握新教材的内容与核心，然后运用多种教学策略，提升学生的美术审美和鉴赏能力，进而提升美术教学的效果，使美术教学充满生机与活力，不断向前进步与发展。

（三）丰富教师的教学形式，开展模块化的教学

1. 实施模块化教学，班级之间同时开展教学行动

在当前的美术教学中，模块化教学已经得到了广泛的运用。运用这种教学方式，不同班级可以同时开展教学，共享教学成果[2]。因此，在教学时，教师要协调好各个班级的时间，然后在同一时间内开展教学。在这样几个班级一起进行的教学中，教师可以广泛收集学生的意见和建议，从而不断提升自身的教学水平和教学效果。同时，几个班级同时开展教学，教师不用将精力分散到几个班级当中，这样教师就有精力对学生上课的状态和情况进行准确把握，从而开展有针对性的教学，将自己的精力全部集中在一堂课中，在模块化教学中不断提升教学效果。

2. 学生自主选择艺术模块，提升学生鉴赏能力

随着新教材专题化编排体例的运用，美术教学的根本目的为提升学生的艺术审美和鉴赏能力。因此，学生为了使自身的艺术素养得到提升，就可以根据自己的兴趣和需求，选择自己想要学习的模块。通过这样的方式，学生就会带着兴趣和动力去学习自己选择的内

容，从而深入理解和把握自己所学到的知识。比如，一些学生喜欢民间美术，那么他们就会花大力气学习民间美术的内容，在这样努力学习的基础上，学生就会深入理解和体会民间美术的魅力，从而更好地掌握民间美术的相关知识，有效提升学生的鉴赏能力。

3. 利用情境主题教学形式，培养学生鉴赏能力

运用情境主题教学方式，能够使学生的鉴赏能力得到有效提高。在模块化教学中，教师最注重的就是日常的积累，通过大量的积累，情境主题教学才能有效开展，促进学生鉴赏能力的提升。比如，在教授雕塑艺术的模块知识时，教师就可以对主题教学进行利用，为学生设定雕塑艺术的教学主题，然后通过这一主题，将学生带入到教学情境当中。比如这个主题可以是“中国传统雕塑艺术”，那么在这个主题情境中，学生就会对中国传统雕塑艺术进行深入探究和鉴赏，从而不断提升学习效果，促进自身鉴赏能力的提高。

四、结语

综上所述，在高中教学中，美术的地位越来越重要。因此，在采用新教材的背景下，教师要更加重视高中美术教学，同时在教学时要运用多种方法和策略，对新教材进行深入理解和把握，从而不断提升学生的审美和鉴赏能力。

参考文献

［1］易浩兵．新课标视域下高中美术教学有效性的组织实施路径［J］．天津教育，2021（33）：142－143.

［2］李赫玮．高中生美术鉴赏能力培养策略探究［J］．新课程，2021（41）：113.

高中信息技术项目式学习问题支架设计

河源高级中学　刘婷婷

摘要：随着信息技术的快速发展，高中信息技术教育变得越来越重要。项目式学习作为一种以学生为中心的教学方法，在高中信息技术教育中逐渐得到广泛应用。而在项目学习中，问题的设计和呈现是关键。本文旨在探讨高中信息技术项目学习中问题支架的设计，通过实证研究方法，分析问题支架的有效性和可行性。

关键词：高中信息技术；项目学习；问题支架

随着信息技术的不断发展，信息技术教育已经成为高中教育不可或缺的一部分。传统的信息技术教育注重知识的传授和技能的培养，而忽视了学生实际应用能力和创新思维的培养。为了解决这一问题，项目式学习作为一种以学生为中心的教学方法，逐渐得到广泛的应用。项目式学习通过引导学生解决实际问题来促进学生的学习和实际应用能力的发展。而在项目学习中，问题的设计和呈现是关键。因此，本文旨在探讨高中信息技术项目式学习中问题支架的设计，通过实证研究方法，分析问题支架的有效性和可行性。

一、问题支架的相关概念

问题支架是一种支持学生学习和教师教学的方法，它通过问题的设计和呈现来引导学生进行自主学习和思考。问题支架在教学中的应用包括降低任务难度、示范问题解决方法、激发学生参与问题解决的内在动机等多重作用[1]。问题支架可以分为过程提示支架、细化提示支架、反思提示支架，它们通过为学习者提供操作流程、激活认知图式、帮助学生分解描述思维推理过程、监控和反思学习等方式，推动学生深入理解知识、解决复杂问题[2]。

二、高中信息技术项目式学习的现状和问题

目前，高中信息技术项目式学习已经得到了广泛的关注和应用。然而，在实际教学中还存在一些问题。首先，一些教师缺乏项目式学习的经验和能力，无法有效地引导学生进行项目式学习。其次，一些学生缺乏自主学习和思考的能力，无法有效地解决项目学习中遇到的问题。此外，一些学校缺乏项目学习的资源和设施，无法提供良好的学习环境。这些问题限制了高中信息技术项目学习的开展效果和范围。

三、问题支架设计的原则和操作方法

为了提高高中信息技术项目学习的效果和质量，本文提出了问题支架设计的原则和方法。首先，问题应具有实际性和趣味性，以吸引学生的兴趣和关注。其次，问题应具有层次性和引导性，以帮助学生逐步深入学习和理解知识[3]。最后，问题应具有多样性和开放性，以培养学生的创新思维和实践能力。

在高中信息技术项目学习中使用问题支架的具体操作方法如下：

1. 定义问题：首先，需要清晰地定义问题，确保问题的内容与教学目标相符合，同时考虑学生的兴趣和实际需求。问题可以是真实世界中的问题，也可以是模拟真实情境的问题。

2. 设计问题支架：在设计问题支架时，需要考虑学生的认知能力和学习层次，提供必要的引导和支持，帮助学生逐步解决问题。问题支架可以包括学习资源、学习建议、问题模型等。

3. 呈现问题：在项目学习中，需要通过有效的方式呈现问题，吸引学生的兴趣和关注。可以通过故事叙述、案例展示、实际场景模拟等方式呈现问题。

4. 引导学生解决问题：在项目学习中，教师需要引导学生解决问题，提供必要的支持和指导。可以通过组织小组讨论、提供参考资源、建议解决方案等方式引导学生解决问题。

5. 评价与反馈：在项目学习过程中，需要及时进行评价和反馈，帮助学生了解自己的学习进度和不足之处。可以通过作品展示、小组报告、口头反馈等方式进行评价和反馈。

6. 调整问题支架：根据学生的反馈和评价结果，及时调整问题支架的设计和呈现方式，以更好地适应学生的学习需求和实际应用能力。

7. 培养学生的自主学习和思考能力：在项目学习中，需要积极培养学生的自主学习和思考能力，鼓励他们独立思考和解决问题。可以通过引导学生进行自我评估等方式进行培养。

8. 结合其他教学方法：问题支架可以结合其他教学方法一起使用，如案例教学、任务驱动教学等，以更好地提高学生的学习效果和实际应用能力。

这些具体的操作办法可以帮助教师在高中信息技术项目教学中更好地使用问题支架，提高学生的学习效果和实际应用能力。

四、实验验证及数据分析

为了验证问题支架设计的有效性和可行性，我们在一所高中进行了实验研究。我们将两个班学生分为两组，一组采用传统的信息技术教学方法（对照组），另一组采用项目式学习结合问题支架的教学方法（实验组）。在实验结束后，我们对学生的学习效果进行了评估。评估结果显示，实验组的学生在学习效果和实际应用能力方面均优于对照组的学生。具体来说，实验组学生的平均成绩比对照组高出15%，而实际应用能力也明显优于对照组。

五、结论和建议

通过实验验证和数据分析，我们发现问题支架在高中信息技术项目学习中具有显著的优势和效果。问题支架的设计和呈现能够有效地吸引学生的兴趣和关注度，提高他们的学习效果和实际应用能力，同时，也有助于培养学生的创新思维和实践能力。因此，我们建议在高中信息技术教育中推广运用项目式学习结合问题支架的教学方法，同时我们也建议教育部门和学校加强项目式学习的资源配置和设施建设，为学生学习提供更好的环境和支持。此外，教师也需要提高自身的问题支架设计能力，不断探索和创新教学方法，以更好地引导学生进行项目式学习，提高学生的综合素质和学习效果。

六、局限与展望

尽管该研究取得了有效成果，但仍存在一定的局限性。首先，本研究的样本量相对较小，可能无法全面反映所有学生的情况。其次，实验时间较短，可能无法充分反映长期运用问题支架的效果。最后，本研究主要关注了问题支架的设计和呈现方面，未涉及其他可能影响项目学习效果的因素，如教师指导方式、学生合作能力等。未来，关于高中信息技术项目式学习的研究可以进一步扩大样本量，延长实验周期，关注其他影响因素。

参考文献

[1] 杨明子．基于项目式学习的高中信息技术学习支架设计与应用［D］．哈尔滨师范大学，2022.

[2] 王永伟，曹建香．指向核心素养的高中信息技术学习支架设计策略［J］．中国信息技术教育，2023（13）：26－29.

[3] 杨九芹．支架式教学策略在高中信息技术课堂教学中的应用［J］．文理导航（下旬），2017，000（11）：98－99.